“十二五”职业教育规划教材

旅游政策与法规

主　编　仪　勇　侯笑鑫
副主编　蓝党华　宋立涛　党可利　谢荣平

京师职教

旅游类——旅游管理专业

北京师范大学出版集团
BEIJING NORMAL UNIVERSITY PUBLISHING GROUP
北京师范大学出版社

图书在版编目（CIP）数据

旅游政策与法规／仪勇，侯笑鑫，刘巍主编．—北京：北京师范大学出版社，2015.1（2016.1重印）
（高职高专旅游专业精品教材）
ISBN 978-7-303-12884-6

Ⅰ．①旅…　Ⅱ．①仪…②侯…③刘…　Ⅲ．①旅游经济－经济政策－中国－高等职业教育－教材②旅游业－法规－中国－高等职业教育－教材　Ⅳ．①F592.0②D922.296

中国版本图书馆CIP数据核字（2011）第090172号

营销中心电话　010-58802755 58800035
北师大出版社职业教育分社网　http://zjfs.bnup.com
电子信箱　zhijiao@bnupg.com

出版发行：北京师范大学出版社 www.bnup.com
北京新街口外大街19号
邮政编码：100875
印　　刷：北京易丰印捷科技股份有限公司
经　　销：全国新华书店
开　　本：787 mm × 1092 mm 1/16
印　　张：14
字　　数：300千字
版　　次：2015年1月第2版
印　　次：2016年1月第4次印刷
定　　价：26.00元

策划编辑：周光明　　责任编辑：周光明
美术编辑：高　霞　　装帧设计：国美嘉誉
责任校对：李　菡　　责任印制：陈　涛

再版前言

在当前国际政治相对稳定和国内经济持续繁荣的大环境下，我国的旅游业得以迅速发展，旅游在国民经济和社会生活中的影响和作用也越来越大。作为调整旅游领域中各种社会关系的法律规范，旅游政策与法规对于解决旅游经济纠纷、调整旅游活动中各利益主体之间的社会关系、促进我国旅游业的健康快速发展，有其重要意义。

旅游政策与法规是旅游管理专业的基础课，其内容涉及我国合同法规范、旅游业宏观管理体制、旅游经营管理法律制度等，是一门应用性强的综合性学科。主要讲授我国当前有关旅游行业的法律、法规，并结合旅游市场存在的问题及丰富的案例予以阐述。通过这门课程的学习，学生能对我国旅游政策与法规有较为全面、准确地把握，能够对旅游活动中产生的各类问题从法律的视角去认识和把握，更快更好地适应旅游业发展的要求。

本书由山东大学仪勇进行全书的策划、统稿工作并编写第一章、第二章、第三章，山东协和职业学院党可利编写第四章、第五章第一节、第二节，山东工会管理干部学院侯笑鑫编写第六章、第七章、第八章第四节至第七节并进行文字校订，济南市第十三职业中专蓝党华编写第九章、第十章，东营市公路局宋立涛编写第五章第三节、第四节以及第八章第一节至第三节，山东外事翻译职业学院谢荣平编写第十一章。蚌埠经济技术职业学院刘巍参与编写了第三章、第六章。编者均为旅游专业双师型骨干教师，有十多年的旅游企事业从业经历和高等职业院校教学经验，具有较强的实践经验、丰富的专业理论知识和前沿的专业视角。本书的编写，是根据高职高专学生的培养要求以及学生特点，努力做到“理论够用、内容实用，具有指导性”。在内容选取上，尽量减少理论性强的内容比重，加大理论与实践的结合力度，突出旅游专业学生工作的实际需求，同时选取了国家最新颁布的有关旅游的政策与法规条例，注重基础知识和实际工作的结合。在体例编排上，每章以“课前导读”开篇，同时指出本章学习目标，结束前设置了典型案例和复习思考题(或实训题)，使学生能够准确地把握本章的主要内容，促进学生思考、分析问题和解决问题的能力的培养。

本书在编写过程中，参阅了相关的旅游法律法规著作，在此对编著者谨表诚挚的谢意。尽管我们为本书的编写付出了不少的心血和努力，但书中疏漏之处难免，恳请旅游法规方面各位专家、学者及广大读者批评指正。

《旅游政策与法规》是高职高专旅游管理专业系列规划教材之一，既可作为高等职业院校的专业和教学的参考书，同时也是旅游从业人员理想的读物。

仪勇

目录

第一章　旅游政策与法规概述

>>> 课前导读

旅游政策与法规的发展与旅游活动的进行存在不同步性。旅游活动古已有之，而旅游政策与法规是在旅游成为一种产业的过程中不断形成、发展、完善起来的。本章主要为学生学好旅游政策与法规做一个铺垫，对旅游政策与法规制度的形成前提条件和我国旅游政策与法规的发展进行了阐述，同时又对旅游政策与法规的概念、特点和作用进行了说明。

>>> 学习目标

1. 了解旅游政策与法规制度的形成，了解我国旅游政策与法规的发展。

2. 理解旅游政策与法规的概念、特点和作用。

3. 通过本章的学习，让学生树立法律意识和法制观念，为学好旅游政策和法规打好基础。

第一节　旅游政策与法规制度的形成

旅游政策与法规的产生是和旅游业的发展紧密联系在一起的。旅游活动古已有之。古代旅游活动的参与者有王公贵族、文人墨客、官吏商人、宗教人士等，他们不仅以消遣娱乐为主要目的，有些而且往往还兼有探险、考察的目的，比如中国的郦道元、徐霞客，意大利的马可·波罗等，他们不仅是著名的旅行家，而且还考察了所经之地的山水地貌、风俗民情等，并留有著作。但是古代的旅游活动是个别和分散的，始终没有形成、也不可能形成一个产业门类。到了近代，随着资本主义生产关系的确立和工业革命的兴起，使世界范围的经济和社会结构发生了深刻的变化。社会财富的增加，交通状况的改善，为旅游业的形成提供了前提条件。同时，在工业化大生产的条件下，人们的生活节奏加快，心理压力增加，产生了外出旅游的心理需求。于是，一个新的经济领域——旅游业便于19世纪在西方应运而生。第二次世界大战之后，由于全球局势的相对稳定，社会经济的持续发展，旅游业逐渐兴起和蓬勃发展起来，旅游业已从组织单一的观光活动发展成为一种经济活动。随着旅游业的进一步发展，旅游业发展环境问题、旅游企业经营管理问题、旅游消费者合法权益保护问题、旅游资源的可持续利用、旅游发展与环境、生态问题、旅游国际合作等问题凸显起来。要想促进本国旅游业的发展，就必须重视这些问题，有效地处理、解决这些问题。

一、旅游业发展中要解决的问题

旅游业在发展过程中会遇到各种各样的问题。如何处理旅游业的健康、有序发展与相关的各个环节、各个要素的关系就显得迫在眉睫。必须要依靠相关的旅游政策法规来解决以下问题：

(一)旅游业发展环境的问题

旅游业的发展除自身条件外，还包括经济、政治、社会文化和法律等环境因素。旅游业的政策、法规规定了旅游业各主体的权利、义务和责任，为旅游业的发展创设一套完整的法律秩序。它对旅游业的影响起着十分重要，甚至是决定性的作用，因为它可以影响和决定诸如经济、政治、社会文化等，使之为旅游业发展提供条件或产生限制。如国家对国际旅游业的扶持、国家和地区对地域特色文化的开发和保护等等，都需要旅游法律法规来加以规范。

(二)旅游合同的问题

旅游业作为一种综合性的服务型产业，诚信是其经营之本，信誉是其生命之源。旅游业需要创设诚信的环境，需要经营者与消费者之间以及经营者之间恪守信誉，对于投诉和赔偿不能推诿，要积极主动，力求让消费者放心满意，这样才能赢得信誉，获得更加广阔的市场，增强旅游经营者的竞争力及良好的商业口碑。所以，旅游经营者需要将“诚信”定为服务宗旨，请游客监督，同时，游客也应以诚信对待经营者。只要以诚相待，双方的合法权益就能得到保护。诚信的环境建设，需要以政策法规的制约和监督，对旅游中出现的违规行为如服务质量问题、擅自更改日程线路、游客违约行为等加以约定，保证了旅游者和旅游经营者的合法权益。

(三)旅游企业经营中的问题

有一种形象比喻：市场是海，企业是船，质量是帆。旅游企业是以营利为目的的，其生产的产品是服务，兑现承诺是检验旅游企业产品合格的最低标准。质量事故是旅游企业对旅游者不负责任的表现，旅游投诉是旅游者对旅游企业不守承诺的抗议，不能摆脱投诉的旅游企业，是无法远航的。对于旅游企业而言，能够产生投诉的因素很多，有主观因素，也有客观因素，但是，不管是什么因素，对于劣质产品，旅游者有权退货并得到赔偿。随着社会经济的发展，人民生活水平的提高，旅游的队伍不断壮大，但同时旅游投诉的数量也不断增多，这对于旅游企业的经营管理提出了更高的要求。国家制定相关的政策法规如旅行社质量保证金制度等，规范了旅行社的经营行为，也保护了旅游者的合法权益。

(四)旅游从业人员素质的问题

现代旅游业是经济与文化高度结合的产业，旅游业激烈竞争的成败已经演变为在旅游目的地的资源条件下，旅游从业人员素质优劣的竞争。旅游业发展的后劲，越来越取决于旅游专门人才的数量、质量和旅游从业人员的素质。对游客来说，旅途愉快与否与旅游从业人员有直接关系。在近年来的旅游投诉案例中，近一半以上的纠纷都是由于旅游从业人员的素质、服务质量和服务水平所引起的，这既侵害了游客的利益，又损害了中国旅游界在国内外的信誉。旅游从业人员的素质问题需要国家和地方政府制定旅游人才培养计划，从政策角度加以确认。

(五)旅游资源、环境、生态保护的问题

旅游资源是旅游业的三大支柱之一，一个国家或地区要发展旅游业就必须合理地开发、利用和保护旅游资源。旅游资源不仅包括由于自然因素形成的自然景观，还包括反映人类社会生活的政治、经济、文化、艺术和宗教等活动的人文景观和民俗风情。

环境是人类赖以生存和活动的空间。当今社会城市化进程的加快，对自然资源的开发强度加大，环境污染、生态破坏的问题日趋严重。自 1985 年中国加入《保护世界文化与自然遗产公约》以来，中国的世界遗产得到了国家、地方各相关部门的高度重视，世界遗产保护工作得到了空前的重视。但是，在世界遗产保护上依然存在很多的问题，如世界遗产地的政府管理体制、世界遗产地的所有权与开发权的问题、保护与开发的矛盾等问题。可以说，对这些问题的忽视已经对中国世界遗产的保护带来了非常恶劣的影响和严重的后果。因此，制定适合我国国情的旅游资源保护法律法规，对发展国民经济，规范旅游行为，维护旅游企业和旅游者的合法权益，已显得尤为重要。

(六)旅游安全与保险的问题

当前，旅游已成为人们的生活时尚，随着旅游热的兴起，旅游安全也成为人们关注的焦点，“没有安全，便没有旅游”。我国历来十分重视旅游安全工作，国家旅游局、公安部多次发出通知，要求各地采取有力措施，在旅游安全管理工作中实行“安全第一，预防为主”的方针，以保障旅游者的安全。但是，在旅游活动中，无论是旅游者，还是旅游业经营者，都会面临各种风险，如旅游者在旅途中可能发生人身意外伤害、财物丢失等，而旅游业经营者则要承担可能出现的各种经营风险，于是，旅游保险便应运而生了。应当说，旅游保险是保险在旅游活动中的体现。在国外，旅游保险如同其他保险一样，是十分发达的，保险法律制度也是较为完善的，但在我国，旅游保险如同整个保险业一样，经历了一个曲折而缓慢发展的过程。现在旅游保险法律制度日臻完善，涉及旅游的保险条款多达几十种，基本保证了游客的需求。

(七)旅游者出入境管理的问题

旅游者需要体验不同国家、不同地域的自然、文化特色，需要不断地进出国门，如何对旅游者出入境进行更规范的管理，更好地为旅游者服务，保证整个旅游活动的通畅性和国门的安全性等。这些问题的存在使得有关旅游者出入境的法律法规显得尤为重要。旅游者出入境管理的法规中对旅游者的护照、签证、旅游证、检查、检疫等方面进行了规范，保证了旅游活动的安全、有序进行。

(八)旅游争议解决的问题

在旅游活动过程中有可能产生一些旅游争议事项，从而会产生旅游投诉。如何维护旅游者、旅游经营者的合法权益，怎样明确投诉的受理机关、受理的条件和程序、投诉人与被投诉人的权利和义务以及投诉的时效等问题，旅游纠纷解决方式问题等，就需要有一部关于旅游投诉政策和法规，这样有利于国家旅游行政机关更好地行使行政权力，公平合理地处理双方当事人的矛盾和纠纷，依法管理旅游行业，使旅游者“投诉无门”的问题得以解决；有利于及时保护旅游者合法权益，维护我国旅游业的声誉和形象；有利于保护旅游经营者的合法权益，规范其经营行为，加强对其旅游服务质量的监督，维护旅游市场秩序，促进旅游业持续、健康地发展。

(九)旅游国际合作的问题

加入 WTO 后，中国与国际间的旅游合作越来越多，这种合作必然会涉及企业、行业甚至政府间的法律问题，甚至是国家主权问题，它包括国际法律权利和义务的实现问题，国际旅游合作中的法律责任问题等。

现代旅游业的发展要求国家(或地区)必须重视以上九个方面的问题，制定出相应的旅游政策和法规，这样本国(或地区、区域)的旅游业才能够健康、有序的发展。现在，旅游立法的必要性和重要性已经形成一种共识，被越来越多的国家和地区所重视和实践，一些旅游法律、法规相继颁布，用来调整和解决旅游业发展中的各种问题，从而调整了旅游业中的各种关系，保护和推动了旅游业的发展。

【资料链接】 **邵琪伟会见世界旅游组织代理秘书长共商旅游合作事宜**

2009 年 7 月 10 日中午，中国国家旅游局局长邵琪伟在西班牙马德里世界旅游组织总部会见了代理秘书长塔勒布·瑞法，双方就加强中国与世界旅游组织合作事宜进行了会谈。

邵琪伟指出，在当前世界金融危机和甲型 H1N1 流感的影响下，全球旅游业面临空前挑战，包括中国在内的世界各国都期望世界旅游组织深入研判市场形势、预测市场趋势、提供信息帮助。在金融危机之后，全球许多国家的居民消费行为的变化，也将对各国旅游市场带来明显影响。金融危机对中国旅游业已造成较大影响，1—5 月份入境旅游下降了 9%，但国内旅游、出境旅游仍保持增长势头。中国政府高度重视金融危机影响下旅游业所发挥的特殊重要作用，包括提振信心、扩大内需、刺激消费、增加就业等，中国国家旅游局正在加强对相关问题的深入研究。

塔勒布·瑞法说，世界旅游组织长期以来与中国保持了密切合作的关系，他很赞同邵琪伟对当前旅游市场形势的分析和有关问题的关注，对旅游业在金融危机形势下所发挥重要作用的阐述，赞赏中国保持出境旅游政策的连续性对稳定周边国家经济所做出的贡献。他认为，旅游市场“复苏”不等于完全回到过去，一些市场发展趋势会发生变化。他通报了世界旅游组织对全球旅游市场 1—4 月的分析和未来市场趋势的预测，入境旅游前四个月下降 8%，国内旅游多数国家仍保持增长，如美国、中国、加拿大、印度、巴西以及欧洲、南美等主要国家。今年 1 月世界旅游组织曾作出预测，全球旅游市场可能出现 0 至 2%的降幅，目前旅游市场负增长趋势正在逐步减缓，但能否较快出现复苏，取决于全球经济状况和其他的一些因素。现在预测，全年全球旅游业可能为负增长 4%至 6%之间。

邵琪伟表示，中国国家旅游局将积极配合和支持世界旅游组织开展的各项工作，愿通过现已形成的双边和多边旅游合作机制，如中日韩三国旅游部长会议、中国与东盟 10 国旅游部长会议机制，以及现正在推动的与欧盟国家的旅游合作机制等，积极参与和支持世界旅游组织的工作，并建议在扩大旅游扶贫、拖动旅游目的地建设、支持中国海南建设国际旅游岛、支持中文作为世界旅游组织的官方语言等方面，进一步得到世界旅游组织的合作与支持。最后，他邀请塔勒布·瑞法出席今年 11 月在中国昆明举办的国际旅游交易会。

塔勒布·瑞法表示，邵琪伟率团前来世界旅游组织进行工作性会谈，使他看到了中国愿与世界旅游组织加强合作的热情和决心，表示将积极支持中国旅游业界的各项工作，也祝中国在世界旅游舞台上发挥更大的作用。

世界旅游组织助理秘书长理普曼、计划协调部、资源部、亚太部、市场部等官员，中国国家旅游局驻马德里旅游办事处、国际司、综合司有关负责人参加了会谈。

（资料来源：中华人民共和国国家旅游局）

二、现代旅游业发展的特点促进了旅游政策与法规的形成与完善

第一，旅游业已经真正形成了一个产业门类。旅游业具有创汇率高、投资回报高、提供就业机会多等特点，因此，当今世界无论是发达国家还是发展中国家都致力于发展旅游业，旅游业被誉为“朝阳产业”或“无烟工业”，其发展速度居其他产业之首。旅游业现在已经成为世界第一大产业，2009 年国际旅游总收入为 8520 亿美元；2010 年旅游业将为超过 2.35 亿人提供了工作机会，相当于 2010 年全球新增就业总人数的 8%。旅游业不仅促进了各国经济的增加，缓解了就业矛盾，而且带动了相关产业的发展。由于和平与发展已成为当今世界发展的主流，在世界经济的未来发展中，旅游业仍将长期成为最具潜力的经济增长点。

第二，旅游已经成为一种大众性的社会文化活动。由于社会物质财富的增长，人们的收入除了维持生计以外，可供自由支配的部分越来越多。加之各国国内和国际间交通、通讯的日益发达，旅游从少数人的消遣活动发展为公众广泛参与的社会文化活动。据联合国世界旅游组织（UNWTO）统计，从整个世界来看，国际旅游出游人数 2010 年达到 9 亿 3500 万人次。这主要是这些国家和地区的经济持续增长，相当一部分人具备了支付旅游费用的能力，使得出境旅游的人数急剧增加。另一方面，各国公民在其国内的旅游人数更是越来越多。由于旅游活动的广泛开展，丰富了人们的精神文化生活，提高了人们的素质，增进了各国人民的相互了解和友谊，促进了不同国家、不同地区之间的文化交流。

第三，旅游业的发展也给社会带来了一些消极的因素。例如，因旅游资源开发利用中的失误所造成的环境污染、生态失衡；旅游业中的消极腐败现象助长了社会的不良风气；由于旅游者不尊重目的地国的风俗习惯，引起激烈的主客冲突；各国国内和国际间旅游业的无序竞争，不仅影响了旅游业的声誉，而且造成了社会财富的极大浪费等等。

作为一种新的产业类型，旅游业无论是从大众的参与度、区域文化的交流方面还是从地区经济的发展、人们素质的提高等方面都具有明显的优势。但不可否认的是，现代旅游业的迅猛发展在促进了经济的繁荣和社会的进步的同时，也对社会产生了一定的消极影响。在现代旅游业的发展过程中，由于旅游规模和范围的扩大，旅游内容的增加，旅游方式的改变，产生了一系列错综复杂的社会关系，诸如：旅游者和旅游经营者之间的关系，旅游经营者之间的相互关系，旅游活动与生态平衡和环境保护之间的关系，旅游业的发展与社会政治、经济、文化生活之间的关系，国际旅游业发展的协作与竞争等等。为了调整这种因旅游活动而形成的复杂的社会关系，保护旅游业的健康发展，抑制旅游业发展过程中产生的消极因素，解决旅游业发展过程中遇到的矛盾和问题，不少国家的政府逐步认识到了用法律手段规范旅游业发展的必要性以及调整由于旅游活动而产生的复杂社会关系的紧迫性和重要性。可以说，旅游业的发展成为旅游立法的客观要求。20 世纪五六十年代，“旅游法”的概念才被正式提出，到六七十年代，日本、韩国、巴西、墨西哥、英国等根据本国情况，相继制定了一些专门的旅游政策、法规。在一些国家，不仅有旅游行业管理、旅游资源保护、旅游关系调整的单项法规，而且还制定了旅游基本法，旅游立法工作开始趋向完善。

三、我国旅游政策与法规的发展

伴随着我国旅游事业60多年的发展，我国的旅游政策与法规经历了一个漫长、曲折和不断完善的改革发展历程。实际上，我国旅游政策与法规的真正产生是在改革开放以后。旅游立法工作也是建立在国家一定的经济、政策、法律基础之上的。虽然我国的旅游业早在20世纪50年代初就已经产生，但是由于受当时国际国内政治、经济形势的影响，接待的外国旅游者主要是社会主义国家的，国内旅游者的人数也很少。其后不久是十年动乱，旅游业濒临崩溃边缘，直到1978年党的十一届三中全会制定了对外开放政策，旅游业才得以发展起来。旅游者人数和旅游收入不断增加，旅游经营单位，尤其是旅游饭店、旅行社增长速度很快，这就使我国政府意识到必须从客观上对旅游业加以调控，用法律的手段调整旅游社会关系。同时，在党的十一届三中全会之后，党和国家制定了一系列与旅游有关的政策，如国务院在1981年作出了《关于加强旅游工作的决定》等，都为旅游法的制定提供了依据。

我国的旅游立法工作是在旅游业蓬勃发展和国家法制建设不断加强的形势下进行的。从1982年起，国家旅游局就开始了我国的旅游基本法——《中华人民共和国旅游法》的起草工作，成立了专门的起草小组。在起草过程中，起草小组重点研究了我国旅游业的现状、现行的经济法规和旅游政策法规，参阅了美国、日本、墨西哥等国的旅游基本法等旅游法规，多次征求专家、学者和实际工作部门的意见，形成了《中华人民共和国旅游法》草案。这一草案经过多次修改，但直至今日，该项法律因种种原因尚未出台。尽管旅游基本法尚未颁布，但我国专门的旅游立法仍取得了相当的成就。十几年来国务院、国家旅游局和其他有关部门，颁布了许多行政法规和部门规章，涉及旅游企业及从业人员管理、旅游行业标准、旅游交通、旅游安全、旅游投诉等各个方面。同时一些地方因地制宜，适时出台了一些地方旅游政策与法规。这些政策、法规与有关法律相配套，对旅游业的发展起到了很大的保护和促进作用。除了专门的旅游立法之外，我国现行的一些法律如《中华人民共和国民法通则》、《中华人民共和国刑法》、《中华人民共和国消费者权益保护法》、《中华人民共和国公民出入境管理办法》、《中华人民共和国海关法》、《中华人民共和国森林法》、《中华人民共和国环境保护法》、《中华人民共和国文物保护法》等，都在不同程度上对旅游社会关系起到了调整作用。

综上所述，旅游政策与法规是现代旅游业发展的必然产物，是调整在旅游活动中所产生的各种社会关系的主要法律依据，它对于保护旅游业的健康发展发挥了和正发挥着重要作用。

第二节　旅游政策与法规的含义、特点和作用

一、旅游政策与法规的含义

旅游政策与法规是指在旅游活动领域中用于调整各种社会关系的法律规范的总称。从这个概念的界定中可以看出，旅游政策与法规调整的是旅游社会关系，主要包括：

(一)纵向关系

它主要是指旅游行政管理部门与旅游企事业单位及其工作人员之间、旅游行政管

理部门上下级之间领导与被领导、管理与被管理的关系，以及旅游企事业单位内部决策部门与执行部门之间、各执行部门和员工之间的关系。这种纵向的旅游社会关系，主要通过制定和执行旅游政策、法规，实现国家对旅游事业的领导，以及旅游行政管理部门对所属各旅游企事业单位的管理和监督。纵向旅游社会关系在法律调整中表现为上下级之间隶属的社会关系。

(二)横向关系

它主要是指平等主体之间即各旅游企业之间，旅游企业与旅游者之间的关系以及我国旅游企业与境外旅游组织之间在业务交往中所发生的各种关系。这种横向的旅游社会关系，主要通过执行旅游政策、法规，签订旅游合同，实现旅游企业相互之间的专业化协作，实现旅游者在旅行游览活动中相互间的权利义务等。横向旅游社会关系在法律调整中表现为各个主体之间的平等的社会关系。

旅游政策与法规是一个宽泛的概念：

第一，旅游政策与法规的范畴包括我国政府缔结、承认的国际旅游公约和规章；国家或地方政府制定的、用于调整旅游活动的所有的政策、法律、规范，它包括全国人民代表大会制定的旅游法律；国务院制定的旅游行政法规；国家旅游行政主管部门制定的部门规章以及地方旅游法规等。

第二，旅游政策与法规是用以调整旅游活动中形成的具有旅游特点的社会关系。这是旅游政策与法规区别于其他部门法规的一个基本标志。例如，旅游者与旅游经营者在旅游活动中所形成的权利与义务关系(旅游者与旅行社之间的合同关系)，旅游企业之间因经营旅游业务而产生的协作关系(旅行社与民航之间的协作)等，都属于旅游法调整的范围。有些社会关系虽然发生在旅游活动当中，却不属于旅游法调整的范围，如旅游者在旅游活动中所从事的商务活动、旅游者被犯罪分子伤害等。

二、旅游政策与法规的特点

这里所说的旅游政策与法规，不是指一个单一的法律，而是以旅游关系为调整对象的各种法律规范的总和。它具有自身的特点：

(一)综合性

旅游业是一项综合性的经济产业，旅游业的发展涉及国民经济的很多部门，因此有关旅游方面的法律法规涉及的面是相当广泛的。例如环境保护法律法规、交通运输法律法规、进出境管理法律法规、外汇管理法律法规、物资供应管理法律法规等，其中都有涉及旅游活动的条款。同时，旅游业又包括了吃、住、行、游、购、娱六大要素，它涉及政治、经济、文化等各个领域。因此，旅游部门必须要有许多单行法规才能适应旅游经营管理的需要。实际上，旅游政策与法规是由一系列单行法律、法规组合起来的，这套法律既包括国内规范，也包括国际规范。这一规范体系以旅游为主线统一起来。

(二)专业性

现代旅游业是一个新兴的国民经济部门，同时又是一个充分利用现代科学技术的部门。因此，旅游政策、法规既要反映旅游业经营管理的业务特点，又要具有较强的科学技术性。例如对旅游资源的开发，既涉及一个如何管理的问题，又是一个经济技术过程，往往不仅需要反映旅游发展总体布局的客观要求，而且要反映自然规律和科学技术规律的发展要求。

（三）层次性

我国的旅游政策与法规是我国社会主义法律体系中的一个组成部分，有自己的调整对象和特定的适用范围。从我国法律体系的诸层次来看，第一层次是宪法，起统领作用；第二层次是刑法、民法、行政法等；第三层次为财政法、劳动法、环境保护法等。旅游政策与法规就是属于第三层次。它从属于第二层次的法律，但又不是一种简单的从属关系，因为它并不直接从属于某一个第二层次的基本部门法，其从属意义仅仅是指借助于数个第二层次的基本部门法的某些原则和制度来调整本部门的社会关系。例如，国家旅游行政管理机关的法律地位、组织形式等，要符合行政法的某些基本原则和制度。同时，旅游法当中各主体间的经济关系的调整，又要遵守民法和经济法的有关原则和制度。目前，旅游法在我国还没有形成一个独立的法律部门。

（四）效益性

由于旅游业是一个经济产业，其目的是要通过出卖旅游产品从中获得尽可能多的收益，因此旅游政策与法规要求旅游经营者的经营管理活动必须赢利，讲究经济效益。又由于旅游业是一个文化产业，旅游活动是地区间、国家间、民族间的人际交往活动，是一种文化交流活动，因此旅游政策、法规要求旅游经营者必须讲究社会效益，增进相互之间的友好往来，传播本国的优秀历史文化。还由于旅行游览活动在当代已经成为一种大众性的游移活动，旅游政策与法规要求旅游活动必须重视社会环境保护，讲究环境效益，防止旅游给环境造成污染和破坏，这也是旅游业可持续发展的一个重要保证。

（五）涉外性

旅游业是一个国际性的行业，任何一个国家要使本国的旅游业立足于国际旅游之林，就必须以旅游立法的形式加强同各国的友好合作，同各国的各种旅游组织建立业务往来。因此，每一个国家在制定本国旅游政策与法规时，都要注意国际上关于国际旅游业的主要规定，都要注意全面参照国际惯例。所以，我国在制定旅游政策与法规时，必须借鉴其他国家尤其是发达国家在这方面的成功经验，制定出符合我国国情的具有中国特色的旅游法律法规，自觉地与国际旅游政策法规接轨。

三、旅游政策与法规的作用

在我国社会主义市场经济条件下，旅游政策与法规对促进旅游活动的开展以及旅游业的发展具有重要的作用。概括起来主要有以下几个方面：

（一）规定了旅游主体的行为准则

旅游主体的市场行为必须要有一定的政策、法规来加以约束、规范、保护。旅游政策与法规对各主体的行为准则作了明确的规定，诸如各主体在旅游活动中的权利义务责任，允许做什么，不允许做什么，哪些行为是合法的，哪些行为是违法的，违法行为应当受到怎样的制裁等，从而为其提供了一个法律允许的活动范围，提供了一个判断行为是否合法有效的衡量标准。在旅游活动中，凡属合法有效的行为，都会受到法律的保护；反之，凡属违法无效的行为，法律将不予保护，而且如果这种行为侵犯了其他主体的合法权益，还将受到法律的制裁。

（二）为旅游业的发展提供了法律保障

由于旅游政策与法规明确规定了各旅游主体的权利义务以及法律责任，就为各旅游主体的活动提供了基本的行为准则。旅游者可以依法从事旅游活动，旅游企业可以依法经营，旅游行政管理部门可以依法对旅游进行管理。各旅游主体都在法律允许的范围内从事自己的活动，各尽其责，各得其利，这样就保证了旅游活动的正常进行和旅游企业之间的公平有序竞争，从而为旅游业的持续、健康发展创造了一个良好的法律环境。

（三）丰富和发展了部门法律体系

部门法是同类法律规范的总称。每一类社会关系发展到一定程度都会有一个相应的部门法律来调整。随着旅游业的发展，调整旅游社会关系的政策、法规也会逐渐形成一个新的部门法律，这样就在事实上丰富和发展了部门法律体系，即在传统的刑法、民法、商法、合同法、行政法等部门法之外又增加了一个旅游法。同时，在国际法分支中也逐渐形成了一个新的分支，即国际旅游法，从而使部门法律体系得以进一步丰富和发展。

>>> 典型案例

春节期间，某公司10名员工参加了某国际旅游公司组织的东南亚两国一地十日游。由于旅游公司业务繁忙，派出了公司的财务人员担任领队(无领队证)，旅游团从上海准备出关时，边检人员发现，旅游者的签证已经过期，边检人员阻止旅游团出境。事件发生后，旅游公司希望解除旅游合同，并承担赔偿责任，而旅游者坚决不同意，同时旅游者提出从广州出境。旅游公司则声称，假如旅游团飞广州，旅行社临时无法获得机票的优惠价。旅游者自愿补足从上海飞往广州团队机票与散客机票的差价。经协商，该旅游团从广州出境，顺利完成了原旅游合同的所有服务项目。行程结束后，旅游者对旅游公司的工作极不满意，向旅游管理部门投诉，其赔偿要求是：要么双倍返还旅游费用，要么“出境游补出境游”，即免费组织所有游客前往泰国、中国澳门旅游；同时，旅游者要求管理部门对旅游公司的不规范行为进行惩处。

请问：

1. 旅游者的赔偿请求是否有法律依据？为什么？
2. 旅游公司是否存在违规行为？应当如何处罚？

【案例分析】

1. 旅游者的赔偿请求缺乏法律依据。按照《消费者权益保护法》的规定，如果经营实施了欺诈行为，消费者有权要求经营者双倍赔偿。在这起纠纷中，假如旅游公司有欺诈旅游者的行为，必须向旅游者双倍返还旅游费用。该旅游公司没有欺诈行为，就不应当向旅游者双倍返还。至于旅游者提出的“出境游补出境游”的要求，也于法无据。旅游团行程受阻后，旅游公司与旅游者经过协商后，顺利地完成了原合同计划，没有给旅游者造成直接的经济损失。根据《合同法》的规定，旅游公司没有必要给旅游者赔偿。

2. 根据《中国公民出国旅游管理办法》第二十七条的规定，组团社不为旅游团队安排专职领队的，由旅游行政部门责令改正，并处 5000 元以上 2 万元以下的罚款，可以暂停其出国旅游业务经营资格；多次不安排专职领队的，并取消其出国旅游业务经营资格。

>>> 复习思考题

1. 旅游政策与法规的涵义是什么？
2. 旅游政策与法规的特点和作用是什么？

第二章　旅游合同法规

>>> 课前导读

本章包括合同和旅游合同的概述，旅游合同的订立与效力，旅游合同的履行、变更、转让、终止，旅游合同的违约责任等内容。通过本章的学习，使学生能更深刻地理解《旅行社条例》及其《实施细则》中有关旅游合同的内容，自觉维护旅游者的权益。这要求学生掌握合同订立的程序、合同的效力、合同的履行、合同的变更与转让，以及旅游合同的违约责任与解决合同争议的途径等基本内容；理解合同法的基本原则，合同的终止、合同争议的解决等内容。

>>> 学习目标

了解合同与旅游合同的定义，熟悉合同的订立原则，掌握旅游合同的履行、变更、转让和终止的知识，熟悉违约责任的承担方式及责任的减轻与免除等内容。

第一节　合同和旅游合同

一、合同的概念和特征

合同又叫契约。《合同法》第二条第一款规定："本法所称的合同是指平等主体的自然人、法人、其他组织之间设立、变更、终止民事权利义务关系的协议。"根据这一定义，合同具有以下法律特征：

(一)合同是一种民事法律行为。政府对经济的行政管理关系(如国家预算、GDP的增长速度、政府工作军令状、旅行社的审批等事宜分析)、企业内部的管理关系[如部门承包问题，企业与职工关系问题(企业部门目标责任书、清华大学校方与研究生签订协议书、旅行社与导游之间关系等案例分析)]等不适《合同法》调整。

(二)合同的民事权利义务关系表现为债权债务关系，而非人身关系。故"婚姻、收养、监护"等民事协议不适《合同法》调整。("特别法"优于"普通法"的原则)

(三)合同是两个以上当事人"合意"的结果。合同法调整的合同包括列名合同(15种)与未列名合同(如旅游合同)，有名合同与无名合同。《合同法》分则规定的15种列名合同，以及专利法、商标法、保险法、海商法、中外合资经营企业法等法律规定的相关合同，称为有名合同，或称典型合同。法律上未特别规定的合同，如我国的医疗、旅游、餐饮服务、邮政通讯、培训、住宿、农村土地承包等合同称无名合同，也称非典型合同。有名合同的纠纷应按照有关该合同的规定处理。无名合同的法律适用根据合同不同类型，学理上各有主张。其一：类推适用，即类推适用其类似的有名合同的规定；其二：吸收适用，即适用该合同主要构成部分所属的有名的规定；其三：结合适用，即在两个或两个以上有名合同的事项为内容的合同(称混合合同)中，就各部分的规定分析结合而适用于混合合同。合同法总则的规定适用于所有无名合同。

二、旅游合同

(一)旅游合同的概念

根据合同的定义可以广义地将旅游合同界定为：平等主体的旅游者、旅游企业法人、其他旅游组织之间设立、变更、终止旅游民事权利义务关系的协议。在旅游实践中，人们通常可以狭义地理解为旅游者与旅行社签订的旅游组团合同。

(二)旅游合同订立的原则

旅游合同订立的原则是指合同的当事人在订立合同活动中应当遵守的基本准则。根据《合同法》，旅游合同的原则共有 6 项：

1. 平等原则

这是指当事人的法律地位的问题。《合同法》第三条规定："合同当事人的法律地位平等，一方不得将自己的意志强加给另一方。"即当事人的法律资格平等或民事权能平等或身份平等，即当事人订立合同的意思表示以及应有的民事权利义务资格都是平等的，在身份上没有高低贵贱、上下隶属之分。

平等原则要求当事人：第一，在订立合同时，任何一方无权强制他人服从自己的意志；第二，合同依法成立后，对当事人双方产生平等的约束力，不允许任何一方享有特权；第三，合同发生纠纷时，当事人平等地受法律的保护；第四，合同当事人一方没有处罚对方当事人的权利。

2. 自愿原则

《合同法》第四条规定："当事人依法享有自愿订立合同的权利，任何单位和个人不得非法干预。"即当事人有权以平等原则为基础，在没有强制力干预的情况下，自愿订立旅游合同。但是，实行自愿原则必须遵守既有法律的限制性规定。

3. 公平原则

这是指合同当事人在交易过程中的权利和义务相当的意思。《合同法》第五条规定："当事人应当遵循公平原则确定各方的权利和义务。"即当事人应当按照公平正义的法律精神和理念，在互利的基础上确定各自的权利和义务。此项法律规范和合同约定的先天不足，是处理各类旅游合同纠纷时应遵循的基本原则之一。

4. 诚信原则

《合同法》第六条规定："当事人行使权利、履行义务应当遵循诚实信用原则。"即当事人应当诚实守信，以善意的方式、方法行使权利并履行相应的义务，不得滥用权利，规避义务。例如，旅行社在与旅游者签订合同时，不得利用旅游者对旅游知识的缺乏欺诈隐瞒旅游者，损害其合法权益。

5. 合法原则

《合同法》第七条规定："当事人订立、履行合同，应当遵守法律、行政法规，尊重社会公德，不得扰乱社会经济秩序，损害社会公共利益。"如：无出境业务经营资格的旅行社与旅游者不能订立出境旅游合同。

6. 法律约束力原则

《合同法》第八条规定："依法成立的合同，对当事人具有法律约束力。当事人应当按照约定履行自己的义务，不得擅自变更或解除合同。”“依法成立的合同，受法律保护。”即依法成立的合同对当事人具有法律约束力，受法律保护，当事人应当按照约定履行自己的义务，不得擅自变更或者解除合同。

(三)旅游合同的形式

合同的形式是指合同当事人之间订立合同的方式，是合同当事人意思表示一致的外在表现形式，是合同内容的载体。《合同法》第十条规定：“当事人订立合同，有书面形式、口头形式和其他形式。法律、行政法规规定采用书面形式的，应当采用书面形式。当事人约定的采用书面形式的，应当采用书面形式。”其他形式主要是指推定形式和默认形式。需要指出的是，由于旅游活动涉及的环节比较多，而且在不同的环节对旅游服务的要求不尽相同，容易发生争议，因此各类旅游合同，特别是旅行社与旅游者签订的旅游组团合同一般不宜采用口头、推定和默认这三种形式，而应当采用书面形式，以便发生合同纠纷时，易于取证和分清责任。

(四)旅游合同的订立

旅游合同的订立是指当事人之间经过平等协商，就旅游合同内容达成一致并依法签订协议的法律行为。旅游合同的订立是旅游合同关系确定的前提和基础。《合同法》第十三条规定：“当事人订立合同，采用要约、承诺方式。”据此，旅游合同的订立程序或过程应当包括要约和承诺两个阶段。

1. 旅游合同的要约

旅游合同的要约也叫订约提议，又有发价、报价、出价、发盘、出盘等叫法，是一方当事人希望和他人订立旅游合同的意思表示。提出要约的一方称作要约人，接受要约的一方称作受要约人，而希望他人向自己发出要约意思表示则被称为要约邀请或要约引诱。按照规定，寄送的价目表、拍卖公告、招标公告、招股说明书、商业广告等都可以视为要约邀请。其中，商业广告的内容如果符合要约的规定，则视为要约。要约生效必须具备四个条件：一是要约人必须清楚表明愿意按照要约内容订立合同；二是必须向特定的人发出；三是内容或主要条款必须明确肯定；四是必须传达到受要约人。

一般而言，要约对受要约人没有约束力，即受要约人有承诺的权利，没有承诺的义务，受要约人表示沉默并不构成承诺。但法律有特别规定的除外。《合同法》第十七条规定：“要约可以撤回。撤回要约的通知应当在要约到达受要约人之前或者与要约同时到达受要约人。”第十八条：“要约可以撤销。撤销要约的通知应当在受要约人发出承诺通知之前到达受要约人。”但是在有些情况下则不得撤销。《合同法》第十九条规定：“有下列情形之一的，要约不得撤销：第一，要约人确定了承诺期限或者以其他形式明示要约不可撤销；第二，受要约人有理由认为要约是不可撤销的，并已经为履行合同作了准备工作。”另外《合同法》第二十条规定：“有下列情形之一的，要约失效：第一，拒绝要约的通知到达要约人；第二，要约人依法撤销要约；第三，承诺期限届满，受要约人未做出承诺；第四，受要约人对要约的内容做出实质性变更。”

2. 旅游合同的承诺

旅游合同的承诺又叫接受提议，是指接受要约的人(受要约人)按照旅游合同要约规定的方式对旅游合同要约内容完全同意并愿意订立合同的意思表示。做出承诺的受要约人称为承诺人。

承诺生效必须符合四个条件：一是承诺必须以与要约人订立合同为目的，并由受要约人或他的代理人发出，否则不视为承诺。二是承诺必须在要约规定的有效期内发出，除了一些特殊情况外，迟到的承诺不视为承诺而视为新要约。三是承诺内容必须与要约内容充分一致，即受要约人完全同意要约人的建议而不对要约的内容作出实质变更，否则应视为新要约。四是承诺的传递方式必须符合要约的规定。

承诺与要约一样是可以撤回的。但是，撤回承诺的通知应当在承诺通知到达要约人之前或者与承诺通知同时到达要约人，否则不得撤回。

(五)旅游合同的成立

旅游合同的成立是旅游合同要约和承诺的结果。从原则上讲，承诺生效时合同即告成立。按照《合同法》规定，当事人采用合同书形式订立合同的，自双方当事人签字或者盖章时合同成立；当事人采用信件、数据电文等形式订立的合同的，可以在合同成立之前要求签订确认书。签订确认书时合同生效；法律、行政法规规定或者当事人约定采用书面形式订立合同，当事人未采用书面形式但一方已经履行主要义务，对方接受的，该合同成立；采用合同书形式订立合同，在签字或者盖章之前，当事人一方已经履行主要义务，对方接受的，该合同成立。

另外，关于合同成立的地点，也是一个需要明确的问题。一般来讲，承诺生效的地点就是合同成立的地点。但是，由于承诺生效的地点不同，因此合同成立的地点也不同。《合同法》规定，即采用数据、电文形式订立合同的，收件人的主营业地为合同成立的地点；没有主营业地的，其经常居住地为合同成立的地点。当事人另有约定的，按照其约定。当事人采用合同书形式订立合同的，双方当事人签字或者盖章的地点为合同成立的地方。

【资料链接】 **国家旅游局和香港特别行政区旅游事务署同时发布《内地居民赴港旅游组团社与地接社合同要点》**

为共同规范内地赴港旅游市场秩序，进一步提升旅游服务质量，1 月 28 日，国家旅游局和香港特别行政区旅游事务署分别发出通知，将于 2011 年 2 月 1 日在内地与香港同时实施《内地居民赴港旅游组团社与地接社合同要点》。

在 2010 年内地与香港旅游工作磋商会议上，内地与香港旅游主管部门就合作加强规范内地赴港旅游市场的具体措施进行了交流与磋商。为进一步提高旅游服务质量，促进旅游市场健康有序发展，决定出台《内地居民赴港旅游组团社与地接社合同要点》(以下简称《合同要点》)。通过广泛征求意见，经过双方充分协商，形成《合同要点》。

《合同要点》从六个方面要求内地组团社与香港地接社签订的合同中，必须做到：(一)明确双方名称、经营许可证及联络方式。(二)明确组团社领队和地接社导游相关信息。(三)明确旅游团吃、住、行、游、购、娱的具体安排，并特别指出在香港的购物场所、购物次数、停留时间。(四)明确旅游团团费包含项目、支付数额、支付时间、支付方式，如有自费项目，须注明内容和价格。(五)明确组团社和领队的责任和义务。强调组团社须取得经营出境旅游业务许可，遵守《旅行社条例》，不得以低于接待服务成本的价格招揽游客，未经游客同意，不得将游客转交给其他旅行社组织、接待；强调领队必须具备出境领队资格，遵守《出境领队管理办法》，维护游客合法权益，反对胁迫游客购物，如发生此类事情，领队有及时报告的义务。(六)明确地接社和导游的责任和义务。强调地接社须持有香港特别行政区政府旅行代理商注册处发出的牌照，不得以低于接待服务成本的价格向内地组团社报价并承接旅游团，不得要求导游带领不支付或者支付的费用低于接待成本的团队出团，不得要求导游承担接待费用；强调地接社导游必须具有香港旅游业议会颁发的导游证，在游客抵达香港时，须及时派发符合议会规定的行程表和《内地赴港团体游旅客须知》；强调地接社及导游在接待旅游团过程中，必须完全遵守议会的《会员的一般作业守则》、《经营入境旅行服务守则》、《导游作业守则》等相关规定，不得欺骗或胁迫游客购物或强行要求游客参加需要另行自费的项目。

《合同要点》的出台是内地与香港旅游业界合作开展“品质旅游”的重要内容，有利于进一步规范市场秩序，对推进内地赴港旅游市场的健康有序发展具有积极意义。

（资料来源：中华人民共和国国家旅游局）

第二节　旅游合同的效力

旅游合同的效力，也叫旅游合同的生效，是指旅游合同的法律约束力，即迫使合同当事人必须依照合同约定履行义务的强制性力量。已经签订的旅游合同是否有效，直接关系到旅游合同能否履行，当事人合法权益能否得到有效保护。因此，法律作出了详细的规定，以确认旅游合同的有效与无效。

一、旅游合同的有效

旅游合同要有法律约束力，必须具备合同成立的条件，即法定条件。按照《民法通则》、《合同法》及有关旅游法律的规定，旅游合同生效的法定条件包括：第一，旅游合同主体必须具备法定资格；第二，旅游合同条款必须合法、完备；第三，旅游合同形式与成立程序必须符合法定要求；第四，必须是在合同的起始时间和解除时间之间，即只有在生效的时间内的合同才是有效合同；第五，必须由法定代表人或其授权的合格代理人签字。

二、旅游合同的无效

合同的无效是相对于合同的有效而言的，是指合同虽然已经成立，但因缺乏生效条件而自始就不具备法律约束力。

(一)旅游合同无效的条件

依据《合同法》第五十二条及其他相关法律的规定，有下列情形之一的，旅游合同即可判定为无效：

(1)订立合同的当事人不具备主体资格；

(2)合同主要条款不全或者不明确、不具体；

(3)采用欺诈、胁迫等非法手段订立的合同；

(4)以合法形式掩盖非法目的的合同；

(5)恶意串通，损害国家、集体或者第三人利益的合同；

(6)损害社会公共利益的合同；

(7)违反法律、行政法规强制性规定的合同；

(8)提供格式合同的一方免除其主要责任、加重对方责任、排除对方主要权利的合同；

(9)合同生效时间未到或合同已经撤销、解除或终止；

(10)法定代表人或其授权的合格代理人未签字或签字者不是法定代表人或其授权的合格代理人。

(二)无效条款

无效条款是指合同中约定的违反法律规定或当事人意志，没有法律约束力的条款，包括无效的责任条款和无效的免责条款。责任条款是指当事人在合同中约定的当事人应该承担的未来责任的条款。例如，要求对方承担过重责任的条款。免责条款是指当事人在合同中约定的排除或者限制一方当事人未来责任的条款。我国《合同法》规定，造成对方人身伤害的以及因故意或者重大过失造成对方财产损失的，是法定无效的免责条款。例如，旅游组团合同、旅游劳动合同中约定的“伤亡责任自负”以及旅游者到旅游购物商店购物时看到或听到的“商品一经售出，概不退换”等，皆属无效条款。另外，个别条款无效，并不影响其他合同条款或整个合同的效力。

(三)旅游合同无效的法律后果

旅游合同被确定无效或被撤销后，将导致旅游合同自订立起就没有法律约束力的法律后果。旅游合同尚未履行的不得履行，正在履行的终止履行，已经履行的，对旅游合同引起的财产后果应按照《合同法》的规定，分不同情况作如下处理：

(1)返还因该合同取得的财产。返还财产有单方返还和双方返还两种情况。返还财产应以恢复原状为原则。

(2)折价补偿。如果不能返还或者没有必要返还从另一方取得的财产，可以折成一定的价款进行补偿。

(3)赔偿损失。一方有过错的，应当赔偿对方因此遭到的损失；双方都有过错，应各自赔偿因自己的过错给对方造成损失的责任。如果属于共同过错造成的损失，应根据各自的过错程度承担与自己过错相适应的责任。

(4)收归国家所有或者返还集体或第三人。属于损害国家利益而取得的财产，应收归国家所有；属于损害集体利益而取得的财产，应返还给集体；属于损害第三人利益而取得的财产，应返还第三人。

第三节　旅游合同的履行

合同的履行是合同法的核心，是指合同当事人按照合同的约定，依法承担合同义务，实现各自权利的行为过程。未来实现合同当事人的权利义务，分清各自的法律责任，旅游合同当事人有必要按照法律规定的原则，认真履行合同。

一、旅游合同履行的原则

旅游合同履行的原则主要包括正确全面履行、诚实信用履行两项原则。

(一)正确全面履行原则

《合同法》第六十条第一款规定："当事人应当按照约定全面履行自己的义务。"正确全面履行原则，又叫实际履行原则，含义有二：一是按照合同规定的标的及其品质履行；二是按合同规定的主体、时间、地点、条件和方式履行，即旅游合同当事人不能用其他标的来代替合同标的，也不能以偿付违约金、赔偿金来代替履约。例如，有的旅游经营者未经旅游者书面同意，擅自取消、改变约定的旅游项目或用价值低的旅游项目取代价值高的旅游项目，谋取差价等。

(二)诚实信用履行原则

《合同法》第六十条第二款规定："当事人应当遵循诚实信用原则，根据合同的性质、目的和交易习惯履行通知、协助、保密等义务。"具体要求包括：不得履行已知的有害于对方的合同；以善良管理人的注意程度妥善保管准备交付的特定物；及时通知对方履约情况；督促、协助或帮助对方履行合同(此为协作履行或适当履行)；为对方保守商业等有关合同履行的各种秘密；合理履行合同未规定的其他义务。

二、旅游合同履行的规则

旅游合同履行的规则主要包括协议补充履行规则、政府定价变动时的履行规则、替代履行规则、当事人变动时的履行规则、履行合同过程中抗辩权的行使规则、提前或部分履行债务的规则、合同履行过程中代位权的行使规则、合同履行过程中撤销权的行使规则等。

(一)协议补充履行规则

已经生效的旅游合同可能存在着条款不明和理解有歧异的情况，实际履行起来有困难。各国合同法一般都是通过两种途径使条款不明的合同尽可能明确化。一是通过法律分补缺性规定使不明确的条款明确化；二是通过对合同的合法解释使理解有争议的合同条款明确化。《合同法》第六十一条规定："合同生效后，当事人就质量、价款或者报酬、履行地点等内容没有约定或约定不明确的，可以协议补充；不能达成补充协议的，按照合同有关条款或者交易习惯确定。"《合同法》第六十二条规定："当事人就有关合同内容约定不明确，依照本法六十一条的规定仍不能确定的适用下列规定：第一，质量要求不明确的，按照国家标准、行业标准履行；没有国家标准、行业标准的，按照通常标准或者符合合同目的的特定标准履行。第二，价款或者报酬不明确的，按照订立合同时履行地的市场价格履行；依法应当执行政府定价或者政府指导价的，按照规定履行。第三，履行地点不明确，给付货币的，在接受货币一方所在地履行；交付不动产的，在不动产所在地履行；其他标的，在履行义务一方所在地履行。第四，履行期限不明确的，债务人可以随时履行，债权人也可以随时要求履行，但应当给对方必要的准备时间。第五，旅行方式不明确的，按照有利于实现合同目的的方式履行。第六，履行费用的负担不明确的，由履行义务的一方负担。"

(二)政府定价变动时的履行规则

《合同法》第六十三条规定："执行政府定价或者政府指导价的，在合同约定的交付期限内政府价格调整时，按照交付时的价格计价。逾期交付标的物的，遇价格上涨时，按照原价格执行；价格下降时，按照新价格执行。逾期提取标的物的或者逾期付款的，遇价格上涨时，按照新价格执行；价格下降时，按照原价格执行。”

例如：1999年2月20日，张某参加某旅行社组织的云南8日游，交纳旅游费4600元，旅游合同规定3月10日出团。1999年1月底，国家发文规定团体优惠价不得低于90%。旅行社未能拿到预定的折扣票，经协商，张某勉强补交400元。回京后，张某认为旅行社应该遵守合同，不得额外加价，要求退还补交的机票钱。从上述关于合同价格变动履行履行规则可知，张某要求于法无据。

(三)替代履行规则

替代履行又叫债权、债务的转移。原则上，合同当事人应该亲自履行合同，但法律也允许债务人向第三人履行债务，或者第三人向债权人履行债务，但条件是当事人必须事先约定同意，而且履行结果符合约定，否则应当承担违约责任。《合同法》第六十四条规定：“当事人约定由债务人向第三人履行债务的，债务人未向第三人履行债务或者履行债务不符合约定，应当向债权人承担违约责任。”《合同法》第六十五条规定：“当事人约定由第三人向债权人履行债务的，第三人不履行债务或者履行债务不符合约定，债务人应当向债权人承担违约责任。”

例如：某年某月，甲旅行社由乙旅行社接待的旅游团行至重庆后，又由丙旅行社接待。丙旅行社以购买三峡船票需要付现金为名，从甲旅行社领队骗得5000元以冲抵乙旅行社所欠其四万元债务，而乙旅行社并不知情。很显然，丙社在未与甲乙两社协商的情况下，让甲社为乙社偿债，属无效行为。

(四)当事人变动时的履行规则

由于当事人的变动并未使当事人的权利能力和行为能力有所变化，因此其承担的履行义务不应当发生变化，当事人必须继续履行合同，否则应承担违约责任。《合同法》第七十六条规定：“合同生效后，当事人不得因姓名、名称的变更或者法定代表人、负责人、承办人的变动而不履行合同义务。”但是，债权人分立、合并或者变更住所没有通知债务人，致使履行债务发生困难的，债务人可以中止履行或者将标的物提取。

(五)履行合同过程中抗辩权的行使规则

抗辩权是指被告提出事实，证明原告诉讼请求不成立或者不完全成立，并以此免除或者减轻自己责任的行为权利。在履行合同的过程中，行使抗辩权的目的就是要使对方的请求权消灭或者使其效力延期发生。抗辩权分为同时履行抗辩权和不安抗辩权。为了维护公平，《合同法》对在履行合同过程中行使抗辩权的规则作出了以下规定：

1. 同时履行时抗辩权的行使规则

当事人互负债务，没有先后履行顺序的，应当同时履行。一方在对方履行债务之前或者对方履行债务不符合约定时，有权拒绝其相应的履行要求。

2. 有先后履行顺序时抗辩权的行使规则

当事人互负债务，有先后履行顺序，先履行一方未履行或履行债务不符合约定的，后履行一方有权拒绝其相应的履行要求。

3. 不安抗辩权的行使规则

应当先履行债务的当事人，有确切证据证明对方有下列情形之一的，可以中止履行：第一，经营状况严重恶化；第二，转移财产、抽逃资金，以逃避债务；第三，丧失商业信誉；第四，有丧失或者可能丧失履行债务能力的其他情形。但是，当事人没有确切证据中止履行的，应当承担违约责任。同时，中止履行时应当及时通知对方，在对方提供适当担保时，应当恢复履行。如果中止履行后，对方在合理期限内未恢复履行能力并且未提供适当担保，中止履行的一方可以解除合同。

(六)提前或部分履行债务的规则

债权人可以拒绝债务人提前或者部分履行债务，但提前或部分履行不损害债权人利益的除外。债务人提前或部分履行债务给债权人增加的费用，由债务人负担。

(七)合同履行过程中代位权的行使规则

因债务人怠于行使其到期债权，对债权人造成损害的，债权人可以向人民法院请求以自己的名义代位行使债务人的债权，但该债权专属于债务人自身的除外。代位权的行使范围以债权人的债权为限。债权人行使代位权的必要费用，由债务人负担。

(八)合同履行过程中撤销权的行使规则

因债务人放弃其到期债权或者无偿或者以明显不合理的低价转让财产，对债权人造成损害的，债权人可以请求人民法院撤销债务人的行为。债务人以明显不合理的低价转让财产，对债权人造成损害，并且受让人知道该情形的，债权人也可以强求人民法院撤销债务人的行为。撤销权的行使范围以债权人的债权为限。债权人行使撤销权的必要费用，由债务人承担。撤销权自债权人知道或者应当知道撤销事由之日一年内行使。自债务人的行为发生之日起五年内没有行使撤销权的，该撤销权消灭。

第四节　旅游合同的变更、转让和终止

一、旅游合同的变更

《合同法》第八条规定："依法成立的合同，对当事人具有法律约束力。当事人应当按照约定履行自己的义务，不得擅自变更或者解除合同。依法成立的合同，受法律保护。"但是，法律也规定：当事人在一定条件下，可以依法变更旅游合同。旅游合同的变更包括旅游合同内容的变更和旅游合同主体(当事人)的变更。前者是指合同的当事人保持不变，仅变更合同的内容；后者是指合同的内容保持不变，仅变更合同的主体，又称为合同的转让。多数情况下，旅游合同的变更仅指旅游合同内容的变更。

旅游合同内容的变更是指已经成立的旅游合同尚未履行或未全部履行完毕之前由合同当事人依法对原合同部分内容所进行的修改或补充。例如，改变旅游线路、增减旅游项目、变更旅游期限、调整旅游费用等。

(一)旅游合同内容的变更具有的特征

旅游合同内容的变更具有的特征是：

第一，它是在有效的原合同尚未履行或未全部履行完毕之前进行的变更，没有原合同，也就不存在变更合同；

第二，它是对原合同内容的部分而非全部变动，如果是全部变更，则属于订立新合同；

第三，原合同中没有变更的内容仍然有效；

第四，在当事人未达成变更协议之前，原合同仍然有效；

第五，变更内容约定不明确的变更，推定为未变更。

(二)变更旅游合同应满足的条件

变更旅游合同的内容时，应该满足以下条件：

第一，必须具有法定变更事由；

第二，必须以原合同有效为前提；

第三，必须协商一致；

第四，必须合法。

(三)旅游合同内容变更的程序

旅游合同内容变更的程序与订立旅游合同的程序基本相同。首先由要求变更旅游合同的一方当事人向对方当事人发出变更旅游合同要约；其次，对方当事人在接到变更旅游合同的要约通知后，应在法律法规或要约约定的期限内做出答复，或者向另一方当事人发出新的变更旅游合同的要约，经反复协商后达成一致意见，依法对原合同进行变更；最后，有些合同变更后，必须按照法律法规的规定办理批准、登记等手续才能正式生效。

我国的《民法通则》第一百一十五条规定：合同的变更不影响当事人要求赔偿损失的权利。据此，因合同的变更而使对方当事人受到损失的，对合同变更负有责任的一方应当承担损害赔偿责任；合同变更之前存在一方不履行合同义务或者履行合同义务不符合约定而应当承担损失赔偿责任的，合同变更后违约方仍然应当承担损害赔偿责任。

二、旅游合同的转让

旅游合同的转让，也叫旅游合同主体的变更，是指旅游合同当事人依法将合同规定的权利和义务全部或部分转让给第三人的民事法律行为。其主要特征是：向第三人转让；合同主体发生变化；合同内容不发生变化。

旅游合同主体的变更涉及让与人、受让人和合同另一方当事人三方的利益，形成两种法律关系，即原合同当事人之间的关系和让与人与受让人之间的关系。根据转让对象的不同，可以把旅游合同的转让分为债权转让、债务转让和债权债务一并转让三种情况。对于每一种情况，《合同法》都作了明确的规定。

(一)债权转让

债权转让是指旅游合同的债权人通过与其他当事人协议，依法将合同中自己的权利全部或者部分转让给第三人的行为。债权转让时应当遵循以下规则：一是债权人转让权利时无需经过债务人同意，但应当通知债务人，未经通知，该转让对债务人不发生效力；二是债权人转让权利给受让人的通知不得撤销(经受让人同意的除外)；三是转让债权应当办理登记、批准手续的，债权人必须履行登记、批准的义务等；四是债务人接到债权转让通知后，债务人对让与人的抗辩，可以向受让人主张；五是债务人接到债权转让通知时，债务人对让与人享有债权，并且债务人的债权先于转让的债权到期或者同时到期的，债务人可以向受让人主张抵消；六是债权受让人在取得主权利的同时取得与债权有关的从权利(但该从权利专属于债权人自身的除外)。

(二)债务转让

债务转让是指债务人将其在合同中的义务全部或部分转让给第三人的行为。转让的债务应具备两个可转让的条件：一是债务人须具有处分债务的能力；二是债务具有可转让性。债务转让时应遵循以下原则：第一，转让债务时，除债务人与第三人达成转让债务的协议外，还必须取得债权人的同意，才能对债权人产生法律效力。例如，某旅行社由于组团人数不够，将已与其订约的旅游者转让给其他旅行社时，一定要征得旅游者的同意，否则旅行社将承担由此产生的违约责任；第二，新债务人可以主张原债务人对债权人的抗辩，但是也应当承担与主债务有关的从债务(但该从债务专属于原债务人自身的除外)。第三是债务人转让债务，法律、行政法规规定应当办理批准、登记等手续的，应当办理批准、登记手续。

另外，当事人一方经对方同意，可以将自己在合同中的权利和义务一并转让给第三人。

应当特别注意的是，法律规定了债权债务转让的条件和不得转让的情形。其中，可以转让的条件有两个：第一，债权人有处分债权的能力；第二，债权具有可让与性。不得转让的情形有三个：第一，根据合同性质不得转让的债权债务，主要包括合同的标的与当事人自身有关的债权债务；第二，按照当事人约定不得转让的债权债务；第三，依照法律规定不得转让的债权债务。

三、旅游合同的终止

旅游合同的终止，又叫旅游合同的消灭，是指当事人结束旅游合同权利义务关系的状况。《合同法》规定，有下列情形出现时，合同即可终止：

(一)债务已经按照约定履行

债务人完全履行了自己的义务，债权人全部实现了自己的权利，就说明订立合同的目的已经实现，合同确立的权利义务关系就消灭了，合同因此而终止。

(二)合同解除

合同解除是旅游合同终止的一种特殊情况，是指因双方当事人协议或者法定事由而提前终止已经生效的旅游合同的行为。旅游合同的解除有协议解除与法定解除两种形式。协议解除是指通过当事人协商一致或约定，自愿解除合同的法律行为。协议解除具体可分为两种情况：一是临时协议解除，即合同履行前或履行中，经当事人协商一致即可解除合同。二是事先约定解除，即订立合同的当事人可以约定一方解除合同的条件，一旦该条件成就，即可解除合同。法定解除则是指当事人因法定事由的出现而被迫解除合同的法律行为。依照《合同法》的规定，可以解除合同的情形有：因不可抗力致使不能实现合同目的；在履行期限届满之前，当事人一方明确表示或者以自己的行为表明不履行主要债务；当事人一方迟延履行主要债务，经催告后在合理期限内仍未履行；当事人一方迟延履行债务或者有其他违约行为致使不能实现合同目的；法律规定的其他情形。

解除旅游合同应该遵循一定的规则：第一，旅游合同当事人一方按照合同约定的条件或者按照法定的情形解除旅游合同，应当以书面形式履行通知的义务，自旅游合同解除通知到达对方时生效，对方有异议的，可以请求人民法院或仲裁机构确认解除合同的效力。第二，法律法规规定解除旅游合同应当办理批准、登记等手续的，应当依法办理有关手续。第三，旅游合同的解除不影响当事人要求赔偿的权利、不影响合同中约定的清算条款、不影响约定的解决争议的条款。第四，法律规定或者当事人约定解除权行使期限，期限届满当事人不行使的，该权利消灭。法律没有规定或者当事人没有约定解除权行使期限，经对方催告后在合理期限内不行使的，该权利消灭。第五，合同解除后尚未履行的，终止履行；已经履行的，根据履行情况和合同性质，当事人可以要求恢复原状、采取其他补救措施，并有权要求赔偿损失。

(三)债务相互抵消

当事人互负到期债务，该债务的标的物种类、品质相同的，任何一方可以将自己的债务与对方的债务抵消，但依照法律规定或者按照合同性质不得抵消的除外。债务相互抵消必须具备以下条件：必须是当事人双方互负债务；两项债务标的物种类、品质相同，如果不同，除当事人双方协商一致外，不得抵消；两项债务都已到履行期；主张抵消的一方应当通知对方；抵消不得附条件或者期限。

(四)债权人免除债务

债权人在不损害国家、集体、第三人利益的前提下，可以免除债务人的部分或者全部债务。免除部分债务的，部分债务消灭。免除全部债务的，全部债务消灭，与债务相对应的债权也消灭。债权人免除了债务人所负债务。实际是债权人自愿放弃了债权，合同自然终止。

(五)债权债务同归于一人，但涉及第三人利益的除外

例如，两家互负债务的旅行社订立合同后合并为一家旅行社，则债权债务同归合并后的这家旅行社，原合同即可终止。

(六)法律规定或者当事人约定终止合同的其他情形

合同终止后，不影响合同中结算和清理条款的效力，当事人必须遵循诚实信用原则，根据交易习惯履行通知、协助、保密等附随义务。

第五节　违约责任

一、旅游合同违约责任

(一)旅游合同违约责任的概念和特征

旅游合同违约责任是指旅游合同当事人在不履行或不完全履行合同所规定的义务时依据法律规定或者合同约定所应承担的责任。与其他民事责任相比，违约责任主要有四大法律特征：第一，违约性。即有不履行或不适当履行的违约行为存在。其中，不履行包括当事人不能履行或者拒绝履行；不适当履行就是指未按照合同约定的条件履行，履行有瑕疵。第二，相对性。即违约责任只能在特定的当事人之间产生。第三，兼具强制性和任意性，即一方面，债权人可以请求国家强制债务人承担违约责任，另一方面，当事人可以在法律规定的范围内，按照自己的意志对违约责任做出事先安排和设定。第四，兼具补偿性和惩罚性，即补偿受损方，惩罚违约方。

(二)旅游合同违约责任的归责原则

《合同法》第一百零七条对违约责任采取严格责任原则进行归责，旅游合同也不例外。所谓严格责任原则，又叫无过错责任，是指除不可抗力外，只要有违约损害事实、违约损害行为以及违约损害事实与违约损害行为之间有因果关系这三个条件，就可以构成违约责任。即使因合同以外的第三人原因造成当事人违约，也应当由违约人向守约人承担违约责任，但他有权向造成其违约责任的第三人进行追偿。例如，因地接社原因造成组团社违约，尽管组团社没有过错，也应当由组团社现行赔偿旅游者损失。这与过错责任原则要求必须能够证明当事人在主观上是否有过错相比，要严格的多。

二、旅游合同责任的承担方式

旅游合同责任的承担方式是指在订立和履行旅游合同中有责任的当事人，依照法律法规的规定或者合同的约定应当接受的制裁方式。主要有下列六种：

(一)继续履行

继续履行是指合同履行期限届满后，守约方要求违约方在指定或约定的期限内继续履行原合同义务的行为。例如，旅游者要求违约旅行社补齐约定的旅游项目，旅行社要求超额预定客房的饭店安排替代饭店并承担因此额外支出的费用等。继续履行不排除守约方获得违约金和损失赔偿金的权利。继续履行包括金钱债务的继续履行和非金钱债务的继续履行两类。金钱债务是以支付价款或报酬的形式履行的债务。当事人一方没有支付价款或报酬的，对方可以要求其支付价款或报酬。非金钱债务是指除了金钱债务以外的物、行为和智力成果，在下列三种情况下可以不继续履行：一是法律上或事实上不能继续履行；二是债务的标的不适合强制履行或者履行费用过高；三是债权人在合理期限内未要求履行。

(二)采取补救措施

采取补救措施是指违约方为了消除违约影响而采取除继续履行、支付赔偿金、支付违约金、支付定金以外的其他补救措施的行为。这种承担方式一般适合于合同履行不当，如质量不符合规定。受损害方可以根据标的的性质以及损失的大小，合理选择要求违约方采取修理、更换、重做、退货、减少价款或者报酬等补救措施，以此承担违约责任，弥补对方损失。

(三)赔偿损失

赔偿损失是指违约方依照法律规定或者合同约定赔偿对方当事人所受损失的行为。当事人应当遵守以下赔偿损失的规则：一是等额赔偿规则，即赔偿额应相当于因违约所造成的损失额，包括合同履行后可以获得的利益；二是赔偿限制规则，即赔偿损失不得超过违约当事人订立合同时预见或者应当预见到的因违反合同可能造成的损失；三是经营欺诈惩罚赔偿规则，因经营者欺诈给对方造成损失的，受损方可以依照有关法规要求对方增加赔偿其受到的损失；四是减少损失规则，即违约发生后，守约方应当采取适当措施防止损失的扩大，否则无权就扩大的损失要求赔偿。守约方因防止损失扩大而支出的合理费用由违约方承担。

(四)支付违约金

违约金既是一种债的担保形式，也是一种违约责任形式。《合同法》第一百一十四条规定：“当事人可以约定一方违约时，应当根据违约情况向对方支付一定数额的违约金，也可以约定因违约产生的损失赔偿额的计算方法。约定的违约金低于所造成的损失的，当事人可以请求人民法院或仲裁机构予以增加；约定的违约金过分高于造成的损失的，当事人可以请求人民法院或仲裁机构予以适当减少。当事人就延迟履行约定违约金的，违约方支付违约金后，还应当履行债务。”

(五)用定金赔偿

定金与违约金一样，既是一种债的担保形式，也是一种违约责任形式。《合同法》第一百一十五条规定：“给付定金的一方不履行约定的债务的，无权要求返还定金；收受定金的一方不履行约定的债务的，应当双倍返还定金。”《合同法》第一百一十六条规定：“当事人既约定违约金，又约定定金的，一方违约时，双方可以选择使用违约金或定金条款。”

(六)预期违约

预期违约又叫先期违约，是指在合同生效之后、履行期限届满之前，一方当事人以明示或默示的方式表示不履行合同义务时，另一方当事人可以提前认定对方违约并要求其承担违约责任的一种违约承担方式。其构成要件有四个：一是必须以生效的合同为前提；二是必须在合同生效之后、履行期限届满之前；三是主张人可以是合同的任何一方当事人；四是一方当事人必须有以明示或默示的方式表明其不履行合同义务的事实发生。《合同法》规定，在预期违约情形发生时，守约方可以选择解除合同或不解除合同。在明示预期违约的情形下，守约方可直接通知对方解除合同；在默示预期违约的情形下，守约方可以中止履行合同，要求对方提供充分的履行保证，如果在合理期限内对方未能提供充分的担保，守约方可以解除合同。合同解除不影响非违约方要求赔偿损失的权利。

三、旅游合同责任的减轻与免除

旅游合同责任的减轻与免除是指有责任的一方在一定条件下可予以减轻或免除合同责任。旅游合同责任的减轻与免除主要包括两种情况：一是债权人放弃追究债务人的责任；二是存在减轻或免除责任的事由。免除事由是指免除责任的原因和理由，具体包括约定免责事由和法定免责事由。

约定免责事由是指当事人约定可以免除责任的事由，包括免责条款和当事人约定的不可抗力条款。所谓免责条款，是指当事人双方在合同中预先约定的，旨在限制或免除其未来责任的条款。免责条款必须是合法的，否则无效。

法定免责事由是法律规定的免除责任的事由，主要指不可抗力。《合同法》第一百一十七条规定：“因不可抗力不能履行合同的，根据不可抗力的影响，部分或者全部免除责任，但法律另有规定的除外。”不可抗力是指不能预见、不能避免并不能克服的客观情况。不能预见是指合同当事人在订立合同时，受当时主客观条件限制，对合同履行过程中可能发生的不利的客观情况无法预见；不能避免是指合同当事人对于可能出现的意外情况尽管采取了及时合理的措施，但是在客观上仍无法避免其发生；不能克服是指当事人没有能力克服；时间限制性是指不可抗力必须是发生在合同订立之后履行完毕之前。但是，当事人延迟履行后发生不可抗力则不能免除责任。

例如，某年，北京某旅行社接待一澳门旅游团，在未征得旅游团同意的情况下，将 2 月 11 日游长城改为 2 月 14 日。不料 2 月 13 日下大雪，游览长城未果。旅游团遂诉至质监所，要求赔偿。这是延迟履约发生不可抗力的典型案例。旅行社不能以不可抗力为由拒绝赔偿。

同时，《合同法》第一百一十八条规定："当事人一方因不可抗力不能履行合同的，应当及时通知对方，以减轻可能对对方造成的损失，并应当在合理期限内提供证明。否则，不能部分或者全部免除违约责任。"

2010 年 11 月 1 日，最高人民法院发布《最高人民法院关于审理旅游纠纷适用法律若干问题的规定》，其中规定：因不可抗力等不可归责于旅游经营者、旅游辅助服务者的客观原因变更旅游行程，在征得旅游者同意后，旅游经营者请求旅游者分担因此增加的旅游费用或旅游者请求旅游经营者退还因此减少的旅游费用的，人民法院应予支持。

【资料链接】 旅游合同范本

甲方：________旅行社(或公司)________

地址：________邮政编码：________电话：________

法定代表人：________职务：________

乙方：姓名(或团体名称)________

地址：________邮政编码：________电话：________

根据国家有关旅游事业管理的规定，甲乙双方经协商一致，签订本合同，共同信守执行。

第一条 旅游的时间安排

由甲方在____年____月____日至____年____月____日为乙方提供旅游服务。

第二条 旅游的地点及每个旅游景点的时间安排

甲方为乙方提供的旅游景点为____个。分别是________、________、________。

每天的时间安排为上午________时至________时，下午________时至________时。

第三条 旅游的生活安排

甲方为乙方提供食宿，每天伙食在________元至________元标准内。

第四条 导游服务

甲方为乙方提供导游服务，服务内容：________。

第五条 旅游的费用

本次旅游的费用总计____元(包括食宿在内)。在旅游出发前____日交清。

第六条 旅游的交通工具

甲方为乙方提供交通工具。________、________、________等交通工具都由甲方联系、提供，并保证乙方的旅游安全。

第七条 甲方的权利义务及违约金

1. 甲方应按本合同的规定按时为乙方安排本次旅游。

2. 甲方未经乙方同意不得擅自减少或增加旅游景点和缩短旅游时间。如甲方违反约定，应向乙方赔偿____%的违约金或者乙方可以要求甲方按约定继续提供旅游服务，甲方不提供的，乙方可以自行旅游，支出的合理费用，由甲方承担；甲方增加游览景点的，增加的费用由甲方承担。

3. 甲方应按本合同规定为乙方提供优质的服务。在旅游期间，甲方应派医务人员、保安人员等随行，以保证本次旅游的顺利进行。

4. 甲方不得擅自变更或解除合同，否则按约定赔偿乙方损失额________元。

5. 由于甲方的原因导致乙方受到财产损失和人身伤害的，甲方负赔偿责任。如因第三人的过错造成损失的，甲方在赔偿后，有权向第三人追偿。

第八条　乙方的权利义务及违约金

1. 乙方应按时交纳旅游费用，如违反规定在旅游出发前____天内还不交清的，甲方有权不与乙方签订合同，取消乙方的旅游事项。

2. 乙方应遵守甲方安排在本次旅游当中的安全事项及其他合理要求，不得擅自单独行动，否则后果自负。

第九条　本合同在执行前或执行期间，如有未尽事宜，甲乙双方协商同意后，另订附则附于本合同之内，所有附则在法律上均与本合同有同等效力。

第十条　本合同一式____份，由甲、乙方各执________份。

甲方：________　　　　乙方：________

代表：________　　　　代表：________

____年____月____日　　　　____年____月____日

>>> 典型案例

1. 因旅行社过错而致行李丢失应承担赔偿责任案

原告高某某、刘某某与被告旅行社于2009年12月16日签订了一份出境旅行合同。按该合同约定，每人交旅游费8760元，两原告共向被告交款17520元；旅游路线是从乌鲁木齐至泰国、新加坡、马来西亚、香港、澳门豪华十二日游。二原告在马来西亚乘坐民航航班时，依照旅客乘坐航班的规定，将行李箱随团集体办理了托运，至曼谷机场领取行李箱时发现丢失。二原告按规定向机场管理部门提供了一份丢失物品清单，并由随团导游在原告提供的清单上写了“以上情况属实，特此证明，务请查实为感”等字样。2010年3月2日，被告通知原告到乌鲁木齐机场接行李箱。原告在接行李箱时，发现其行李箱被撬，箱内部分物品丢失，遂要求被告合理解决赔偿问题，但遭到了拒绝。

原告起诉到法院，要求被告赔偿经济损失2万元、精神抚慰金5000元和退还旅游费3000元，并要求被告向原告赔礼道歉，承担本案的诉讼费用。

被告辩称：我社在原告丢失行李箱过程中无任何过错，其所述的损害结果与我社的行为无因果关系。故我社请求人民法院驳回原告的诉讼请求。

最终法院经审理认为：根据国务院《旅行社管理条例》和国家旅游局《旅行社办理旅游意外保险暂行规定》的规定，旅游意外保险是强制保险，旅行社必须为旅游者代办。但被告旅行社未按规定为原告办理包含旅游者携带的行李物品丢失、损坏等情形所需赔偿的旅游意外险，导致原告行李丢失后无法向保险公司索赔，对此被告旅行社应当承担赔偿责任。

由于被告旅行社在其“注意事项”中已明确告知旅游者对“现金首饰等重要物品一定要随身携带”，但原告未按此要求行事，将现金首饰等贵重物品放在行李中托运，其丢失是其自身过错造成的，对该部分损失，本院不予支持。关于其他价值约5000元的物品，本院予以支持。旅游费由于原告已走完该合同所约定的路线，诉讼中要求被告退还旅游费3000元没有依据，不能支持。故法院最终判决：被告赔偿原告可得利益损失5000元。

2. 无效出境旅游合同

某年7月，教师刘某等一行5人至旅游质监所投诉，称他们于同年6月参加甲旅行社组织的泰国—香港—澳门十日旅游团旅游。刘某称按照双方签订的旅游合同，刘某等共支付了旅行费用33950元。但是，甲旅行社在履行合同过程中却违反了国家法律、法规，违反了合同约定，给刘某等旅游者造成了损害，其中主要包括：

一、甲旅行社根本无能力组织中国公民出境旅游(非国际旅行社)，却大登广告欺骗旅游者；

二、刘某等旅游者在登上离境飞机时，甲旅行社却将合同一方擅自变更为乙旅行社，旅行全程均以乙旅行社的名义出现；

三、在泰国旅游期间，刘某等人由于吃了导游指定的海鲜大餐出现集体中毒事件；

四、由于旅行社安排不周，致使刘某等旅游者在机场耽误行程4个多小时，造成就餐损失；

五、旅行社擅自增加一天行程，增加购物次数及自费旅游项目。

为此，刘某等旅游者要求甲旅行社退还旅行费用，赔偿经济损失费、精神损失费并支付违约金共计26393元。

甲旅行社称，此次旅游是乙社授权委托组织的，乙社是具有出境旅游经营权的旅行社；在泰国旅游期间，全团86人只有10余人(包括投诉者5人)就餐后出现肠胃不适，并非食物中毒；旅游团增加在香港自由活动1天，在出团通知书中已明示，且没有增收旅游者费用；从泰国赴香港的飞机票是由泰国方面安排，且时间不能提前确定，当天因飞机临时有变动，造成游客在机场等候时间过长，对此投诉者亦应予以理解；关于增加购物次数及自费旅游项目等，均属当事人自愿，旅行社不应当承担责任。

处理意见：刘某等人提出的赔偿请求不予支持。

【案例评析】

一、甲旅行社与刘某等旅游者签订的合同应属无效合同。依据《中华人民共和国合同法》第九条第一款规定：“当事人订立合同，应当具有相应的民事权利能力和民事行为能力。”因甲旅行社无经营出境旅游资格，不能从事出境旅游业务，所以，与刘某等旅游者签订的合同应属无效合同。如果甲旅行社是受乙社授权委托签订合同的，那么，它只能以乙社的名义与旅游者签订合同。但是在本案中，甲社是以自己的名义与旅游者签订合同的，因此，该旅游合同无效。对于无效合同，《中华人民共和国合同法》第五十八条规定：“合同无效或者被撤销后，因该合同取得的财产，应当予以返还；不能返还或者没有必要返还的，应当折价补偿。有过错的一方应当赔偿对方因此所受到的损失；双方都有过错的，应当各自承担相应的责任。”就本案而言，甲旅行社超范围经营，与刘某等人签订的旅游合同属无效合同，但鉴于合同已履行完毕，且甲旅行社在履行合同中并无违约行为，故刘某等旅游者要求甲旅行社退还旅游费用不能成立。因为，如果要求甲旅行社退还旅游费用，则刘某等旅游者也应将其在旅游中的费用支付给甲旅行社，即各自返还财产。此外，在本案中，没有证据证明甲旅行社违反合同约定，因此，也不存在支付违约金的问题。对于甲旅行社超经营范围订出境旅游合同问题，应当由旅游行政管理部门依法给予行政处罚，与刘某等人要求的赔偿是两个不同的法律关系。

二、食物中毒需要有证据。一般到海外旅游，会有不同程度的水土不服、肠胃不适等症状，与食物中毒是两个不同的概念。是否属于食物中毒，关键是要取得卫生防疫部门的证明，没有充足的证明，是不能轻易认定食物中毒的。就本案而言，该旅行团共计 86 人，而发生不适的仅有 10 余人，这显然不符合食物中毒的特点，况且又无证据支持，故旅行社没有责任。

三、旅行社并非擅自更改旅游行程。在本案中，增加旅游天数，在旅行社的行程安排中作了明示，刘某等旅游者没有提出反对，应当视为同意；此外，增加购物次数也属刘某等旅游者的自愿行为，并非旅行社擅自更改。因此，刘某等旅游者不能对此提出赔偿要求。

>>> 复习思考题

1. 合同的定义及其特征是什么？
2. 什么是旅游合同？其订立的原则是什么？
3. 旅游合同的订立包括哪几个阶段？
4. 旅游合同生效的法定条件包括哪些？
5. 旅游合同履行的规则有哪些？
6. 哪些情形出现时了，旅游合同可以终止？
7. 旅游合同的承担方式有哪些？

第三章　旅行社管理法规

>>> 课前导读

旅行社的经营管理活动是旅游业的一项重要组成部分。旅行社管理制度的规范、有序与否直接影响到旅游业的声誉。旅行社管理法规是我国旅游业最具权威的法规之一。本章内容的操作性很强，旅行社质量保证金、旅行社责任保险及旅行社的经营规范、旅游者的权益保护、质量保证金的适应范围和理赔标准、旅行社责任保险的投保范围和索赔等都是实务性很强的内容，对知识的理解要和实际运用相结合，通过案例加强对知识点的认识，这样才能有更好的学习效果。

>>> 学习目标

1. 了解旅行社设立的条件；旅行社的变更事项等基本知识。
2. 理解旅行社设立的程序；外商设立旅行社的条件；旅行社的权利和义务。
3. 掌握旅行社的概念；旅行社经营的原则；旅行社的法律责任。

第一节　旅行社的概念和特征

目前我国的旅游基本法尚未出台，国务院和国家旅游行政管理部门颁布的一系列行政法规和部门规章，构成我国旅行社管理制度。1985 年 5 月 11 日，国务院颁布《旅行社管理暂行条例》是我国旅游业第一部旅游行政法规。1996 年 10 月 15 日颁布了《旅行社管理条例》，国家旅游局颁布的《旅行社管理条例实施细则》配套施行。为了适应旅游业的发展，加强对旅行社的管理，保障旅游者和旅行社的合法权益，维护旅游市场的有序发展，2009 年 1 月 21 日，国务院第 47 次常务会议通过，并于 2 月 20 日发布了《旅行社条例》，自 2009 年 5 月 1 日施行；2009 年 4 月 2 日国家旅游局第四次局长办公会议审议通过，并于 2009 年 4 月 3 日发布《旅行社条例实施细则》，自 2009 年 5 月 3 日施行。

一、旅行社的概念

(一)旅行社的概念

依照《旅行社条例》规定：旅行社是指从事招徕、组织、接待旅游者等活动，为旅游者提供相关旅游服务，开展国内旅游业务、入境旅游业务或者出境旅游业务的企业法人。

(二)旅行社服务的内容

《旅行社条例实施细则》中对旅行社的概念做了如下的解释：

1. 招徕、组织、接待旅游者，提供相关的旅游服务

(1)安排交通服务；

(2)安排住宿服务;

(3)安排餐饮服务;

(4)安排观光游览、休闲度假等服务;

(5)导游、领队服务;

(6)旅游咨询、旅游活动设计服务。

2. 旅行社接受委托提供的旅游服务

(1)接受旅游者的委托,代订交通客票、代订住宿和代办出境、入境、签证手续等;

(2)接受机关、事业单位和社会团体的委托,为其差旅、考察、会议、展览等公务活动,代办交通、住宿、餐饮、会务等事务;

(3)接受企业委托,为其各类商务活动、奖励旅游等,代办交通、住宿、餐饮、会务、观光游览、休闲度假等事务;

(4)其他旅游服务。

以上所列出境、签证手续等服务应当由具备出境旅游业务经营权的旅行社代办。

二、《旅行社条例》的适用范围

中华人民共和国境内旅行社的设立及经营活动均适用该条例。外商投资旅行社,包括中外合资经营旅行社、中外合作经营旅行社和外资旅行社;以及香港特别行政区、澳门特别行政区和台湾地区的投资者在内地投资设立的旅行社,参照适用本条例。

三、旅游社经营范围

按照旅行社经营业务范围,旅行社可以分为国内旅游业务、入境旅游业务和出境旅游业务。

国内旅游业务,是指旅行社招徕、组织和接待中国内地居民在境内旅游的业务。

入境旅游业务,是指旅行社招徕、组织、接待外国旅游者来我国旅游,香港特别行政区、澳门特别行政区旅游者、台湾地区旅游者来内地旅游,以及招徕、组织、将接待在中国内地的外国人,在内地的香港特别行政区、澳门特别行政区居民和在大陆的台湾地区居民在境内旅游的业务。

出境旅游业务,是指旅行社招徕、组织、接待中国内地居民出国旅游,赴香港特别行政区、澳门特别行政区和台湾地区旅游,以及招徕、组织、接待在中国内地的外国人、在内地的香港特别行政区、澳门旅游行政区居民和在大陆的台湾地区居民出境旅游的业务。

四、旅行社的法律特征

(一)旅行社是从事旅游业务的企业法人

设立旅行社企业,必须具备《旅行社条例》所规定的条件,经旅游行政管理部门批准,取得《旅行社经营许可证》,并到工商行政管理部门注册登记、领取营业执照后,即取得旅行社企业法人的资格。

(二)旅行社所从事的旅游业务主要是代办出入境和签证手续,招徕并接待旅游者

招徕,指旅行社按照批准的业务范围,在国内外开展宣传促销活动,组织招待旅游者的工作;

接待，是指旅行社为旅游者提供咨询服务，并根据与旅游者达成的协议，为其安排食、住、行、游、购、娱等，并提供导游、领队服务。

(三)旅行社是以营利为目的并为旅游者提供有偿服务的企业

第二节　旅行社的设立

一、设立旅行社应具备的条件

根据《旅行社条例》第六条规定：申请设立旅行社，经营国内旅游业务和入境旅游业务的，应当具备下列条件：

1. 有固定的经营场所

具体是指应当符合下列要求：

(1)申请者拥有产权的营业用房，或者申请者租用的、租期不少于1年的营业用房；

(2)营业用房应当满足申请者业务经营的需要。

2. 有必要的营业设施

具体是指有营业设施应当至少包括下列设施、设备：

(1)2部以上的直线固定电话；

(2)传真机、复印机；

(3)具备与旅游行政管理部门及其他旅游经营者联网条件的计算机。

3. 有不少于30万元的注册资本

二、申请开办旅行社应提交的文件

根据《旅行社条例实施细则》的规定，申请设立旅行社，应当向省、自治区、直辖市旅游行政管理部门(简称省级旅游行政管理部门，下同)提交下列文件：

(一)设立申请书。内容包括申请设立的旅行社的中英文名称及英文缩写，设立地址，企业形式、出资人、出资额和出资方式，申请人、受理申请部门的全称、申请书名称和申请的时间；

(二)法定代表人履历表及身份证明；

(三)企业章程；

(四)依法设立的验资机构出具的验资证明；

(五)经营场所的证明；

(六)营业设施、设备的证明或者说明；

(七)工商行政管理部门出具的《企业名称预先核准通知书》。

省级旅游行政管理部门可以委托设区的市(含州、盟，下同)级旅游行政管理部门，受理当事人的申请并作出许可或者不予许可的决定。

三、申请设立旅行社的审批程序

根据《旅行社条例》的规定，申请设立旅行社，经营国内旅游业务和入境旅游业务的，应当向所在地省、自治区、直辖市旅游行政管理部门或者其委托的设区的市级旅游行政管理部门提出申请，并提交符合《旅行社条例》第六条规定的相关证明文件。受理申请的旅游行政管理部门应当自受理申请之日起 20 个工作日内作出许可或者不予许可的决定。予以许可的，向申请人颁发旅行社业务经营许可证，申请人持旅行社业务经营许可证向工商行政管理部门办理设立登记；不予许可的，书面通知申请人并说明理由。

根据《旅行社条例实施细则》，具体规定如下：

旅行社申请出境旅游业务的，应当向国务院旅游行政主管部门提交原许可的旅游行政管理部门出具的，证明其经营旅行社业务满两年、且连续两年未因侵害旅游者合法权益受到行政机关罚款以上处罚的文件。

旅行社取得出境旅游经营业务许可的，由国务院旅游行政主管部门换发旅行社业务经营许可证。旅行社持旅行社业务经营许可证向工商行政管理部门办理经营范围变更登记。

国务院旅游行政主管部门可以委托省级旅游行政管理部门受理旅行社经营出境旅游业务的申请，并作出许可或者不予许可的决定。

旅行社申请经营边境旅游业务的，适用《边境旅游暂行管理办法》的规定。

旅行社申请经营赴台湾地区旅游业务的，适用《大陆居民赴台湾地区旅游管理办法》的规定。

四、旅行社变更事项的办理

根据《旅行社条例实施细则》第十二条规定：旅行社名称、经营场所、出资人、法定代表人等登记事项变更的，应当在办理变更登记后，持已变更的《企业法人营业执照》向原许可的旅游行政管理部门备案。

旅行社终止经营的，应当在办理注销手续后，持工商行政管理部门出具的注销文件，向原许可的旅游行政管理部门备案。

五、旅行社分支机构的设立

根据《旅行社条例实施细则》的规定，旅行社分社及旅行社服务网点，不具有法人资格，以设立旅行社分社、旅行社服务网点的旅行社(简称设立社，下同)的名义从事《条例》规定的经营活动，其经营活动的责任和后果，由设立社承担。

(一)旅行社分社

旅行社设立分社的，应当持旅行社业务经营许可证副本向分社所在地的工商行政管理部门办理设立登记，并自设立登记之日起 3 个工作日内向分社所在地的旅游行政管理部门备案。

设立社向分社所在地工商行政管理部门办理分社设立登记后，应当持下列文件向分社所在地与工商登记同级的旅游行政管理部门备案：

(1)设立社的旅行社业务经营许可证副本和企业法人营业执照副本；

(2)分社的《营业执照》；

(3)分社经理的履历表和身份证明；

(4)增存质量保证金的证明文件。

没有同级的旅游行政管理部门的，向上一级旅游行政管理部门备案。

分社的经营场所、营业设施、设备，应当符合《旅行社条例》第六条：“有固定的经营场所，有必要的营业设施”的要求。分社的名称中应当包含设立社名称、分社所在地地名和“分社”或者“分公司”字样。旅行社分社的设立不受地域限制。分社的经营范围不得超出设立分社的旅行社的经营范围。

(二)服务网点

服务网点是指旅行社设立的，为旅行社招徕旅游者，并以旅行社的名义与旅游者签订旅游合同的门市部等机构。设立社设立服务网点的区域范围，应当在设立社所在地的设区的市的行政区划内。

服务网点应当设在方便旅游者认识和出入的公众场所。服务网点的名称、标牌应当包括设立社名称、服务网点所在地地名等，不得含有使消费者误解为是旅行社或者分社的内容，也不得使用易使消费者误解的简称。

旅行社服务网点应当接受旅行社的统一管理，不得从事招徕、咨询以外的活动。

设立社向服务网点所在地工商行政管理部门办理服务网点设立登记后，应当在3个工作日内，持下列文件向服务网点所在地与工商登记同级的旅游行政管理部门备案：

(1)设立社的旅行社业务经营许可证副本和企业法人营业执照副本；

(2)服务网点的《营业执照》；

(3)服务网点经理的履历表和身份证明。

没有同级的旅游行政管理部门的，向上一级旅游行政管理部门备案。

分社、服务网点备案后，受理备案的旅游行政管理部门应当向旅行社颁发《旅行社分社备案登记证明》或者《旅行社服务网点备案登记证明》。

设立社应当加强对分社和服务网点的管理，对分社实行统一的人事、财务、招徕、接待制度规范，对服务网点实行统一管理、统一财务、统一招徕和统一咨询服务规范。

六、外商投资旅行社

《旅行社条例》中所指的外商投资旅行社，包括中外合资经营旅行社、中外合作经营旅行社和外资旅行社。

(一)设立外商投资旅行社的程序

设立外商投资旅行社，由投资者向国务院旅游行政主管部门提出申请，并提交符合本条例第六条规定条件的相关证明文件。国务院旅游行政主管部门应当自受理申请之日起30个工作日内审查完毕。同意设立的，出具外商投资旅行社业务许可审定意见书；不同意设立的，书面通知申请人并说明理由。

申请人持外商投资旅行社业务许可审定意见书、章程、合资、合作双方签订的合同向国务院商务主管部门提出设立外商投资企业的申请。国务院商务主管部门应当依照有关法律、法规的规定，作出批准或者不予批准的决定。予以批准的，颁发外商投资企业批准证书，并通知申请人向国务院旅游行政主管部门领取旅行社业务经营许可证，申请人持旅行社业务经营许可证和外商投资企业批准证书向工商行政管理部门办理设立登记；不予批准的，书面通知申请人并说明理由。

(二)外商投资旅行社的经营范围

外商投资旅行社不得经营中国内地居民出国旅游业务以及赴香港特别行政区、澳门特别行政区和台湾地区旅游的业务，但是国务院决定或者我国签署的自由贸易协定和内地与香港、澳门关于建立更紧密经贸关系的安排另有规定的除外。

第三节　旅行社的经营

一、旅行社经营原则

《旅行社条例》规定，旅行社在经营活动中应当遵循自愿、平等、公平、诚信的原则，提高服务质量，维护旅游者的合法权益。

(一)自愿原则

是指旅行社不得通过欺诈、胁迫等手段强迫旅游者或其他企业在非自愿的情况下与其发生旅游法律关系；在签订旅游合同时，旅行社不得要求旅游者必须参加旅行社安排的购物活动或者需要旅游者另行付费的旅游项目。

(二)平等原则

是指旅行社在经营活动中，与旅游者或其他企业法人之间发生业务关系，必须平等协商，不得将自己的意志强加给对方。在签订旅游合同时，旅行社不得要求旅游者必须参加旅行社安排的购物活动或者需要旅游者另行付费的旅游项目。同一旅游团队中，旅行社不得由于下列因素，提出与其他旅游者不同的合同事项：

(1)旅游者拒绝参加旅行社安排的购物活动或者需要旅游者另行付费的旅游项目的；

(2)旅游者存在的年龄或者职业上的差异。但旅行社提供了与其他旅游者相比更多的服务，或者旅游者主动要求的除外。

(三)公平原则

是指在设立权利义务、承担民事责任等方面应当公平、平等，合情合理，此项原则要求旅行社应本着公平的观念从事经营活动，正当行使其权利义务；在经营活动中兼顾他人利益和社会利益，保证公正交易和公平竞争。

(四)诚实信用原则

要求旅行社对旅游者和其他企业诚实不欺，恪守诺言，讲究信用。旅行社向旅游者提供的旅游服务信息必须真实可靠，不得作虚假宣传。旅行社不得以低于旅游成本的报价招徕旅游者。未经旅游者同意，旅行社不得在旅游合同约定之外提供其他有偿服务。旅行社为旅游者安排或者介绍的旅游活动不得含有违反有关法律、法规规定的内容。

二、旅行社业务经营要求

旅行社应当按照核定的经营范围开展经营活动，《旅行社条例》明确规定旅行社应当维护旅游者的合法权益，并做了具体、明确的规定。

(一)应当签订旅游合同

旅行社为旅游者提供服务，应当与旅游者签订旅游合同并载明下列事项：

(1)旅行社的名称及其经营范围、地址、联系电话和旅行社业务经营许可证编号；

(2)旅行社经办人的姓名、联系电话；

(3)签约地点和日期；

(4)旅游行程的出发地、途经地和目的地；

(5)旅游行程中交通、住宿、餐饮服务安排及其标准；

(6)旅行社统一安排的游览项目的具体内容及时间；

(7)旅游者自由活动的时间和次数；

(8)旅游者应当交纳的旅游费用及交纳方式；

(9)旅行社安排的购物次数、停留时间及购物场所的名称；

(10)需要旅游者另行付费的游览项目及价格；

(11)解除或者变更合同的条件和提前通知的期限；

(12)违反合同的纠纷解决机制及应当承担的责任；

(13)旅游服务监督、投诉电话；

(14)双方协商一致的其他内容。

旅行社在与旅游者签订旅游合同时，应当对旅游合同的具体内容作出真实、准确、完整的说明。旅行社和旅游者签订的旅游合同约定不明确或者对格式条款的理解发生争议的，应当按照通常理解予以解释；对格式条款有两种以上解释的，应当作出有利于旅游者的解释；格式条款和非格式条款不一致的，应当采用非格式条款。

(二)《旅行社条例》禁止向旅游者提供的旅游项目

《旅行社条例》第二十六条规定的旅行社不得安排的活动，主要包括：

(1)含有损害国家利益和民族尊严内容的；

(2)含有民族、种族、宗教歧视内容的；

(3)含有淫秽、赌博、涉毒内容的；

(4)其他含有违反法律、法规规定内容的。

(三)对人员的管理要求

旅行社为接待旅游者委派的导游人员或者为组织旅游者出境旅游委派的领队人员，应当持有国家规定的导游证、领队证。旅行社聘用导游人员、领队人员应当依法签订劳动合同，并向其支付不低于当地最低工资标准的报酬。《条例》第三十四条所规定的旅行社不得要求导游人员和领队人员承担接待旅游团队的相关费用，主要包括：

1. 垫付旅游接待费用；

2. 为接待旅游团队向旅行社支付费用；

3. 其他不合理费用。

旅行社不得要求导游人员和领队人员接待不支付接待和服务费用或者支付的费用低于接待和服务成本的旅游团队，不得要求导游人员和领队人员承担接待旅游团队的相关费用。

(四)对委托合同的管理要求

旅行社委托其他旅行社代理招徕或接待旅游者，旅行社与饭店、餐饮、交通、景点等企业以及境外旅行社发生业务往来应当签订合同，约定双方的权利和义务。

1.《旅行社条例》规定：旅行社需要对旅游业务作出委托的，应当委托给具有相应资质的旅行社，征得旅游者的同意，并与接受委托的旅行社就接待旅游者的事宜签订委托合同，确定接待旅游者的各项服务安排及其标准，约定双方的权利、义务。

旅行社对接待旅游者的业务作出委托的，应当将旅游目的地接受委托的旅行社的名称、地址、联系人和联系电话告知旅游者。

2. 旅行社将旅游业务委托给其他旅行社的，应当向接受委托的旅行社支付不低于接待和服务成本的费用，接受委托的旅行社不得接待不支付或者不足额支付接待和服务费用的旅游团队。

3. 旅游行程开始前，当发生约定的解除旅游合同的情形时，经征得旅游者的同意，旅行社可以将旅游者推荐给其他旅行社组织、接待，并由旅游者与被推荐的旅行社签订旅游合同。

4. 未经旅游者同意的，旅行社不得将旅游者转交给其他旅行社组织、接待。接受委托的旅行社违约，造成旅游者合法权益受到损害的，作出委托的旅行社应当承担相应的赔偿责任。作出委托的旅行社赔偿后，可以向接受委托的旅行社追偿。

接受委托的旅行社故意或者重大过失造成旅游者合法权益损害的，应当承担连带责任。

(五)对旅游业务档案的管理要求

旅行社应当妥善保存《条例》规定的招徕、组织、接待旅游者的各类合同及相关文件、资料，以备县级以上旅游行政管理部门核查。保存期应当不少于两年。

旅行社不得向其他经营者或者个人，泄露旅游者因签订旅游合同提供的个人信息。超过保存期限的旅游者个人信息资料，应当妥善销毁。

三、旅行社的权利

旅行社只有正确行使其权利，才能更好地保护旅游者的利益，旅行社的权利包括如下内容：

(一)旅行社有权同旅游者个人或者团体签订合同。在旅行社与旅游者或团体之间，双方都是平等主体，由此建立的合同关系双方都应自觉维护。

(二)旅行社有权向旅游者收取合理的费用，旅游者有义务支付接受服务后应付的费用。

(三)旅行社有权要求违反合同的旅游者承担相应责任。例如：旅游者不按规定时间参加旅游活动，旅行社不予等候；不退还因旅游者自己违约而预交的费用；有权要求因违约给旅行社造成经济损失的旅游者承担赔偿责任等等。

四、旅行社的义务

《旅行社条例》及其实施细则明确规定了旅行社应当维护旅游者的合法权益，这既是《旅行社条例》的立法目的，也是旅行社的基本职责：

(一)旅行社应与旅游者签订合同，提供真实可靠的信息

旅行社在与旅游者签订旅游合同时，应当对旅游合同的具体内容作出真实、准确、完整的说明。旅行社向旅游者提供的旅游服务信息必须真实可靠，不得做虚假宣传。旅行社所做广告应当符合国家有关法律、法规的规定，不得进行虚假宣传。

(二)旅行社有义务向旅游者提供合法的各项服务

旅行社招徕、组织、接待旅游者，其选择的交通、住宿、餐饮、景区等企业，应当符合具有合法经营资格和接待服务能力的要求。

旅行社组织旅游者外出旅游，需要签订合同。所签合同应就旅游行程安排(包括所乘交通工具、游览景点、住宿标准、餐饮标准、娱乐、购物次数等）；旅游价格；违约责任等做出明确的约定。

经营出境旅游业务的旅行社不得组织旅游者到国务院、旅游行政主管部门公布的中国公民出境旅游目的地之外的国家和地区旅游。

（三）提供的旅游服务符合人身、财产安全需要

旅行社及其委派的导游人员、领队人员，应当对其提供的服务可能危及旅游者人身、财物安全的事项，向旅游者作出真实的说明和明确的警示，并采取防止危害发生的必要措施。

在旅游行程中的自由活动时间，旅游者应当选择自己能够控制风险的活动项目，并在自己能够控制风险的范围内活动。

旅行社应当投保旅行社责任险。为减少自然灾害等意外风险给旅游者带来的损害，旅行社在招徕、接待旅游者时，可以提示旅游者购买旅游意外保险。鼓励旅行社依法取得保险代理资格，并接受保险公司的委托，为旅游者提供购买人身意外伤害保险的服务。

在旅游行程中，旅行社及其委派的导游人员、领队人员应当提示旅游者遵守文明旅游公约和礼仪。

发生危及旅游者人身安全的情形的，旅行社及其委派的导游人员、领队人员应当采取必要的处置措施并及时报告旅游行政管理部门；在境外发生的，还应当及时报告中华人民共和国驻该国使领馆、相关驻外机构、当地警方。

旅游者在境外滞留不归的，旅行社委派的领队人员应当及时向旅行社和中华人民共和国驻该国使领馆、相关驻外机构报告。旅行社接到报告后应当及时向旅游行政管理部门和公安机关报告，并协助提供非法滞留者的信息。

旅行社接待入境旅游发生旅游者非法滞留我国境内的，应当及时向旅游行政管理部门、公安机关和外事部门报告，并协助提供非法滞留者的信息。

（四）按照旅游合同约定提供服务

在旅游行程中，旅游者有权拒绝参加旅行社在旅游合同之外安排的购物活动或者需要旅游者另行付费的旅游项目。

旅行社及其委派的导游人员和领队人员不得因旅游者拒绝参加旅行社安排的购物活动或者需要旅游者另行付费的旅游项目等情形，以任何借口、理由，拒绝继续履行合同、提供服务，或者以拒绝继续履行合同、提供服务相威胁。

旅行社和旅游者签订的旅游合同约定不明确或者对格式条款的理解发生争议的，应当按照通常理解予以解释；对格式条款有两种以上解释的，应当作出有利于旅游者的解释；格式条款和非格式条款不一致的，应当采用非格式条款。

（五）聘用合格导游和领队

旅行社为接待旅游者委派的导游人员或者为组织旅游者出境旅游委派的领队人员，应当持有国家规定的导游证、领队证。

五、旅行社及其委派的导游人员、领队人员的权利

旅行社及其委派的导游人员、领队人员在经营、服务中享有下列权利：

（一）要求旅游者如实提供旅游所必需的个人信息，按时提交相关证明文件；

（二）要求旅游者遵守旅游合同约定的旅游行程安排，妥善保管随身物品；

（三）出现突发公共事件或者其他危急情形，以及旅行社因违反旅游合同约定采取补救措施时，要求旅游者配合处理防止扩大损失，以将损失降低到最低程度；

（四）拒绝旅游者提出的超出旅游合同约定的不合理要求；

（五）制止旅游者违背旅游目的地的法律、风俗习惯的言行。

第四节　旅行社的法律责任

《旅行社条例》及其实施细则中都对旅行社的违规情形做出了明确的规定。

一、对于违反经营许可、备案及经营范围等规定的处罚

（一）违反《旅行社条例》的规定，有下列情形之一的，由旅游行政管理部门或者工商行政管理部门责令改正，没本条例收违法所得，违法所得10万元以上的，并处违法所得1倍以上5倍以下的罚款；违法所得不足10万元或者没有违法所得的，并处10万元以上50万元以下的罚款：

1. 未取得相应的旅行社业务经营许可，经营国内旅游业务、入境旅游业务、出境旅游业务的；

2. 分社的经营范围超出设立分社的旅行社的经营范围的；

3. 旅行社服务网点从事招徕、咨询以外的活动的。

（二）旅行社转让、出租、出借旅行社业务经营许可证的，由旅游行政管理部门责令停业整顿1个月至3个月，并没收违法所得；情节严重的，吊销旅行社业务经营许可证。受让或者租借旅行社业务经营许可证的，由旅游行政管理部门或者工商行政管理部门责令停止非法经营，没收违法所得，并处10万元以上50万元以下的罚款。

（三）违反《旅行社条例》的规定，旅行社未在规定期限内向其质量保证金账户存入、增存、补足质量保证金或者提交相应的银行担保的，由旅游行政管理部门责令改正；拒不改正的，吊销旅行社业务经营许可证。

（四）违反《旅行社条例》的规定，旅行社不投保旅行社责任险的，由旅游行政管理部门责令改正；拒不改正的，吊销旅行社业务经营许可证。

（五）违反《旅行社条例》的规定，旅行社有下列情形之一的，由旅游行政管理部门责令改正，拒不改正的，处1万元以下的罚款。

1. 变更名称、经营场所、法定代表人等登记事项或者终止经营，未在规定期限内向原许可的旅游行政管理部门备案，换领或者交回旅行社业务经营许可证的；

2. 设立分社未在规定期限内向分社所在地旅游行政管理部门备案的；

3. 不按照国家有关规定向旅游行政管理部门报送经营和财务信息等统计资料的。

（六）违反《旅行社条例》的规定，外商投资旅行社经营中国内地居民出国旅游业务以及赴香港特别行政区、澳门特别行政区和台湾地区旅游业务，或者经营出境旅游业务的旅行社组织旅游者到国务院、旅游行政主管部门公布的中国公民出境旅游目的地之外的国家和地区旅游的，由旅游行政管理部门责令改正，没收违法所得，违法所得10万元以上的，并处违法所得1倍以上5倍以下的罚款；违法所得不足10万元或者没

有违法所得的，并处10万元以上50万元以下的罚款；情节严重的，吊销旅行社业务经营许可证。

(七)违反《旅行社条例实施细则》第四十四条的规定，未妥善保存各类旅游合同及相关文件、资料，保存期不够两年，或者泄露旅游者个人信息的，由县级以上旅游行政管理部门责令改正，没收违法所得，处违法所得3倍以下但最高不超过3万元的罚款；没有违法所得的，处1万元以下的罚款。

二、对于违反合同规定或约定义务方面的处罚

(一)旅行社为接待旅游者选择的交通、住宿、餐饮、景区等企业，不具有合法经营资格或者接待服务能力的，由县级以上旅游行政管理部门责令改正，没收违法所得，处违法所得3倍以下但最高不超过3万元的罚款，没有违法所得的，处1万元以下的罚款。

(二)违反《旅行社条例》的规定，有下列情形之一的，由旅游行政管理部门责令改正，停业整顿1个月至3个月；情节严重的，吊销旅行社业务经营许可证。

1. 旅行社不向接受委托的旅行社支付接待和服务费用的；

2. 旅行社向接受委托的旅行社支付的费用低于接待和服务成本的；

3. 接受委托的旅行社接待不支付或者不足额支付接待和服务费用的旅游团队的。

(三)旅行社违反《旅行社条例》的规定，损害旅游者合法权益的，应当承担相应的民事责任；构成犯罪的，依法追究刑事责任。旅行社违反旅游合同约定，造成旅游者合法权益受到损害，不采取必要的补救措施的，由旅游行政管理部门或者工商行政管理部门责令改正，处1万元以上5万元以下的罚款；情节严重的，由旅游行政管理部门吊销旅行社业务经营许可证。

(四)违反《旅行社条例》的规定，旅行社未经旅游者同意在旅游合同约定之外提供其他有偿服务的，由旅游行政管理部门责令改正，处1万元以上5万元以下的罚款。要求旅游者必须参加旅行社安排的购物活动、需要旅游者另行付费的旅游项目，或者对同一旅游团队的旅游者提出与其他旅游者不同合同事项的，由县级以上旅游行政管理部门责令改正，处1万元以下的罚款。

(五)违反《旅行社条例》的规定，旅行社有下列情形之一的，由旅游行政管理部门责令改正，处2万元以上10万元以下的罚款；情节严重的，责令停业整顿1个月至3个月。

1. 未与旅游者签订旅游合同；

2. 与旅游者签订的旅游合同未载明本条例第二十八条规定的事项；

3. 将旅游业务委托给不具有相应资质的旅行社；

4. 未取得旅游者同意，将旅游业务委托给其他旅行社；

5. 未与接受委托的旅行社就接待旅游者的事宜签订委托合同。

(六)违反《旅行社条例》的规定，有下列情形之一的，对旅行社，由旅游行政管理部门或者工商行政管理部门责令改正，处10万元以上50万元以下的罚款；对导游人员、领队人员，由旅游行政管理部门责令改正，处1万元以上5万元以下的罚款；情节严重的，吊销旅行社业务经营许可证、导游证或者领队证。

1. 拒不履行旅游合同约定的义务的；

2. 非因不可抗力改变旅游合同安排的行程的；

3. 欺骗、胁迫旅游者购物或者参加需要另行付费的游览项目的。

三、对于违反导游、领队有关规定的处罚

（一）违反《旅行社条例》的规定，旅行社组织中国内地居民出境旅游，不为旅游团队安排领队全程陪同的，由旅游行政管理部门责令改正，处 1 万元以上 5 万元以下的罚款；拒不改正的，责令停业整顿 1 个月至 3 个月。

（二）违反《旅行社条例》的规定，旅行社委派的导游人员和领队人员未持有国家规定的导游证或者领队证的，由旅游行政管理部门责令改正，对旅行社处 2 万元以上 10 万元以下的罚款。

（三）违反《旅行社条例》的规定，旅行社不向其聘用的导游人员、领队人员支付报酬，或者所支付的报酬低于当地最低工资标准的，按照《中华人民共和国劳动合同法》的有关规定处理。

（四）违反《旅行社条例》的规定，旅行社要求导游人员和领队人员接待不支付接待和服务费用、支付的费用低于接待和服务成本的旅游团队，或者要求导游人员和领队人员承担接待旅游团队的相关费用的，由旅游行政管理部门责令改正，处 2 万元以上 10 万元以下的罚款。

四、对于违反旅游安全管理规定的处罚

（一）违反《旅行社条例》的规定，旅行社及其委派的导游人员、领队人员有下列情形之一的，由旅游行政管理部门责令改正，对旅行社处 2 万元以上 10 万元以下的罚款；对导游人员、领队人员处 4000 元以上 2 万元以下的罚款；情节严重的，责令旅行社停业整顿 1 个月至 3 个月，或者吊销旅行社业务经营许可证、导游证、领队证。

1. 发生危及旅游者人身安全的情形，未采取必要的处置措施并及时报告的；

2. 旅行社组织出境旅游的旅游者非法滞留境外，旅行社未及时报告并协助提供非法滞留者信息的；

3. 旅行社接待入境旅游的旅游者非法滞留境内，旅行社未及时报告并协助提供非法滞留者信息的。

（二）因妨害国（边）境管理受到刑事处罚的，在刑罚执行完毕之日起五年内不得从事旅行社业务经营活动；旅行社被吊销旅行社业务经营许可的，其主要负责人在旅行社业务经营许可被吊销之日起五年内不得担任任何旅行社的主要负责人。

五、对活动内容违法或提供虚假信息的处罚

（一）违反《旅行社条例》的规定，旅行社为旅游者安排或者介绍的旅游活动含有违反有关法律、法规规定的内容的，由旅游行政管理部门责令改正，没收违法所得，并处 2 万元以上 10 万元以下的罚款；情节严重的，吊销旅行社业务经营许可证。

（二）旅行社向旅游者提供的旅游服务信息含有虚假内容或者做虚假宣传的，由工商行政管理部门依法给予处罚。旅行社以低于旅游成本的报价招徕旅游者的，由价格主管部门给予处罚。

六、对于行政管理部门违规的处罚

违反《旅行社条例》的规定，旅游行政管理部门或者其他有关部门及其工作人员有

下列情形之一的，对直接负责的主管人员和其他直接责任人员依法给予处分。

1. 发现违法行为不及时予以处理的；

2. 未及时公告对旅行社的监督检查情况的；

3. 未及时处理旅游者投诉并将调查处理的有关情况告知旅游者的；

4. 接受旅行社的馈赠的；

5. 参加由旅行社支付费用的购物活动或者游览项目的；

6. 通过旅行社为自己、亲友或者其他个人、组织牟取私利的。

>>> 典型案例

1. 苏州某旅行社钱某带一团队至长白山旅游。此为夏末秋初。第二天登山前，旅游者问钱某是否须多穿衣物，钱某答不必，可轻装上阵。一行人果然很顺利的登上顶。第二天降温，有三名旅游者冻伤，其中一名鼻子严重冻伤，要求导游处理，导游说这是你们三人自己保暖不当造成，自己处理。三人回苏州后，向旅行社索赔。旅行社不承认责任，应找导游承担。请问：旅行社是否可以不承担责任？

【案例分析】

不可以。《旅行社条例》及其实施细则明确规定旅行社的基本职责之一就是组织旅游应当保障所提供的服务必须符合人身及财产安全的要求，对有可能危及旅游者人身及财产安全的项目应当向旅游者作出真实的说明和明确的警示，并采取防止危害发生的措施，而该社未能做到这一点。导游人员是该社的法定代理人，是代表旅游企业进行导游讲解并处理旅途中遇到的问题，当旅游者发现导游质量或生活安排出现问题时，不是向导游员而是应向旅游企业提出要求或诉讼，旅游企业应当承担法律责任。

2. 张明等20名旅游者报名参加某国际旅行社组织的北京—宜昌—三峡—成都旅游团，双方签订了《旅游合同》。在旅游过程中，因组团社与地接社之间发生团款纠纷，耽误了旅游行程，造成重庆红岩村等景点的游览项目被迫取消。旅游结束后，张明等旅游者向旅游质量监督管理部门投诉，诉称组团社与地接社的纠纷，殃及无辜的旅游者，旅行社应当承担违约责任，要求赔偿全部旅游费。被投诉旅行社辩称，此次旅游景点的遗漏，完全是地接社的原因造成的，组团社并没有过错，不应该承担责任，但是考虑到旅游者的实际利益，同意先退赔遗漏景点门票费每人32元。如旅游者还有其他赔偿要求，应向有过错的地接社提出。

【案例分析】

本案中，被投诉组团社所辩称的理由不能成立，旅游者要求组团社承担违约责任是合法合理的，但所提出的赔偿全部旅游费的请求缺乏事实和法律依据，不应该支持。

1. 组团社应承担违约责任。《合同法》第121条规定：“当事人一方因第三人的原因造成违约的，应当向对方承担违约责任。当事人一方和第三人之间的纠纷，依照法律规定按照约定解决。”合同关系是一种相对的法律关系，仅在当事人双方之间发生法律效力。对于旅游者来说，组团社因地接社的行为不能完全履行合同时，合同的当事人组团社应对地接社的履行行为负责，向旅游者承担违约责任，然后再就其因此受到的损失向地接社追偿。

2. 旅游损失赔偿的问题比较复杂。国家旅游局依据有关法律法规制定了《旅行社质量保证金赔偿试行标准》，具体规定了对“损失赔偿额的计算方法”，其中第 8 条第 1 项规定：“导游擅自改变活动日程，减少或变更参观项目，旅行社应退赔景点门票、导游服务费并赔偿同额违约金。”本案中，旅行社只退赔遗漏景点门票款显然是大大低于规定的数额，应该按法定要求进行核算，以使旅游者的损失得到合理合法的赔偿。

3. 李先生等 26 名游客与某旅行社签订旅游合同，参加该社组织的“清远三日游”，团费为每人 360 元。双方在旅游合同中约定，旅行社提供“进口空调旅游大巴”，住宿标准为“二星级酒店”等。在旅游行程中，旅行社违反约定，擅自降低服务标准，将合同承诺的“进口空调旅游大巴”换成了“国产金龙空调大巴”，将住宿标准由原来承诺的二星级酒店变为了招待所。

李先生等 26 名游客认为旅行社违反合同约定，要求旅行社退还全部团款，并赔偿每人 500 元的精神损失费。

旅行社认为，因为是旅游旺季，旅游目的地的接待能力有限，旅行社是在花了很大努力的情况下才安排了车和住宿，降低服务标准是旅行社无法左右的客观现实造成的，不存在主观故意。旅行社愿意退还降低服务档次的差价。

旅游质量监督管理部门分析与处理：

1. 旅行社违约事实清楚，应当承担赔偿责任。旅游者与旅行社双方在平等自愿的基础上签订的旅游合同是有效的协议，双方当事人应当自觉遵守，并受到法律保护。

2. 旅行社没有按照合同约定提供服务存在着主观过错。旅行社是专门提供旅游服务的经营机构，为旅游者安排交通和住宿是其专门的业务，旅游目的地接待能力有限，并不是不可预见、不可避免和不可克服的不可抗力。旅行社在旅游旺季对旅游市场动态情况掌握不清，对自己的能力把握不准，盲目招徕旅游者组团经营，致使合同不能履行，完全是其自身过错造成的，应当承担相应的责任。

3. 赔偿数额应当依据法律法规执行。李先生等 26 名旅游者要求旅行社退还全部团款，是没有法律法规依据的。李先生要求赔偿的精神损失费一事，旅游行政部门处理旅游者与旅行社间的纠纷只能按照法律法规以及有关政策处理。国家旅游局《旅游投诉处理办法》只限于对旅游者的经济损失进行赔偿。因此旅游行政部门一般不审理精神赔偿的要求。旅游者有精神赔偿要求的，应当诉求人民法院。本案中，旅行社安排的“金龙”客车与合同约定的“进口空调旅游大巴”差价每人 20 元，住宿差价每人 30 元，旅行社应当退还每位旅游者交通、住宿合同金额与实际花费的差额共 50 元，并支付合同违约金 50 元，旅行社共赔偿 26 位旅游者 2600 元。

>>> 复习思考题

1. 旅行社的概念。
2. 设立旅行社应当具备的条件。
3. 旅行社经营的原则。
4. 旅行社业务经营要求。
5. 旅行社的权利和义务。
6. 旅行社的法律责任。

第四章　导游人员管理法规

>>> 课前导读

旅游业是世界上一大产业，改革开放以来，我国的旅游业蓬勃发展，而导游则是旅游业的灵魂，是旅行社的窗口，是旅游业中最活跃的服务人员。旅游者往往是通过导游去认识一家旅行社、一个城市以至于一个国家、一个民族的。因此，对导游人员进行管理，是旅游行政管理工作中一项十分重要的内容。国家旅游局于1987年12月1日颁布实施了《导游人员暂行规定》1999年10月1日颁布实施了《导游人员管理条例》；2002年1月1日起实施了《导游人员管理实施办法》。这一系列导游管理法规的发布，为我国导游人员队伍的建设和发展完善了法规上的依据，是我国旅游法制建设的重要组成部分。

>>> 学习目标

1. 了解考取导游资格证的条件、导游资格证书和导游证的区别、导游证的种类、不得颁发导游证的情形等基本知识。

2. 理解导游人员的权利和义务，申请领取导游证的条件。

3. 掌握导游人员的概念、导游证的性质、违反导游人员管理法规的法律责任。

第一节　导游人员管理概述

一、导游人员的概念

《导游人员管理条例》规定，导游人员是指取得导游证，接受旅行社委派，为旅游者提供向导、讲解及相关旅游服务的人员。

由此可见，导游人员这一概念包含以下三层含义：

(一)导游人员是指依照《导游人员管理条例》的规定取得导游证的人员。是经过导游人员资格考试并取得导游证的人，不同于日常生活中所称的“导游”。

(二)导游人员是指接受旅行社委派而从事导游业务的人员。

(三)导游人员的工作范围，主要是为旅游者提供向导、讲解及相关旅游服务。“向导”一般是指为他人指路；“讲解”是指为旅游者解说、指点风光名胜；“相关导游服务”是指为旅游者代办各种旅行证件，代购交通票据，安排旅游住宿、旅程就餐等等与旅行游览相关的各种服务。

二、导游人员资格考试制度

在中国境内从事导游活动，必须取得导游证。参加导游资格考试是取得导游证的第一步。而我们国家的《导游人员管理条例》第三条规定：“国家实行全国统一的导游人员资格考试制度。”

依据我国《导游人员管理条例》规定，具备下列条件的人员可以参加导游资格考试：

(一)必须是中华人民共和国公民。通常指“公民”，是指具有某个国家国籍的个人。在我国，凡是按照《中华人民共和国国籍法》规定取得中国国籍的人，都是中华人民共和国公民。

(二)必须具有高级中学、中等专业学校或者以上学历。接受何等程度的教育，具有何种学历，是衡量一个从业人员的知识结构及知识文化程度的一个客观标准，也是从事某种职业对从业人员的要求。一般认为，“导游”是一个“杂家”，即要求其具有较广泛的文化知识，对祖国的历史文化、名山大川、风土人情、民族习俗等有一定的了解。而要了解上述知识，没有一定程度的文化素养，是很难满足这些要求的。

(三)必须身体健康。导游工作是一项紧张的脑力和繁忙艰苦的体力劳动相结合的工作，特别是各地气候条件、生活习俗不同，给导游人员的生活和工作带来诸多不便。导游人员只有具备良好的身体素质，才能适应导游工作。

(四)必须具有适应导游需要的基本知识和语言表达能力。通常所指具有适应导游需要的基本知识，主要是指具有《导游人员管理条例》所规定的文化程度和学历证明；导游语言是导游人员必不可少的基本条件，因为导游人员主要是通过语言来为旅游者提供服务。导游语言，是对祖国名胜古迹的艺术表达。他要求导游人员应当按照规范化的语言来解说，或以艺术化的语言进行，做到语言流畅、鲜明生动、活泼风趣、合乎礼仪；或以优美动听的导游词表述，吸引旅游者的注意力，形成轻松愉快、活泼有趣的气氛，给人以美的享受，消除旅途疲劳，增添旅游情趣。

经考试合格的，由国务院旅游行政部门或者国务院旅游行政部门委托省、自治区、直辖市人民政府旅游行政部门颁发导游人员资格证书。

第二节　导游证书

一、导游证的含义

导游证是证明持证人已依法进行中华人民共和国导游注册，能够从事导游活动的法定证件。《导游人员管理条例》规定：“在中华人民共和国境内从事导游活动，必须取得导游证。”要求导游人员必须具有导游证，是为了维护旅游声誉，保证导游服务质量，同时便于旅游行政管理人员监督检查。

二、导游证和导游人员资格证的关系

导游证和导游人员资格证是两种既有联系又有区别的证书，导游人员资格证书是取得导游证的前提条件，因此这两种证书之间是相互关联的。

导游证和导游人员资格证的区别是：

(一)性质不同

导游人员资格证书是确定一个人从事导游职业的资格；导游证是从事导游工作的执照，是由旅游行政管理部门颁发的准许进行导游活动的凭证。

(二)颁证的机关不同

导游人员资格证书是由国务院旅游行政管理部门或者国务院旅游管理部门委托省、

自治区、直辖市人民政府旅游行政管理部门颁发；导游证由省、自治区、直辖市人民政府旅游行政管理部门颁发。

(三)领取证书的程序不同

导游人员资格证书是公民参加导游人员资格考试并合格后，向旅游行政管理部门领取的证书；导游证则必须是在取得导游人员资格证书并与旅行社订立劳动合同或在导游服务公司注册后，方可向旅游行政管理部门申请领取的证书。

(四)期限不同

获得资格证 3 年未从业的，资格证自动失效；而导游证的有效期为 3 年，导游证持有人如在有效期满之后继续从事导游活动的，应当在有效期届满 3 个月前，向省、自治区、直辖市人民政府旅游行政管理部门申请办理换发导游证手续。

三、导游证的种类

根据《导游人员管理条例》规定，导游证分为正式导游证和临时导游证。正式导游证(即导游证)是指参加导游人员资格考试并取得资格证书的人员，经与旅行社订立劳动合同或者在导游服务公司登记后，由省、自治区、直辖市人民政府旅游行政管理部门颁发的导游证。持有正式导游证的人员，可以是专职导游人员，也可以是兼职导游人员；可以是旅行社的正式员工，也可以是旅行社的聘用人员。

临时导游证是指具有特定语种语言能力的人，虽未获得导游人员资格证书，但因旅行社需要聘请其临时从事导游活动，由旅行社向省、自治区、直辖市人民政府旅游行政管理部门申领的导游证。如果旅行社接待的旅游者来自小语种国家，或者旅行社所在地缺乏某一语种的导游人员，无法满足社会需求，为满足社会需求需要聘请一定数量的既精通专业知识，又有丰富实践经验的人员以解燃眉之急，为此，《导游人员管理条例》对此做了例外性规定。

正式导游证与临时导游证存在以下区别：

(一)取得证书的前提条件不同

正式导游证持有人需经过导游人员资格考试，并取得资格证书后方可向旅游行政部门申请领取导游证；临时导游证持有人无须获得导游人员资格证书。

(二)对语言能力的要求不同

正式导游证持有人无语种能力限制，即正式导游证持有人可以是具有特定的语种语言能力的人员，也可以是不具有特定语种语言能力的人员；临时导游证持有人必须是具有特定语种语言能力的人，并且是由于旅行社工作需要，否则不能申领临时导游证。

(三)申领程序不同

申请领取正式导游证，是由申领者个人向旅游行政管理部门领取；临时导游证则是由旅行社根据需要向旅游行政管理部门申领。

(四)有效期限不同

根据《导游人员管理条例》规定，导游证的有效期限为 3 年。导游证持有人需要在有效期满后继续从事导游活动的，应当在有效期限届满 3 个月前，向省、自治区、直辖市人民政府旅游行政部门申请办理换发导游证手续。临时导游证的有效期限最长不超过3个月，并不得延期。这表明，临时导游证的有效期可以是数天，也可以是一个月或者两个月，但最长不得超过3个月，有效期不得续期，旅行社如需继续聘请临时导游员，则须重新办理申请手续。

四、申请领取导游证的条件

(一)取得导游人员资格证书并参加岗前培训考核

根据《导游人员管理实施办法》的规定，取得“导游人员资格证书”的人员申请办理导游证，须参加颁发导游证的旅游行政管理部门举办的岗前培训考核。

(二)纳入旅行社或导游服务公司的管理

导游证是导游工作的执业证书，其持有者应有确定的意向从事导游工作。因此，申请人必须与旅行社签订劳动合同或在导游服务管理服务机构注册。这一规定有利于从根本上解决私自招徕、接待旅游者，扰乱旅游市场正常经营秩序的问题。

劳动合同是指劳动者与用人单位确定劳动关系、明确双方权利和义务的协议。导游人员与旅行社订立劳动合同，明确导游人员在旅行社有完成担任的工作、遵守用人单位内部劳动规则的义务；旅行社则有按导游人员工作的数量和质量付给工资，并提供相应劳动条件的义务。

导游管理服务机构，是指从事导游人员业务管理、培训，并为旅行社和导游人员提供供需信息等服务的组织机构。在导游人员和旅行社之间起桥梁作用。在导游服务公司登记的人员，可以是专职导游人员，也可以是非专职导游人员，但都不是某一旅行社的正式员工。旅行社可以根据需要通过导游服务公司聘用在该公司登记的导游人员。这种聘用关系有较明显的季节性和时间性，通常发生在旅游旺季，旅行社导游人员不足时。

五、不得颁发导游证的情形

导游工作是专业性很强的职业之一。为保证导游人员队伍的整体水平，在规定取得导游人员资格条件、执业条件的同时，《导游人员管理条例》第五条规定，有下列情形之一的，不得颁发导游证：

(一)无民事行为能力或者限制民事行为能力的

民事行为能力是指公民能够通过自己的行为取得民事权利和承担民事义务的资格。简单的说，民事行为能力就是公民可以独立进行民事活动的资格。民事行为能力不是公民一出生就有的，也不是一切公民都有的。法律要求公民在达到一定年龄以及能够对自己的行为及可能产生的法律效果具有认识能力和判断能力后，才具有行为能力。导游人员要行使法定权利、承担法定义务，不具备完全民事行为能力是无法履行导游人员职务的。

(二)患有传染性疾病的

传染性疾病是指由病原体侵入生物体，使生物体产生病理反应而引起的疾病。如肺结核、麻风、天花、伤寒、病毒性肝炎等等。旅游行政管理部门不得向患有传染病疾病的申请人颁发导游证，这是由导游这一职业的性质决定的。导游人员为旅游者提供向导、讲解相关服务，在旅游活动中与旅游者朝夕相处，若患有传染性疾病，就可能将其患有的疾病传染给旅游者，不利于旅游者身体健康。因此，《导游人员管理条例》规定，患有传染疾病的人员申请领取导游证，旅游行政部门不得颁发。

(三)受过刑事处罚的，过失犯罪的除外

受过刑事处罚的人，是指因其行为触犯了国家刑法而受到刑罚制裁的人。对受过刑事处罚的人不得颁发导游证。但是，《导游人员管理条例》在此规定上有一个例外，即“过失犯罪的除外”。根据我国《刑法》规定，犯罪分为故意犯罪和过失犯罪。所谓故意犯罪是指明知自己的行为会发生危害社会的结果，却希望或者放任这种结果发生。而所谓过失犯罪则是指应当预见自己的行为可能发生危害社会的结果，因为疏忽大意而没有预见，或者已经预见而轻信能够避免，以致发生这种结果的犯罪。由以上故意犯罪和过失犯罪的概念可以看出，故意犯罪是一种有意识的犯罪，而过失犯罪不是有意识的犯罪。过失犯罪之所以构成犯罪，是由于缺乏必要的谨慎，所以同故意犯罪那种希望或放任危害结果的产生，无论在主观恶性、还是社会危害性上，都有着原则区别的。正因为如此，《导游人员管理条例》规定，对于过失犯罪的人，尽管其也受过刑事处罚，但是仍然可以申请领取导游证，旅游行政部门也可以颁发给其导游证。

(四)被吊销导游证的

这一规定是指有些曾经取得导游证的导游人员，因违反导游管理法规，被旅游行政管理部门处以吊销导游证的处罚，其又参加导游人员资格考试并合格、取得导游人员资格证书后，向旅游行政部门申请导游证。对这类人员，由于其在导游职业执业工作中有过不良记录、受过被吊销导游证的处罚，也就是说，此类人员已经不适合继续从事导游职业，因此《导游人员管理条例》规定，对曾经吊销过导游证的人员，旅游行政管理部门不得重新对其颁发导游证。

六、颁发导游证的期限及有关规定

根据《导游人员管理条例》第六条规定：省、自治区、直辖市人民政府旅游行政部门应当自收到申请领取导游证之日起 15 日内，颁发导游证；发现有本条例第五条规定情形，不予颁发导游证的，应当书面通知申请人。

对符合申领条件逾期不予颁发或答复，申请人有权利依照《行政复议法》向上一级旅游行政管理部门申请复议，或者依据《行政诉讼法》向人民法院提起诉讼。

根据《导游人员管理条例》的规定，旅游行政部门可以不予颁发导游证的情形仅限于该条例第五条规定的四种情形。除此之外，凡符合法定条件的，旅游行政部门必须颁发导游证。同时根据《导游人员管理条例》的规定，对不予颁发导游证的，旅游行政部门必须以书面形式通知申请人，而不得以口头形式通知申请人，或者不予答复。

第三节　导游人员的权利和义务

一、概述

导游人员的权利，主要是指导游人员依法享有的权能或者利益。这种权能或利益表现为导游人员可以自己做出一定行为，也可以要求他人做出或不作出一定的行为。例如，导游人员在旅游活动中既享有调整或变更接待计划的权利，也有权拒绝旅游者提出的侮辱其人格尊严的要求。

法律义务，是与法律权利相对称的概念，是指法律关系主体依法承担的某种必须履行的责任，它表现为必须作出或不作出一定的行为。导游人员的法律义务是指导游人员依法承担的必须履行的责任，例如《导游人员管理条例》规定："导游人员进行导游活动时，应当佩戴导游证"，这就是法规要求导游人员必须作出的行为。又如《导游人员管理条例》规定导游人员不得私自承揽导游业务，这就是法规规定导游人员不得作出的行为。

导游人员作为公民的一员，依法享有广泛的政治、经济、文化和社会等各种权益。这里所讲的导游人员的权利主要是指《导游人员管理条例》及有关法律规定的权利。同样，这里所讲的导游人员的法律义务也主要是《导游人员管理条例》所规定的义务。

二、导游人员的权利

根据《导游人员管理条例》、《行政复议法》和《行政诉讼法》的规定，导游人员的权利可以概括为以下四点：

(一)导游人员享有人格尊严不受侵犯权

《导游人员管理条例》第十条规定："导游人员进行导游活动时，其人格尊严应当受到尊重，其人身安全不受侵犯。导游人员有权拒绝旅游者提出的侮辱其人格尊严或者违反其职业道德的不合理要求。"

由以上规定可见，导游人员在执行导游职务活动中，享有人格尊严不受侵犯权。人格权是人身权的一种，是每一个公民和法人毫无例外终身享有的权利，它是法律赋予民事主体所享有的基本的民事权利，无论公民或者法人，如不享有人格权，他的人身权就没有实际意义。因此，我国《宪法》第三十八条规定："中华人民共和国公民的人格尊严不受侵犯。禁止用任何方法对公民进行侮辱、诽谤和诬告陷害。"《导游人员管理条例》之所以作上述规定，是因为在实际中，个别旅游者在旅行游览活动中，遇有不顺其心意的事情，就肆意侮辱谩骂导游人员，甚至还发生殴打导游人员的事件。针对这种情形，《导游人员管理条例》明确规定导游人员在进行导游活动时，其人格尊严应当受到尊重，其人身安全不受侵犯。此外，在旅行游览实际中，个别旅游者对导游提出一些有辱其人格尊严或者违反其职业道德的不合理要求，例如在出境旅游中，要求导游人员带其到色情场所等等。对于这些无理要求，《导游人员管理条例》中规定：导游人员有权拒绝旅游者提出的侮辱其人格尊严或者违反其职业道德的不合理要求。

(二)导游人员在旅游活动中享有调整或变更接待计划权

《导游人员管理条例》中第十三条规定：导游人员在引导旅游者旅行、游览过程中，遇有可能危及旅游者人身安全的紧急情形时，经征得多数旅游者的同意，可以调整或者变更接待计划，但是应当立即报告旅行社。

根据这条法规的规定，导游人员享有调整或变更接待计划的权利，但是导游人员在行使这一权利时，必须符合下列条件：

1. 必须是在引导旅游者旅行、游览过程中。也就是说，必须是在旅游活动开始后。在旅行、游览活动开始之前，导游人员不得行使这一权利。在旅游合同订立之后，旅游活动开始之前，如果出现不利于旅游活动的情形，应当由旅行社与旅游者进行协商，达成一致意见后，由旅行社调整或者变更旅游接持计划。

2. 必须是遇有可能危及旅游者人身安全的紧急情形时，导游人员才可以行使这一权利。

3. 必须是征得多数旅游者的同意。这是一个非常重要的条件。即在旅行游览中，遇有可能危及旅游者人身安全的紧急情形时，导游人员如果要调整或变更接待计划，必须要征得旅游团中多数旅游者的同意。这是因为，旅游合同包括旅游接待计划一经双方确认订立后，就应当严格按照合同约定履行。如果需要调整或变更旅游计划，应当经过双方协商一致。但是，由于现在发生了可能危及旅游者人身安全的紧急情形，所以，导游人员只要征得多数旅游者的同意，就可以调整或变更旅游接待计划，而不必得到全体旅游者的同意。

4. 必须立即报告旅行社。这是因为旅游接待计划是由旅行社确定的，是得到旅游者认可的，而导游人员是受旅行社的委派带团执行旅游接待计划。调整或变更旅游接待计划并不是导游人员的职责权限。但是，由于导游人员在执行带团旅游任务的途中，遇到可能危及旅游者人身安全的紧急情形，为了避免旅游者人身安全发生危害，在征得多数旅游者同意后，导游人员依法可以调整或变更接待计划。导游人员在调整或者变更接待计划后，必须立即报告旅行社，以得到旅行社的认可。

(三)导游人员对旅游行政行为不服时，依法享有申请复议权和行政诉讼权

1. 行政复议权

《导游人员管理条例》规定了对导游人员违反条例的行政处罚。如果导游人员对旅游行政部门所给予的行政处罚不服，依照我国《行政复议法》的规定，有权向旅游行政机关申请复议。《导游人员管理条例》虽然没有行政复议的规定，但这并不意味着导游管理不实行行政复议制度，因为我国《行政复议法》明确规定了公民、法人或者其他组织向行政机关申请复议的权利。因此，导游人员对旅游行政机关作出的行政处罚不服时，有权向其上一级旅游行政机关申请复议，并不一定需要《导游人员管理条例》明确规定申请复议条款。

根据《行政复议法》的规定，结合旅游行政管理实际，导游人员对旅游行政部门下列行政行为不服时，可以申请复议：

(1)对罚款、吊销导游证、责令改正、暂扣导游证等行政处罚不服的；

(2)认为符合法定条件申请行政机关颁发导游人员资格证书和导游证，旅游行政部门拒绝颁发或者不予答复的；

(3)认为旅游行政部门违法要求导游人员履行义务的；

(4)认为旅游行政部门侵犯导游人员人身权、财产权的；

(5)法律、法规规定可以提起行政诉讼或者可以申请复议的其他具体行政行为。

2. 行政诉讼权

导游人员对旅游行政部门的具体行政行为不服时，享有向人民法院提起行政诉讼权。

我国《行政诉讼法》第二条规定：“公民、法人或者其他组织认为行政机关和行政机关工作人员的具体行政行为侵犯其合法权益，有权依照本法规定向人民法院提起诉讼。”由此规定可见，导游人员对旅游行政管理部门给予其的行政处罚和有关行政行为，不仅享有申请复议权，而且还享有向人民法院提起行政诉讼权。

(四)其他权利

导游人员的其他权利。主要是指导游人员为了更好地履行职务而应当享有的参加培训的权利和获得升级的权利。

三、导游人员的义务

根据《导游人员管理条例》的规定，导游人员的义务表现在如下几个方面：

1. 导游人员应当不断提高自身业务素质和职业技能

导游人员自身业务素质的高低，职能、技能的优劣，直接关系到导游服务质量，影响到能否为旅游者提供优良的导游服务。而旅游者也往往是通过导游去认识一家旅行社、一个城市乃至认识一个民族、一个国家的。可以说，导游人员的业务素质及其导游职业技能紧紧维系旅游业的发展，所以《导游人员管理条例》将此作为导游人员的一项义务加以明确规定。

2. 导游人员进行导游活动时，应当佩戴导游证

导游证是国家准许从事导游工作的证件。为此，《导游人员管理条例》规定导游人员佩戴导游证是导游人员执行导游任务时的一项法定义务。导游人员在工作中佩戴导游证，一则是为了给旅游者提供规范服务的需要，便于旅游者识别导游人员，及时得到导游人员的帮助和服务；二则是便于旅游行政管理部门的监督检查。

3. 导游人员进行导游活动，必须经旅行社委派

导游人员不得私自承揽或者以其他任何方式直接承揽导游业务，进行导游活动。导游人员此项义务的规定，是为了规范旅游市场秩序，切实维护旅游者的合法权益。因为，根据《旅行社管理条例》的规定，招徕、接待旅游者，为旅游者安排食宿等有偿服务的经营活动均属旅行社的经营范围，而导游人员只能是接受旅行社的委派，为旅游者提供向导、讲解及相关旅游服务。

4. 导游人员进行导游活动时，应当自觉维护国家利益和民族尊严，不得有损害国家利益和民族尊严的言行

热爱祖国、拥护社会主义制度、以自己的一言一行来维护国家利益和民族尊严，是导游人员必须具备的政治条件和业务要求。特别是在接待海外旅游者时，导游人员就是国家对外形象的一个“窗口”，如果其在进行导游活动时，有损害国家利益和民族尊严的言行，所产生的影响是极其恶劣的。

5. 导游人员进行导游活动时，应当遵守职业道德

导游人员着装整洁，礼貌待人，尊重旅游者的宗教信仰、民族习俗和生活习惯。导游人员讲解服务的根本内容，应当是向国内外旅游者介绍我国的大好河山、悠久历史、灿烂文化、勤劳好客的各族人民及其各具特色的风土人情和习俗。在旅游者这个群体中，绝大多数是健康的、友好的，但确实也存在个别旅游者在旅游过程中，会提出一些低级趣味的讲解要求。对于这种无理要求，导游人员应当予以拒绝，不得在讲解、介绍中掺杂庸俗下流的内容。

导游人员应当遵守的职业道德主要是指爱岗敬业、诚实守信、办事公道、服务游客、奉献社会。导游人员应当本着这一职业道德的要求在导游活动中形成一个相互尊重、和睦相处、轻松愉快的旅游氛围。

6. 导游人员应当严格按照旅行社确定的接待计划安排旅游者的旅行、游览活动，不得擅自增加、减少旅游项目或者中止导游活动

由旅行社确定的接待计划也即旅游行程计划是经旅游者认可的，是旅游者与旅行社订立的旅游合同的一个组成部分。旅游行程计划一般包括乘坐交通工具、游览景点、住宿标准、餐饮标准、娱乐标准、购物次数等内容的安排。因此，导游人员接受旅行社的委派带团旅游时，应当严格按照旅行社确定的、经旅游者认可的旅游接待计划，安排旅游者的旅行、旅览活动，不得擅自增加、减少旅游项目或者中止导游活动。这也是我国《合同法》所规定的“当事人应当按照约定全面履行自己的义务”；否则，就有可能承担违约责任。

当然，导游人员在引导旅游者旅行、游览过程中，遇有可能危及旅游者人身安全的紧急情形时，经征得多数旅游者的同意，也可以调整或者变更接待计划，并应当立即报告旅行社。

但是，导游人员在进行导游活动时，无论遇到何种情形，均不得擅自中止导游活动。所谓中止导游活动，是指在导游过程中，擅自中止导游活动的行为。一般来说，构成中止导游活动必须具备以下条件：一是必须在导游活动结束之前，也就是说，必须是在旅游接待计划执行完毕之前。导游活动的中止不是导游活动的终止，它必须是出现在执行旅游接待计划过程当中；如果旅游接待计划已经执行完毕，当然也就谈不到中止的问题。二是必须是擅自中止。这是中止导游活动的最主要的特征。如果不是擅自中止导游活动，而是旅行社的决定或其他外部作用影响，致使导游人员中止导游活动，就不是《导游人员管理条例》所称的“擅自中止导游活动”情形了。三是必须是彻底中止。这里所说的“彻底”中止，是指导游人员彻底放弃了原来的导游活动。如果导游人员因某种原因，暂时放弃了正在进行的导游活动，待该种原因消失后又进行了导游活动，这是导游活动的中断进行，而不是导游活动的中止。以上三个条件必须同时具备，缺少其中任何一个，都不能认为是导游活动的中止。

7. 导游人员在引导旅游者旅行、游览过程中，应当就可能发生危及旅游者人身、财物安全的情况，向旅游者作出真实说明和明确警示，并按照旅行社的要求采取防止危害发生的措施

旅游是一种体验或者经历活动，在旅游过程中，有赏心悦目的体验，也可能会遇到危难的经历，尤其是在探险旅游中，可能危及旅游者人身、财物安全的情形往往是客观存在的。遇有这类情形，导游人员应当就可能发生危及旅游者人身、财物安全的情况，向旅游者作出真实的说明和明确的警示。说明和警示要求真实、准确、通俗易懂，不致发生歧义；同时，导游人员要按照旅行社的要求采取防止危害发生的措施，否则导游人员和旅行社就要承担相应的法律责任。

8. 导游人员进行导游活动时，不得向旅游者兜售物品或者购买旅游者的物品，不得以明示或者暗示的方式向旅游者索要小费

导游人员在进行导游活动时，他的职责，也就是他可以进行的行为是为旅游者提供向导、讲解及相关的旅游服务，而向旅游者兜售物品或者购买旅游者的物品，不属于其职责范围，也是与其导游身份所不相称的。同时，由于导游人员这一特定的身份，如其向旅游者兜售物品或者购买旅游者的物品，极易造成交易上的不公平与不公正，

侵害旅游者的合法权益，损害导游人员的职业形象，也极易因此造成纠纷。为此，《导游人员管理条例》规定，导游人员在进行导游活动中，不得向旅游者兜售物品或者购买旅游者的物品。

以明示或者暗示的方式向旅游者索要小费，是我国旅游法规历来禁止的。所谓“明示的方式”，是指导游人员以语言、文字或者其他直接表达意思的方法向旅游者索取小费的形式；所谓“暗示的方式”，是指导游人员以含蓄的言语、文字或者示意的举动等间接表达意思的方法向旅游者索要小费的形式。《导游人员管理条例》之所以规定导游人员不得以明示或暗示的方法向旅游者索要小费，是因为在旅游实际中，有些导游人员不是以自己的优质服务赢得旅游者的感谢或奖赏，而是不择手段，以明示或暗示的方法向旅游者索取小费，给旅游业的声誉造成了极其恶劣的影响。

【资料链接】

1987 年 8 月 17 日，经国务院批准，国家旅游局就发布了《关于严格禁止在旅游业务中私自收授回扣和收取小费的规定》，明确规定导游人员不得向旅游者索要小费。

9. 导游人员进行导游活动，不得欺骗、胁迫旅游者消费或者与经营者串通欺骗、胁迫旅游者消费

所谓“欺骗”是指导游人员或者导游人员与经营者串通起来，故意告知旅游者虚假情况，或者故意隐瞒真实情况，诱使旅游者作出错误消费的意思表示的行为。前者是导游人员故意欺骗旅游者消费；后者是导游人员与经营者串通起来欺骗旅游者消费。例如在旅游购物中，导游人员明知是虚假、伪劣商品，却告知旅游者是货真价实的商品，或者故意对旅游者隐瞒该商品的真实情况，诱使旅游者作出购买该商品的错误选择。在这其中，可能是导游人员个人欺骗旅游者，也可能是导游人员与商品经营者串通欺骗旅游者。但不论何种形式，都属于欺骗旅游者消费的行为。

所谓“胁迫”是指以给旅游者及其亲友的生命健康、名誉、荣誉、财产等造成损害为要挟，迫使旅游者作出违背真实的消费意思表示的行为。胁迫旅游者消费，既可以是导游人员个人胁迫旅游者消费，也可以是导游人员与经营者串通起来，胁迫旅游者消费。

第四节　导游人员的管理

一、导游人员的管理部门及其权限

(一)旅游行政部门的管理及其权限

国务院旅游行政部门负责全国导游人员的管理工作；省、自治区、直辖市人民政府旅游行政部门根据国务院旅游行政部门的委托，行使相应管理权。旅游行政部门负责制定导游人员管理的有关政策、法规；依法行使国家权力。接受投诉处罚违法导游人员；依法保护导游人员的合法权益。

(二)对景点、景区导游人员的管理

景点、景区导游人员，是指在旅游景点、景区的范围内为旅游者提供向导、讲解

服务的人员。我国旅游资源丰富，为适应我国各地旅游景点、景区规模不等，特色各异的特点；为适应国内外旅游者的不同需求；为适应旅行社组织的团体旅游者或自助旅游者的需求，我国导游人员队伍既需要由旅行社委派的为旅游者提供旅途向导、讲解及相关服务的导游人员，也需要在景点、景区为旅游者提供讲解服务的导游人员。因此，景点、景区导游员也是我国导游员队伍的一个重要组成部分。对这部分导游人员的管理办法，由省、自治区、直辖市人民政府参照《导游人员管理条例》制定。

(三)旅行社对导游人员的管理权限

《旅行社条例》规定：旅行社聘用导游人员、领队人员应当依法签订劳动合同，约定双方的权利和义务。《导游人员管理实施办法》第九条规定：获得导游人员资格证、并在一家旅行社或导游管理服务机构注册的，持劳动合同或导游管理服务机构登记证明材料向所在地旅游行政管理部门申请办理导游证。(所在地旅游行政管理部门是指直辖市、计划单列市、副省级旅游行政管理部门以及有相应的导游规模、有相应的导游管理服务机构、有稳定的执法队伍的地市级以上旅游行政管理部门。)这说明我国旅行社对导游人员的管理主要是通过订立劳动合同来实现。

二、违反导游人员管理法规的法律责任

(一)对于导游人员违反导游证管理法规的法律责任

无导游证进行导游活动的，由旅游行政部门责令改正并予以公告，处 1000 元以上 3 万元以下的罚款；有违法所得的，并处没收违法所得。导游人员进行导游活动时未佩戴导游证的，由旅游行政部门责令改正；拒不改正的，处 500 元以下的罚款。

(二)对导游人员私自承揽导游业务的处罚

导游人员未经旅行社委派，私自承揽或者以其他任何方式直接承揽导游业务，进行导游活动的，由旅游行政部门责令改正，处 1000 元以上 3 万元以下的罚款；有违法所得的，并处没收违法所得；情节严重的，由省、自治区、直辖市人民政府旅游行政部门吊销导游证并予以公告。

(三)导游人员进行导游活动，欺骗、胁迫旅游者消费的处罚

1. 导游人员进行导游活动，欺骗、胁迫旅游者消费或者与经营者串通欺骗、胁迫旅游者消费的，由旅游行政部门责令改正，处 1000 元以上 3 万元以下的罚款；有违法所得的，并处没收违法所得；情节严重的，由省、自治区、直辖市人民政府旅游行政部门吊销导游证并予以公告；对委派该导游人员的旅行社给予警告直至责令停业整顿；构成犯罪的，依法追究刑事责任。

2. 导游人员进行导游活动，向旅游者兜售物品或者购买旅游者的物品的，或者以明示或者暗示的方式向旅游者索要小费的，由旅游行政部门责令改正，处 1000 元以上 3 万元以下的罚款；有违法所得的，并处没收违法所得；情节严重的，由省、自治区、直辖市人民政府旅游行政部门吊销导游证并予以公告；对委派该导游人员的旅行社给予警告直至责令停业整顿。

(四)对导游人员其他违法行为的处罚

1. 导游人员有下列情形之一的，由旅游行政部门责令改正，暂扣导游证 3 至 6 个月；情节严重的，由省、自治区、直辖市人民政府旅游行政部门吊销导游证并予以

公告：

(1)擅自增加或者减少旅游项目的；

(2)擅自变更接待计划的；

(3)擅自中止导游活动的。

2. 导游人员进行导游活动时，有损害国家利益和民族尊严的言行的，由旅游行政部门责令改正；情节严重的，由省、自治区、直辖市人民政府旅游行政部门吊销导游证并予以公告；对该导游人员所在的旅行社给予警告直至责令停业整顿。

(五)对旅游行政管理部门违规的处罚

旅游行政部门工作人员玩忽职守、滥用职权、徇私舞弊，构成犯罪的，依法追究刑事责任；尚不构成犯罪的，依法给予行政处分。

第五节　导游人员相关管理规定

为了加强导游队伍的建设，维护旅游市场秩序和旅游者的合法权益，国家旅游局依据《导游人员管理条例》和《旅行社管理条例》于2001年12月26日制定公布了《导游人员管理实施办法》，并于2005年修订其中第二十八条和第二十九条规定。《导游人员管理实施办法》中对导游人员的管理实行计分管理制度、年审管理制度和等级考核制度。

一、导游人员的计分管理制度

国家对导游人员实行计分管理。国务院旅游行政管理部门负责制定全国导游人员计分管理政策并组织实施、监督检查。省级旅游行政管理部门负责本行政区域内导游人员计分管理的组织实施和监督检查。所在地旅游行政管理部门在本行政区域内负责导游人员计分管理的具体执行。导游人员计分办法实行年度10分制。按照导游人员违规行为的性质及其危害性，分别扣减其相应的分值。对导游人员的违法、违规行为除扣减相应的分值外，依法应予以处罚，依据有关法律规定给予处罚。

(一)导游人员在导游活动中有下列情形之一的，扣除10分

1. 有损害国家利益和民族尊严的言行的；
2. 诱导或安排旅游者参加黄、赌、毒活动项目的；
3. 有殴打或谩骂旅游者行为的；
4. 欺骗、胁迫旅游者消费的；
5. 未通过年审继续从事导游业务的；
6. 因自身原因造成旅游团重大危害和损失的。

(二)导游人员在导游活动中有下列情形之一的，扣除8分

1. 拒绝、逃避检查，或者欺骗检查人员的；
2. 擅自增加或者减少旅游项目的；
3. 擅自终止导游活动的；
4. 讲解中掺杂庸俗、下流、迷信内容的；
5. 未经旅行社委派私自承揽或者以其他任何方式直接承揽导游业务的。

(三)导游人员在导游活动中有下列情形之一的，扣除6分

1. 向旅游者兜售物品或购买旅游者物品的；

2. 以明示或者暗示的方式向旅游者索要小费的；

3. 因自身原因漏接漏送或误接误送旅游团的；

4. 讲解质量差或不讲解的；

5. 私自转借导游证供他人使用的；

6. 发生重大安全事故不积极配合有关部门救助的。

(四)导游人员在导游活动中有下列情形之一的，扣除4分

1. 私自带人随团游览的；

2. 无故不随团活动的；

3. 在导游活动中未佩戴导游证或未携带计分卡；

4. 尊重旅游者宗教信仰和民族风俗。

(五)导游人员在导游活动中有下列情形之一的，扣除2分

1. 未按规定时间到岗的；

2. 10人以上团队未打接待社社旗的；

3. 未携带正规接待计划；

4. 接站未出示旅行社标识的；

5. 仪表、着装不整洁的；

6. 讲解中吸烟、吃东西的。

导游人员10分分值被扣完后，由最后扣分的旅游行政执法单位暂时保留其导游证，并出具保留导游证证明，并于10日内通报导游人员所在地旅游行政管理部门和登记注册单位。正在带团过程中的导游人员，可持旅游执法单位出具的保留证明完成团队剩余行程。

旅游行政执法人员玩忽职守、不按照规定随意进行扣分或处罚的，由上级旅游行政管理部门提出批评和通报，本级旅游行政管理部门给予行政处分。

二、导游人员年审管理制度

(一)年审管理机关及其职责

国家对导游人员实行年度审核制度。导游人员必须参加年审。国务院旅游行政管理部门负责制定全国导游人员年审工作政策，组织实施并监督检查。省级旅游行政管理部门负责组织、指导本行政区域内导游人员年审工作并监督检查。所在地旅游行政管理部门具体负责组织实施对导游人员的年审工作。

(二)年审以考评为主，考评的内容应包括：当年从事导游业务情况、扣分情况、接受行政处罚情况、游客反映情况等。考评等级为通过年审、暂缓通过年审和不予通过年审三种。具体规定如下：

1. 一次扣分达到10分，不予通过年审；

2. 累计扣分达到10分的，暂缓通过年审；

3. 一次被扣8分的，全行业通报；

4. 一次被扣6分的，警告批评。

暂缓通过年审的，通过培训和整改后，方可重新上岗。导游人员通过年审后，年审单位应核消其遗留分值，重新输入初始分值。

(三)年审管理的其他规定

导游人员必须参加所在地旅游行政管理部门举办的年审培训。培训时间应根据导游业务需要灵活安排。每年累计培训时间不得少于56小时。

旅行社或导游管理服务机构应为注册的导游人员建立档案，对导游人员进行工作培训和指导，建立对导游人员工作情况的检查、考核和奖惩的内部管理机制，接受并处理对导游人员的投诉，负责对导游人员年审的初评。

三、导游人员等级考核制度

为了加强导游人员队伍建设，提高导游人员素质和服务水平，调动导游人员工作积极性，引入竞争机制，为改革全国导游人员管理体制，建立导游人员人才市场创造条件及各旅行社服务的等级化创造条件，国家旅游局于1994年制定了《关于全国导游人员实行等级评定的意见》和《导游员职业等级标准》，开始了导游人员等级考核评定工作。这一制度在《导游人员管理条例》中得以确立，国家旅游局于2005年7月3日实施的《导游人员等级考核评定管理办法(试行)》对评定考核制度进行了完善。

(一)导游人员等级考核评定的原则及组织管理

导游人员等级考核评定工作，遵循自愿申报、逐级晋升、动态管理的原则。凡通过全国导游人员资格考试并取得导游员资格证书，符合全国导游人员等级考核评定委员会规定报考条件的导游人员，均可申请参加相应的等级考核评定。国家旅游局负责导游人员等级考核评定标准、实施细则的制定工作，负责对导游人员等级考核评定工作进行监督检查。国家旅游局组织设立全国导游人员等级考核评定委员会。全国导游人员等级考核评定委员会负责全国导游人员等级考核评定工作的组织实施。省、自治区、直辖市和新疆生产建设兵团旅游行政部门组织设立导游人员等级考核评定办公室，在全国导游人员等级考核评定委员会的授权和指导下开展相应的工作。

(二)导游人员等级划分和考核方式

我们国家对导游人员实行等级考核制度。导游人员分为初级、中级、高级、特级四个等级。导游员申报等级时，由低到高，逐级递升，经考核评定合格者，颁发相应的导游员等级证书。

导游人员等级考核评定工作，按照“申请、受理、考核评定、告知、发证”的程序进行。

获得导游人员资格证书一年后，就技能、业绩和资历对其进行考核，合格者自动成为初级导游人员。

中级导游员的考核采取笔试方式。其中，中文导游人员考试科目为“导游知识专题”和“汉语言文学知识”；外语导游人员考试科目为“导游知识专题”和“外语”。高级导游员的考核采取笔试方式，考试科目为“导游案例分析”和“导游词创作”。特级导游员的考核采取论文答辩方式。

参加省部级以上单位组织的导游技能大赛获得最佳名次的导游人员，报全国导游人员等级考核评定委员会批准后，可晋升一级导游人员等级。一人多次获奖只能晋升一次，晋升的最高等级为高级。

导游员等级证书由全国导游人员等级考核评定委员会统一印制。导游人员获得导游员资格证书和中级、高级、特级导游员证书后，可通过省、自治区、直辖市和新疆生产建设兵团旅游行政管理部门申请办理相应等级的导游证。

>>> 典型案例

1.2003 年某国际旅行社导游人员王某因犯过失伤害罪被人民法院审理，以其行为情节轻微，被判处免予刑事处罚，2004 年王某在带团过程中胁迫旅游者消费，情节严重，被旅游行政管理部门依法吊销导游证。2005 年，王某又参加导游人员资格考试并合格，取得导游资格证书。但当其向旅游行政管理部门领取导游证时，被旅游行政管理部门拒绝。王某对旅游行政管理部门的这一具体行为不服，依法向上一级旅游行政机关申报复议。

(1)王某是否可以就旅游行政管理部门拒绝对其颁发导游证的行为向上一级旅游机关申请复议？其法律依据是什么？

(2)旅游行政机关拒绝对王某颁发导游证的行为是否正确？法律依据是什么？

分析

(1)可以，因为 2003 年的事件，王某已经被确认是过失犯罪，在不得颁发导游证的情形中有这么一条：受过刑事处罚的，过失犯罪的除外。并且王某在 2005 年有取得的导游人员资格证书，因此旅游行政管理部门应当颁发导游证给王某。对于符合颁发导游证条件的申请领取者，旅游行政管理部门逾期不予颁发或不予答复的，申请者有权依照《行政复议法》向上一级旅游行政管理部门申请复议，或者依据《行政诉讼法》向人民法院提起诉讼。

(2)旅游行政管理部门拒绝对王某颁发导游证的行为是正确的，因为不得颁发导游证的情形如下：1. 无民事行为能力或限制民事行为能力的；2. 患有传染性疾病的；3. 受过刑事处罚的，过失犯罪的除外；4. 被吊销导游证的。王某在 2004 年因为胁迫旅游者消费，被吊销导游证，不符合颁发导游证的条件，旅游行政部门有权拒绝对其颁发导游证书。

2. 上海某旅行社导游带团前往昆明旅游。此团为教师团，一行 26 人。上海上车时，突然发现增加四名小孩。根据规定，该导游立刻汇报旅行社。旅行社回答“不可以，若随团走，小孩产生费用，则由家长另付。便约定原 3200 元/人，小孩则为 2000 元/人。”当团至昆明世博园，导游提出因世博园票价未列入 2000 元内，四个小孩每人付票价的一半 50 元，教师不同意，认为该导游有私揣嫌疑，导游恼火，其中一老师打电话至 110 报警。便由地陪先行带其他人游览，全陪则被带至派出所做笔录。全陪越想越气，便打电话至旅行社要求返回。该社同意。而四位老师认为全陪中止了导游服务，回上海后便至质监局投诉。请问：导游行为是否属于中止导游合同？

分析 该导游的行为不属于中止导游合同，因为根据《导游人员管理条例》规定，一般来说，构成中止导游活动必须具备以下条件：一是必须在导游活动结束之前，也就是说，必须是在旅游接待计划执行完毕之前；二是必须是擅自中止，这是中止导游活动的最主要的特征；三是必须是彻底中止，这三个条件必须同时具备，缺少其中任何一个，都不能认为是导游活动的中止，而在此案例中，导游返回上海是经过旅行社同意的，并非擅自作主，这就与第二点不相符，因此该全陪的行为并不属于中止导游合同的行为。

3. 某深圳旅游团一行30人，准备2月10日～2月14日至北京旅游，计划2月10日游长城，2月11日游故宫，2月12日游天坛，13和14日游览其他景点等。到达北京后，导游说路线不合理，应把最美丽的放在最后游览，故将10日与14日景点对调。而在13日时北京降大雪，长城无法游览。旅游者前往投诉，要求处罚导游，可否？

分析 可以投诉并要求处罚导游。因为此次旅游活动中并未遇到可能危及旅游者人身安全的紧急情形，故不具备行使调整或变更接待计划权的前提。根据《导游人员管理条例》规定，导游人员应当严格按照旅行社确定的接待计划安排旅游者的旅行、游览活动，不得擅自增加、减少旅游项目或者中止导游活动，若违反了，则由旅游行政部门责令改正，暂扣导游证3～6个月，同时扣8分，情节严重的，由省、自治区、直辖市人民政府旅游行政部门吊销导游证并予以公告。

4. 某外国语大学韩语专业的三年级学生李某，一直对导游行业非常向往，从大一考到大三，但无一成功。暑假至某A国际旅行社实习，想积累些实务经验，以便下次考试。该国际旅行社业务非常繁忙，有一次就委托李某做导游。但不幸的是，李某第一次就被行政执法部门查获。

请问：他有哪些违规行为？行政执法部门该如何处理？

分析 根据《导游人员管理条例》规定，导游人员是指依照本条例的规定取得导游证，接受旅行社委派，为旅游者提供向导、讲解及相关旅游服务的人员，在中华人民共和国境内从事导游活动，必须取得导游证，且在进行导游活动时，导游人员还应佩戴导游证，而李某并未取得导游证，属于无证导游，条例规定，无导游证进行导游活动的，由旅游行政部门责令改正并予以公告，处1000元以上3万元以下的罚款，有违法所得的，并处没收违法所得。

李某感到不满，认为自己为旅行社聘任，请问旅行社是否有聘任权？

分析 导游证必须由省、自治区、直辖市人民政府旅游行政部门颁发，旅行社并无直接聘任权，根据《旅行社管理条例》规定，旅行社只能聘用合格的导游，若聘用未经旅游行政管理部门考核、持有资格证书的导游或领队，则由旅游行政管理部门处以警告，并责令限期改正，逾期不改的，处以3－15天停业整顿，并可并处人民币3000元以上1万元以下的罚款。

若李某所带之团改为韩国客人，旅行社可否聘任？

分析 若该团为韩国客人，旅行社需聘用李某临时从事导游活动，则须由旅行社向省、自治区、直辖市人民政府旅游行政部门申请领取临时导游证后方可聘任李某临时从事导游活动。

>>> 复习思考题

1. 参加导游证考试需要具备哪些条件？
2. 颁发导游人员资格证书需要符合哪些条件
3. 哪些情况下不能颁发导游证？
4. 导游人员享有哪些权利？承担哪些义务？
5. 违反导游人员管理法规的法律责任有哪些？

第五章　旅游出入境及交通管理法规

>>> 课前导读

随着当今世界经济、科技、文化、旅游业的发展，为加强国际间的交流与合作，促进共同发展，每个国家都制定了关于外国人、本国公民入出境的法律、法规，以确保国家主权和安全，同时保护外国人的合法权益。《中华人民共和国外国人入境出境管理法》及其实施细则、《边境旅游暂行管理办法》、《中华人民共和国海关对中国籍旅客进出境行李物品的管理规定》、《中华人民共和国护照法》、《大陆居民赴台湾地区旅游管理办法》、《中国公民出国旅游管理办法》、《中华人民共和国出境入境边防检查条例》、《大陆居民赴台湾地区旅游管理办法》等法律、法规构成了我国出入境管理的法律制度。

现代交通运输的发展极大的刺激了旅游业的发展，为了保护各项运输安全和有秩序的进行，我国颁布、实施了《中国民用航空法》、《国内航空运输旅客身体损害赔偿暂行规定》、《铁路旅客运输规程》、《中华人民共和国公路法》等交通运输管理的法律、法规和规章，构成了我国交通运输法律体系。

>>> 学习目标

1. 了解中国公民出入境的基本规定；外国人入出境管理法的宗旨及要求；对外国人入境的要求铁路部门的义务等基本知识。

2. 理解中国公民出入境证件的种类；有关护照的法律责任；外国人入出境管理机关及其职责；针对违反我国法律规定的外国人的处罚等。

3. 掌握签证的种类；航空承运人对旅客的责任；铁路旅客运输损害赔偿的规定。

第一节　我国公民的出入境管理

一、基本规定

中国公民出入境管理法，以保障中国公民出入中国国境的正当权利和利益，促进国际交往为宗旨。

中国公民凭国务院主管机关及其授权的机关签发的有效护照或者其他有效证件出境、入境，无需办理签证。

中国公民出境、入境，从对外开放的或者指定的口岸通行，接受边防检查机关的检查。

中国公民出境后，不得有危害祖国安全、荣誉和利益的行为。

二、中国公民出入境证件及申请的办理

中国公民出境入境的主要证件——中华人民共和国护照和中华人民共和国旅行证

由持证人保存、使用。除公安机关和原发证机关有权依法吊销、收缴证件以及人民检察院、人民法院有权依法扣留证件外，其他任何机关、团体和企业、事业单位或者个人不得扣留证件。

（一）护照

中华人民共和国护照是中华人民共和国公民出入国境和在国外证明国籍和身份的证件。

护照分为普通护照、外交护照和公务护照。普通护照由公安部出入境管理机构或者公安部委托的县级以上地方人民政府公安机关出入境管理机构以及中华人民共和国驻外使馆、领馆和外交部委托的其他驻外机构签发。外交护照由外交部签发。公务护照由外交部、中华人民共和国驻外使馆、领馆或者外交部委托的其他驻外机构以及外交部委托的省、自治区、直辖市和设区的市人民政府外事部门签发。

公民因前往外国定居、探亲、学习、就业、旅行、从事商务活动等非公务原因出国的，由本人向户籍所在地的县级以上地方人民政府公安机关出入境管理机构申请普通护照。公民申请普通护照，应当提交本人的居民身份证、户口簿、近期免冠照片以及申请事由的相关材料。国家工作人员非公务原因出境申请普通护照的，还应当按照国家有关规定提交相关证明文件。普通护照的登记项目包括：护照持有人的姓名、性别、出生日期、出生地，护照的签发日期、有效期、签发地点和签发机关。普通护照的有效期为：护照持有人未满十六周岁的五年，十六周岁以上的十年。

公安机关出入境管理机构应当自收到申请材料之日起十五日内签发普通护照；对不符合规定不予签发的，应当书面说明理由，并告知申请人享有依法申请行政复议或者提起行政诉讼的权利。在偏远地区或者交通不便的地区或者因特殊情况，不能按期签发护照的，经护照签发机关负责人批准，签发时间可以延长至三十日。

护照持有人申请换发或者补发普通护照，在国内，由本人向户籍所在地的县级以上地方人民政府公安机关出入境管理机构提出；在国外，由本人向中华人民共和国驻外使馆、领馆或者外交部委托的其他驻外机构提出。定居国外的中国公民回国后申请换发或者补发普通护照的，由本人向暂住地的县级以上地方人民政府公安机关出入境管理机构提出。

（二）旅行证

短期出国的公民在国外发生护照遗失、被盗或者损毁不能使用等情形，应当向中华人民共和国驻外使馆、领馆或者外交部委托的其他驻外机构申请中华人民共和国旅行证。

在国外，护照延期，由中国驻外国的外交代表机关、领事机关或者外交授权的其他驻外机关办理。

在国内，定居国外的中国公民的护照延期，由省、自治区、直辖市公安厅（局）及其授权的公安机关出入境管理部门办理；居住国内的公民在出境前的护照延期，由原发证的或者户口所在的公安机关出入境管理部门办理。中华人民共和国旅行证分1年一次有效和2年多次有效两种，由中国驻外国的外交代表机关、领事机关或者外交部授权的其他驻外机关颁发。

(三)出入境通行证

中华人民共和国出境通行证，是入出中国国(边)境的通行证件，由省、自治区、直辖市公安厅(局)及其授权的公安机关签发。这种证件在有效期内一次或者多次入出境有效。一次有效的，在出境时由边防检查站收缴。

公民从事边境贸易、边境旅游服务或者参加边境旅游等情形，可以向公安部委托的县级以上地方人民政府公安机关出入境管理机构申请中华人民共和国出入境通行证。

公民以海员身份出入国境和在国外船舶上从事工作的，应当向交通部委托的海事管理机构申请中华人民共和国海员证。

三、不予签发护照及护照作废的情形

(一)申请人有下列情形之一的，护照签发机关不予签发护照

1. 不具有中华人民共和国国籍的；

2. 无法证明身份的；

3. 在申请过程中弄虚作假的；

4. 被判处刑罚正在服刑的；

5. 人民法院通知有未了结的民事案件不能出境的；

6. 属于刑事案件被告人或者犯罪嫌疑人的；

7. 国务院有关主管部门认为出境后将对国家安全造成危害或者对国家利益造成重大损失的。

(二)申请人有下列情形之一的，护照签发机关自其刑罚执行完毕或者被遣返回国之日起六个月至三年以内不予签发护照

1. 因妨害国(边)境管理受到刑事处罚的；

2. 因非法出境、非法居留、非法就业被遣返回国的。

(三)护照作废的情形

人民法院、人民检察院、公安机关、国家安全机关、行政监察机关因办理案件需要，可以依法扣押案件当事人的护照。案件当事人拒不交出护照的，前款规定的国家机关可以提请护照签发机关宣布案件当事人的护照作废。

护照持有人丧失中华人民共和国国籍，或者护照遗失、被盗等情形，由护照签发机关宣布该护照作废。

伪造、变造、骗取或者被签发机关宣布作废的护照无效。

四、法律责任

(一)弄虚作假骗取护照的，由护照签发机关收缴护照或者宣布护照作废；由公安机关处二千元以上五千元以下罚款；构成犯罪的，依法追究刑事责任。

(二)为他人提供伪造、变造的护照，或者出售护照的，依法追究刑事责任；尚不够刑事处罚的，由公安机关没收违法所得，处十日以上十五日以下拘留，并处二千元以上五千元以下罚款；非法护照及其印制设备由公安机关收缴。

(三)持用伪造或者变造的护照或者冒用他人护照出入国(边)境的，由公安机关依照出境入境管理的法律规定予以处罚；非法护照由公安机关收缴。

(四)护照签发机关工作人员在办理护照过程中有下列行为之一的，依法给予行政

处分；构成犯罪的，依法追究刑事责任

1. 应当受理而不予受理的；

2. 无正当理由不在法定期限内签发的；

3. 超出国家规定标准收取费用的；

4. 向申请人索取或者收受贿赂的；

5. 泄露因制作、签发护照而知悉的公民个人信息，侵害公民合法权益的；

6. 滥用职权、玩忽职守、徇私舞弊的其他行为。

第二节　外国人出入境管理法

一、外国人入出境管理法的宗旨及要求

1985年11月22日，全国人大常委会通过了《中华人民共和国外国人出入境管理法》；1994年7月15日，公安部、外交部发布了《中华人民共和国外国人出入境管理法实施细则》。《中华人民共和国外国人出入境管理法》，以维护中华人民共和国的主权、安全和社会秩序，有利于发展国际交往为宗旨。外国人入、出、通过中华人民共和国国境和在中国居留、旅行，适用该法。

二、对外国人入境的要求

(一)外国人入境、过境和在中国境内居留，必须经中国政府主管机关许可。

(二)外国人入境、出境、过境必须从对外国人开放的或者指定的口岸通行，接受边防检查机关的检查。外国的交通工具入境、出境、过境，必须从对外国人开放的或者指定的口岸通行，接受边防检查机关的检查和监护。

(三)中国政府保护在中国境内的外国人的合法权利和利益。外国人的人身自由不受侵犯，非经人民检察院批准或者决定或者人民法院决定，并由公安机关或者国家安全机关执行，不受逮捕。

(四)外国人在中国境内，必须遵守中国法律，不得危害中国国家安全、损害社会公共利益、破坏社会公共秩序。

三、外国人入出境管理机关及其职责

中国政府在国外受理外国人入境、过境申请的机关，是中国的外交代表机关、领事机关和外交部授权的其他驻外机关。

中国政府在国内受理外国人入境、过境、居留、旅行申请的机关，是公安部、公安部授权的地方公安机关和外交部、外交部授权的地方外事部门。

外国人入出境管理机关的职责主要包括：

(一)受理外国人入境、过境、居留、旅行申请的机关有权拒发签证、证件；对已经发出的签证、证件，有权吊销或者宣布作废。

(二)公安部和外交部在必要时，可以改变各自授权的机关所作出的决定。

(三)对非法入境、非法居留的外国人，县级以上公安机关可以拘留审查、监视居住或者遣送出境。

(四)县级以上公安机关外事民警在执行任务时，有权查验外国人的护照和其他证

件。外事民警查验时，应当出示自己的工作证件，有关组织或者个人有协助的责任。

四、签证

一国外交、领事、公安机关或有上述机关授权的其他机关，根据外国人要求入境的申请，依照有关规定在其所持证件(护照等)上签注、盖印，表示准其出入本国国境或过境手续。签证手续，实际上是一个实施有条件准许入境的措施。根据证件持有人是否享有外交特权和优遇，分别给予外交、礼遇、公务或者普通签证；根据需要的次数和时间限制，分为长期、短期签证，一般是一次出入境有效。有些国家为加强友好往来，在互惠的基础上，互免签证手续，也有许多双边条约，规定互免签证手续，旅游者在申请办理护照后，应申请所去国和中途经过或停留国家在其有效证件上签证。

中华人民共和国签证是中国公民和外国人出、入、通过中国国境的许可证明。颁发签证的机关，在国内是外交部和外交部、公安部授权的机关；在国外是中国的外交代表机关、领事机关和外交部授权的机关。

我国签证的法律依据是《中华人民共和国外国人入境出境管理法》及其实施细则、《中华人民共和国护照签证条例》、中国政府同外国签订的各种签证协议(定)及其他有关规定。

中国签证分外交签证、礼遇签证、公务签证或普通签证。其中，普通签证分为八种，分别用汉语拼音字母表示：

1. D字签证发给来中国定居的人员；

2. L字签证发给前来中国旅游、探亲或因其他私人事务来华的外国公民。其中9人以上组团来中国的，可以发给团体签证；

3. F字签证发给应邀来中国访问、考察、讲学、经商、进行科技文化交流，以及短期进修、实习等活动不超过六个月的人员；

4. Z字签证发给来中国任职或者就业的人员及其随行家属；

5. X字签证发给来中国留学、进修、实习6个月以上的外国公民；

6. 工作签证(Z字签证)：发给来中国任职或就业的人员及其随行家属，以及来华进行商业演出的外国公民；

7. 过境签证(G字签证)：发给经中国过境前往第三国的外国公民；

8. J-1字签证发给来中国常驻的外国记者，J-2字签证发给临时来中国采访的外国记者。

中国签证机关依据有关法律，并根据外国人的身份、来华目的，并参照护照种类，决定发给何种签证。

五、住宿登记管理

(一)外国人在宾馆、饭店、旅店、招待所、学校等企业、事业单位或者机关、团体及其他中国机构内住宿，应当出示有效护照或者居留证件，并填写临时住宿登记表。在非开放地区住宿还要出示旅行证。

(二)外国人在中国居民家中住宿，在城镇的，须于抵达后24小时内，由留宿人或者本人持住宿人的护照、证件和留宿的人户口簿到当地公安机关申报，填写临时住宿登记表；在农村的，抵达的72小时内向当地派出所或者户籍办公室申报。

（三）外国人在中国的外国机构内或者在中国的外国人家中住宿，须于住宿人抵达后 24 小时内，由留宿机构、留宿人或者本人持住宿人的护照或者居留证件，向当地公安机关申报，并填写临时住宿登记表。

（四）长期在中国居留的外国人离开自己的住所临时在其他地方住宿，应当按以上三条规定申报住宿登记。

（五）外国人在移动性住宿工具内临时住宿，须于 24 小时内向当地公安机关申报。为外国人的移动性住宿工具提供场地的机构或者个人，应于 24 小时前向当地公安机关申报。

六、处罚

违反《中华人民共和国外国人出入境管理法》规定，非法入境、出境的，在中国境内非法居留或者停留的，未持有效旅行证件前往不对外国人开放的地区旅行的，伪造、涂改、冒有、转让入境、出境证件的，县级以上公安机关可以处以警告、罚款或者十日以下的拘留处罚；情节严重，构成犯罪的，依法追究刑事责任。

具体规定如下：

（一）对非法入出中国国境的外国人，可以处 1000 元以上、10000 元以下的罚款，或者处 3 日以上、10 日以下的拘留，也可以并处限期出境或者驱逐出境；情节严重构成犯罪的，依法追究刑事责任。

（二）未经批准前往不对外国人开放地区旅行的外国人，可以处警告或者 500 元以下的罚款；情节严重的，并处限期出境。

（三）对伪造、涂改、冒用、转让、买卖签证证件的外国人，在吊销或者收缴原签证证件并没收非法所得的同时，可以处 1000 元以上、10000 元以下的罚款，或者处 3 日以上、10 日以下的拘留，也可以并处限期出境；情节严重，构成犯罪的，依法追究刑事责任。

（四）不办理住宿登记或者不向公安机关申报登记或者留宿未持有效证件外国人的责任者，可以处警告或者 50 元以上、500 元以下的罚款。

受公安机关罚款或者拘留处罚的外国人，对处罚不服的，在接到通知之日起十五日内，可以向上一级公安机关提出申诉，由上一级公安机关作出最后的裁决，也可以直接向当地人民法院提起诉讼。

第三节　航空运输管理法规

一、中国民用航空法概述

为维护国家的领空主权和民用航空权利，保障民用航空活动和有序的进行，保护民用航空活动当事人各方的合法权益，促进航空事业的发展，1995 年 10 月 30 日第八届人大常委会第十六次会议通过了《中华人民共和国民用航空法》，该法自 1996 年 3 月 1 日起施行。

二、民用航空经营准则及禁运规定

（一）公共航空运输企业应当以保证飞行安全和航班正常、提供良好服务为准则，采取有效措施，提高运输服务质量。

(二)民用航空禁运规定

1. 公共航空运输企业不得运输法律、行政法规规定的禁运物品。禁止旅客随身携带法律、行政法规规定的禁运物品乘坐民用航空器；禁止旅客随身携带危险品乘坐民用航空器(因执行公务按照国家规定经批准的除外)；禁止旅客携带枪支、管制刀具乘坐民用航空器；禁止违反国务院民用航空主管部门的规定将危险品作为行李托运。

2. 我国法律规定的禁运物品、危险品。

法律规定的禁运：物品是指毒品、黄色淫秽音像制品或图片、伪钞等。危险品是指对运输安全构成威胁的易燃、易爆、剧毒、易腐蚀、易污染和放射性物品。

3. 公共航空运输企业不得运输拒绝接受安全检查的旅客，不得违反国家规定运输未经安全检查的行李。

4. 自 2007 年 5 月日起，旅客携带液态物品乘机受到严格限制，这是中国民用航空总局为确保航空安全参照国际民航组织的标准采取的措施。

乘坐民用航空器的旅客及其所携带的行李物品，必须接受边防、海关、检疫等部门的检查。但是，应当避免不必要的延误。

三、旅客运输凭证

《中华人民共和国民用航空法》规定：承运人运送旅客，应当出具客票。旅客乘坐民用航空器，应当交验有效客票。承运人同意旅客不经其出票而乘坐民用航空器的，承运人无权援用法定的赔偿责任限额。

客票分为纸制客票和电子客票。“电子客票”，有时也叫“无纸化客票”。购买电子客票比纸制客票更方便，比邮寄纸质客票风险更小，在旅行前或旅行期间不会丢失或被偷窃。然而，为了证明旅客的订座和票价，旅客应该保留一张电脑生成的行程单。除此之外旅客还应写下确认号码作为订座证明。

电子客票行程单，作为旅客购买电子客票的付款凭证或报销凭证，同时具备提示旅客行程的作用。行程单采用一人一票制，不作为机场办理乘机手续和安全检查的必要凭证使用。任何单位和个人不得转让、转借《行程单》，不得擅自扩大《行程单》的使用范围。

旅客发生退票或其他变更导致票价金额与原客票不符时，若已打印《行程单》，应将原《行程单》收回，方能为其办理有关手续。

四、行李运输凭证(行李票)

行李票是行李托运和运输合同的初步证据。行李，是指一位旅客的与其旅程有关的，穿、用舒适与方便所必须的适当的物品，以及其他个人财物。除另有规定外，行李包括旅客托运行李和旅客自带行李。

(一)承运人有出具行李票的义务

承运人运载托运行李(登记行李)，应当向旅客出具行李票。承运人载运旅客自带行李无需出具行李票。

(二)行李票的形式

承运人载运托运行李时出具的行李票，可以包含在客票之内(指承运人所出具的运输凭证名称为客票，其中有行李栏目可供填写有关行李票应包含的内容)，也可与客票相结合(指承运人所出具的运输凭证名称为“客票行李票”)。

(三)行李票的内容

行李票的内容主要包括：托运行李的件数和重量；需要声明托运行李在目的地点交付时的利益的，注明声明金额。

(四)行李票的性质

行李票是行李托运和运输合同条件的初步证据，而不是最终证据。发生下列情形时，托运行李运输合同的存在或有效不受影响：

1. 旅客未能出示行李票。即旅客虽然托运了行李，但由于某种原因无法向承运人出示行李票，承运人经查对核实旅行社确已将行李托运，运输合同仍然存在并有效。

2. 承运人出具的行李票。不符合规定(指行李票未载明应当载明的内容)。在这种情况下，不影响运输合同的存在或有效。

3. 行李票遗失。承运人已向旅客出具了行李票，但行李票遗失，不影响运输合同的存在或有效。

五、承运人对旅客的责任

因发生在民用航空器上或者在旅客上、下民用航空器过程中的事件，造成旅客人身伤亡的，承运人应当承担责任；但是，旅客的人身伤亡完全是由于旅客本人的健康状况造成的，承运人不承担责任。

具体规定如下：

(一)承运人对因发生在民用航空器上或者在旅客上、下民用航空器过程中的事件，造成的旅客人身伤亡承担责任

1. 承运人承担民事责任的对象是旅客，因为旅客是与承运人签订了航空运输合同而被运输的人，而不是旅客以外的其他人。通常情况下，旅客即是运输客票的持票人；但承运人同意某人不经其出票而登机时，该乘机人员虽不持有客票但仍是旅客。承运人仅对发生在民用航空器上或者在其上下民用航空器过程中的事件造成的旅客人身伤亡承担责任。

2. 承运人承担民事责任的范围仅限于旅客的人身伤亡，即旅客的死亡或肉体上的伤害，而不包括旅客精神上的痛苦，也不包括因旅客的死亡或受伤给他人造成的精神痛苦。

3. 承运人承担民事责任的前提条件是旅客的人身死亡是因发生在民用航空器上或者在其上下民用航空器过程中的事件造成的，而这一事件与旅客的人身伤亡存在着因果联系。这里所称的“事件”，是指发生在民用航空器上或者发生在旅客上下民用航空器过程中，与航空运输操作或者航空运输服务有关的，造成旅客人身伤亡的任何事情，既包括航空运输过程中发生的航空事故如飞机坠毁；也包括尚未构成事故的航空事件，如空中颠簸；还包括与航空运输风险无关的事件，如某旅客在飞机上被劫机者杀害，又如因承运人的受雇人或代理人的不当行为而引起的旅客受伤。

4. 承运人的责任期间是“在民用航空器上或者在旅客上、下民用航空器的过程中”。凡在该期间以外造成旅客人身伤亡的承运人不承担责任。

(二)对完全是由于旅客本人的健康状况即旅客的疾病而造成的旅客人身伤亡，承运人不承担责任

(三)对部分由旅客本人的健康状况造成的旅客人身伤亡，承运人应当承担责任，例如，某旅客患有心脏病，飞行中飞机发生剧烈颠簸使该客人摔倒，并病发身亡。这种情况下承运人应对该旅客的死亡承担责任

六、承运人对旅客随身携带物品的责任

《中华人民共和国民用航空法》规定："因发生在民用航空器上或者在旅客上、下民用航空器过程中的事件，造成旅客随身携带物品毁灭、遗失或者损坏的，承运人应当承担责任"。"旅客随身携带物品的毁灭、遗失或者损坏完全是由于行李即该随身携带物品本身的自然属性、质量或者缺陷造成的，承运人不承担责任"。

上述规定是关于承运人对旅客随身携带行李的责任的规定，其含义如下：

(一)承运人应当对因发生在航空器上或者旅客上、下民用航空器过程中的事件造成的旅客随身携带物品的毁灭、遗失或者损坏承担责任。

(二)旅客随携带物品的毁灭、遗失或者损坏完全是由于行李本身的自然属性、质量或缺陷造成的，承运人不承担责任。因为这些情况的发生一方面与飞机的航行活动无关，另一方面也是承运人无法预料、无法防范的。

(三)对部分因旅客随身携带物品的自然属性、质量或者缺陷造成该物品的毁灭、遗失或者损坏，承运人仍应承担责任。

第四节　铁路运输管理法规

《中华人民共和国铁路法》于1990年9月7日第七届全国人大常委会第十五次会议通过。1991年5月1日起施行。这是我国在规范铁路运输方面的基本法律。1997年10月5日铁道部又发布了《铁路旅客运输规程》，对铁路运输中各方的权利义务作了更加具体的规定。

一、铁路运输部门的义务

《中华人民共和国铁路法》第五条规定："铁路运输企业必须坚持社会主义经营方向和为人民服务的宗旨，改善经营管理，切实改革路风，提高运输服务质量"。

铁路运输企业的义务：就是为旅客、托运人和收货人提供运输服务。铁路运输企业应当不断改革铁路的服务方式，提高服务质量，加强企业管理，真正做到优质、高效、全面地为旅客、托运人和收货人提供各种运输服务活动。

《中华人民共和国铁路法》规定："铁路运输企业应当保证旅客和货物运输的安全，做到列车正点到达"具体要求是：

(一)必须保证旅客的乘车安全。旅客旅行是从一地到另一地，在旅行过程中安全是旅客的第一需要。铁路承运人在运送旅客过程中必须把保证旅客的生命财产安全放在首位，确保旅客列车的运行安全。

(二)保证货物、行李的安全和完好。托运人托运货物、行李是实现上述物品的位移，铁路运输企业运送上述物品的主要义务是要保证这些物品的完整和安全。

（三）保证列车安全正点到达目的地。安全正点是铁路运输企业提供运输服务的基本义务之一。保证正点到达目的站，是指旅客列车必须按列车运行图规定的时间开出始发站和到达目的站。如果铁路不能按照规定的时间及时发车和到达旅行目的站，则势必打乱旅客的旅行计划，使旅客的精神上、物质上受到损失。因此，作为运输企业应当提高铁路运输的正点率。

二、铁路运输合同

铁路运输合同是明确运输企业与旅客、托运人之间权利义务关系的协议。旅客车票、行李票、包裹票和货物运单是铁路运输合同或者合同的组成部分。据此明确了彼此的权利义务。

《中华人民共和国铁路法》规定："铁路运输企业应当保证旅客按车票载明的日期、车次乘车，并到达目的站。因铁路运输企业的责任造成旅游不能按车票载明的日期、车次乘车的，铁路运输企业应当按照旅客的要求，退还全部票款或者安排改乘到达相同目的站的其他列车"。

旅客旅行的基本目的就是要到达旅行目的地。旅客到铁路车站购买车票，向铁路运输企业提出具体的车次、时间到站，铁路运输企业按照旅客的要求售给相应的车票，铁路旅客运输合同即告成立。旅客凭车票有权要求铁路运输企业按照票面载明的日期、车次及时安排旅行。铁路运输企业也有义务按照票面的规定，组织旅客旅行，并为乘客提供条件，把旅客及时运送到旅行目的地。

由于客观情况的变化，有时旅客并不能按时乘车。从实际看，这种情况的发生主要是由两个方面的原因所致：一是旅客自身的原因，如情况发生变化、放弃或改变了旅行计划，也可能是由于各方面的原因，发生了误车等情况；二是铁路运输企业的原因，如列车晚点、车次取消等。这两种情况的法律责任是不同的。

（一）旅客违约责任

由于旅客自身的原因，造成不能及时乘车的法律后果应当由旅客自己负责，铁路运输企业不承担法律责任。但是，旅客可以按照铁路企业的规定，办理退票或改乘其他列车手续，并缴纳规定的退票或改乘的签证费用。旅客退票实际上是向铁路运输企业提出解除铁路运输合同的请求，铁路运输企业按照旅客的要求办理了退票手续，则双方之间的合同即告解除。由于是旅客单方解约，则应向铁路交纳违约费用，即所谓"退票费"。旅客要求办理改乘手续，实际上是向铁路运输企业提出变更合同的请求，铁路运输企业按照旅客的要求改签了旅客车票的乘车车次、日期，则是与旅客之间成立了新的旅客运输合同，双方当事人应当按照改签后的合同履行各自的权利和义务。在变更合同的情况下，旅客也应承担相应的法律责任，即向铁路支付签证费以及其他规定的手续费。

旅客要求退票时，按下列规定办理，核收退票费：

1. 在发站开车前，特殊情况也可以在开车后 2 小时内，退还全部票价。团体旅客必须在开车 48 小时以前办理。

2. 旅客开始旅行后不能退票。但如因伤、病不能继续旅行时，经站、车证实，可退还已收票价与已乘区间票价差额。已乘区间不足起码里程时，按起码里程计算；同行人同样办理。

3. 退还带有“行李”字戳迹的车票时，应先办理行李变更手续。

4. 站台票售出不退。

(二)铁路运输企业违约责任

由于铁路运输企业的原因而造成旅客不能按照车票载明日期、车次乘车的，铁路运输企业应当承担法律责任，即退还全部票款或安排改乘到达相同目的的站的其他列车。在这种情况下，旅客改乘列车，铁路运输企业不得收取任何费用。

上述法律规定是要求铁路运输合同双方当事人都有应当信守合同，按照合同约定履行义务，无论是哪一方违反合同、不履行合同义务，都要承担相应的法律责任。

三、旅客乘车条件的规定

《铁路法》规定：“旅客乘车应当持有效车票，对无票乘车或者持失效车票乘车的，应当补收票款，并按照规定加收票款；拒不交付的，铁路运输企业可以责令其下车”。

旅客乘车旅行必须具备的条件是应当持有效车票。所谓“有效车票”，是指铁路车站出售的、有规定的乘车期限、上下车站和乘车，旅客持失效车票或者无票乘车，实际上是一种侵害铁路运输企业合法权益的行为。依照我国民法规定，实施侵权行为的加害人，应当承担相应的法律责任。

从实际情况看，旅客无票乘车的原因是多种多样的。例如，有的旅客有紧急事务而来不及购买车票，有的旅客是家中有急事而临时要求乘车。这些情况，如果是经列车长同意上车的，则可以视为同意的。对于未经列车长允许、旅客自己上车的，旅客则应承担相应的责任，即除补收票款外，还需加收票款及有关手续费。

四、铁路旅客运输损害赔偿的规定

铁路旅客运输损害赔偿的规定

(一)《中华人民共和国铁路法》规定：铁路运输企业应当对承运的货物、包裹、行李自接受承运时起到交付时止的灭失、短少、变质、污染或者损坏，承担赔偿责任：

1. 托运人或者旅客根据自愿申请办理保价运输的，按照实际损失赔偿。但最高不超过保价额。

2. 未按保价运输承运的，按照实际损失赔偿，但最高不超过国务院铁路主管部门规定的赔偿限额，如果损失是由于铁路运输企业的故意或者重大过失造成的，不适用赔偿限额的规定，按照实际损失赔偿。

(二)托运人或者旅客根据自愿可以向保险公司办理货物运输保险，保险公司按照保险合同的约定承担赔偿责任。托运人或者旅客根据自愿，可以办理保价运输，也可以办理货物运输保险；还可以既不办理保价运输或者货物运输保险。

1. 限额赔偿，是指在发生铁路责任赔偿事故时，铁路运输企业按照实际责任赔偿，但最高不超过国务院铁路主管部门规定的限额；如果实际损失低于限额，则按实际损失赔偿。

2. 保价运输，是指旅客、托运人在托运货物、行李和包裹时，可以按照货物、行李和包裹的实际价值向铁路运输企业申明价格，并按照申明的价格支付相应的运输费用，在发生物品损坏时，铁路按照申明的价格进行赔偿。保价运输是针对限额赔偿而规定的一种法律制度，因为在铁路运输中实行限额赔偿制度仅仅是保护了承运人的利益，对于广大货主或托运人来说，限额赔偿不能满足其对赔偿的要求，这对托运人来说是不公平的。为了保障托运人的利益和在铁路运输中贯彻我国民法的公平原则，法律不仅规定了限额赔偿，保护铁路运输企业的合法权益，而且也给托运人要求得到金额赔偿以一条出路，这就是保价运输。

3. 货物运输保险，是指托运人与保险公司之间的有关保险权义务的协议，则托运货物时，可以向保险公司提出办理运输保险。

（三）为了明确铁路运输企业对旅客的赔偿并维护旅客的合法权益，1994 年 8 月 30 日，经国务院批准，铁道部发布了《铁路旅客运输损害赔偿规定》：为加强铁路交通事故的应急救援工作，规范铁路交通事故调查处理，减少人员伤亡和财产损失，保障铁路运输安全和畅通，根据《中华人民共和国铁路法》和其他有关法律的规定，制定《铁路交通事故应急救援和调查处理条例》自 2007 年 9 月 1 日起施行。1979 年 7 月 16 日国务院批准发布的《火车与其他车辆碰撞和铁路路外人员伤亡事故处理暂行规定》和 1994 年 8 月 13 日国务院批准发布的《铁路旅客运输损害赔偿规定》同时废止。

《铁路交通事故应急救援和调查处理条例》主要内容如下：

1. 事故造成人身伤亡的，铁路运输企业应当承担赔偿责任；但是人身伤亡是不可抗力或者受害人自身原因造成的，铁路运输企业不承担赔偿责任。违章通过平交道口或者人行过道，或者在铁路线路上行走、坐卧造成的人身伤亡，属于受害人自身的原因造成的人身伤亡。

2. 事故造成铁路旅客人身伤亡和自带行李损失的，铁路运输企业对每名铁路旅客人身伤亡的赔偿责任限额为人民币 15 万元，对每名铁路旅客自带行李损失的赔偿责任限额为人民币 2000 元。铁路运输企业与铁路旅客可以书面约定高于前款规定的赔偿责任限额。

3. 事故当事人对事故损害赔偿有争议的，可以通过协商解决，或者请求组织事故调查组的机关或者铁路管理机构组织调解，也可以直接向人民法院提起民事诉讼。

>>> 典型案例

1. 一天上午，天津出入境边防检查站在办理巴拿马籍“天仁”轮旅客的出境边检手续时，发现一名朝鲜族女旅客金某所持用的护照已经过期，但护照上的韩国签证还在有效期内，遂对其做出不准出境的处理。由于金某对我国有关边检法律法规知识不甚了解，本以为签证有效就可以出境，不想被阻出境。经边检民警耐心说明情况，告知其需重新办理护照延期手续，金某最终决定返回原籍。

天津出入境边防检查站在此提醒广大出入境人员，出入境必须持用有效的出入境证件。有效的出入境证件是指证件本身即证件上的所有资料内容及证件上面的签证、签注等信息均真实有效。

2. 报废护照被剪角，有效签证受损坏

导游王女士负责带领中国游客赴韩国旅游，日前，当她再次带领近 30 人准备从北京口岸前往韩国首尔旅游时，却被北京边检警方告知不能出境。原来，频繁出入境的王女士第一本护照已经用完，后换领了新护照，其 5 年期的韩国签证仍然保留在旧护照上，由于旧护照已经作废，整本旧护照被做剪角处理，王女士有效的韩国签证也遭到损坏。按照出入境规定，被损坏的签证被认定为无效，所以王女士只能眼巴巴看着旅客们走出国门，自己却被阻挡在国门线上。

温馨提示：换领护照前要注意以下两个问题：旧护照上是否存在有效的签证？此次出国要用的签证在新护照上还是在旧护照上？

>>> 复习思考题

1. 什么是护照？
2. 不予签发护照及护照作废的情形有哪些？
3. 签证的种类有哪些？
4. 民用航空的禁运规定有哪些？

第六章　旅游饭店管理法规

>>> 课前导读

旅游饭店是旅游业中的支柱产业之一，是旅游业中的核心产品，与旅行社和旅游交通并称旅游业的三大支柱。本章系统介绍了旅游饭店的特点、功能与国内外饭店的发展现状，阐述了开办饭店所应当遵守的法规和应当承担的责任，并对旅游饭店星级评定的方法和所遵循的标准进行了系统论述，以及对旅游饭店的治安和消防管理进行了综合评析与介绍。

>>> 学习目标

1. 了解旅游饭店的概念、功能、特点与发展现状。
2. 熟悉旅游星级饭店的评定标准与实施细则。
3. 掌握旅游星级饭店的治安和消防管理的法规责任。

第一节　旅游饭店概述

一、饭店的含义与特点

(一)饭店的含义

对饭店或饭店一词的解释可追溯到一千年以前，早在1800年《国际词典》中写到：饭店是为大众准备住宿、饮食与服务的一种建筑或场所；一般来说就是给宾客提供歇宿和饮食的场所。具体地说饭店是以它的建筑物为凭证，通过出租客房、餐饮及综合服务设施向客人提供服务而获得经济收益的组织。饭店一词起源于法语，原意是指中世纪时候法国贵族在远离城市的乡下招待贵宾的别墅。目前，饭店已经有了其国际性的定义，该含义已经发生深刻的变化。国外的相关权威词典为饭店一词下的定义如下：

《利尔百科全书》——饭店一般地说是为公众提供住宿、膳食和服务的建筑与机构。

《大不列颠百科全书》——饭店是在商业性的基础上向公众提供住宿也往往提供膳食的建筑物。

《美利坚百科全书》——饭店是装备完好的公共住宿设施，它一般都提供膳食、酒类以及其他服务。

《牛津插图英语辞典》——饭店是提供住宿、膳食等而收费的住所。

在我国，饭店是指经政府部门批准，通过运用土地、资金、设备、技术及劳动力等生产要素，从事饭店服务产品的生产和销售活动，在满足宾客住宿、旅游、探亲和各种社交活动需要的基础上获取社会效益和经济效益为目的的服务企业。我国的饭店含义比较广泛，通常意义上还包含饭店、宾馆、旅社、旅馆、山庄、度假村、俱乐部、招待所、大厦、中心等，其功能是以住宿接待为主，并且这也是其区别于其它服务企业的主要特点。随着现代交通业的急速发展，如铁路、高速公路、航运，特别是航空事业发展的日新月异，使得人们的地理距离也日渐变小，这就为外出旅游、探亲、文化交流、经商等旅行活动提供了极大的便利。人们出外要留宿、要进餐、要娱乐、要购物，饭店正好为他们提供了这样的方便，给他们以满足。随着世界旅游业发展及国际交往的增多，饭店业在国民经济中的地位日趋重要，在一些旅游业发达的国家，它已成为国民经济中的重要支柱。

从上述的定义，不难看出，作为饭店必须同时具备以下四个条件：

1. 它是由建筑物及装备完好的设施组成的接待场所；

2. 它必须提供住宿、餐饮及其他服务；

3. 它的服务对象是公众，主要是外地旅游者，同时也包括本地居民，既包括某些其他特殊身份或阶层的人，也包括广大的普通消费者；

4. 它是商业性的服务企业，以营利为目的，所以其使用者一定要支付一定的费用。

饭店是一个以提供服务为主的综合性企业，其利用必要的生产要素从事生产进行销售并创造经济和社会价值的社会基本经济组织。由此可以看出，旅游饭店是指能够以所拥有的劳动要素向游客提供配有餐饮及相关服务的住宿设施，也是以独立有形的经营设备和无形服务为凭借，具有独立运作能力的经济实体。

(二)饭店的特点

饭店是有其独特经营规律的社会经济组织，它提供给社会的产品以无形的服务为其主体，配合食宿设施为辅助，这一点与其他工农金融企业是有区别的。饭店产品作为一种特殊的商品，主要表现在它的高额建筑和经营成本、产品的无形性、不可储存性、生产与销售的共时性、空间的不可转移性和销量的季节性波动性。

1. 高额的建筑和经营成本

饭店往往是大型建筑体或建筑综合体，其前期投资可想而知是非常巨大的，加上其经营性质需要，属于资本密集型和劳动密集型企业。

2. 产品的无形性

这里主要指饭店服务的无形性，其体现出来的劳动是非物质化、非数量化的。其质量是靠宾客在实际被服务过程中现场体会的，不可能有检验和试用的过程。一次性服务会决定宾客对饭店的态度，所以饭店从业人员必须要对消费者的心理有着良好的了解，掌握必要的推销手段。

3. 不可储存性

饭店的产品具有不可储存的特点，也被称之为易逝性，就像航班的空机位一样，不能保留其价值，也不可能将其价值储存起来待以后销售。特别是指饭店的客房在出租的时候才有它的价值，一间房少出租一天则意味着它这一天的价值就消失了，不会像其他的商品那样价值保持不变，这是饭店客房与其他商品最大的不同。

4. 生产与销售的共时性

饭店生产和销售产品的方式与其它企业的产品不同，其产品的生产和销售过程是同时或几乎同时进行，不像其它实物产品的生产那样可以分离进行。这是因为饭店的产品生产和销售取决于消费者的需要，而消费者与生产者必须直接接触才可完成产品的售出。

5. 空间的不可转移性

饭店产品的生产销售有赖于其固定场所进行，这也是饭店产品市场的一个局限性。饭店无法将其产品做空间上的转移来换得其价值的实现。例如上海世博会需要大量的饭店客房进行接待，但是其不能将客人安排到北京的饭店里进行住宿。

6. 销量的季节性波动性

饭店与其它的旅游产品有一个非常显著的特征，即销售量随着季节变化，甚至是一天之内都会有显著差异，这种季节性或时间上的波动性对饭店经营来说影响巨大而深远。饭店不能像航空公司一样根据销量调整运力，因为饭店的位置和客房供应量总是固定的。

二、饭店的在当今社会的作用

(一)提供社交场所

随着社会发展，政治、经济、文化诸方面的进步，人们与外界联络的要求也逐步提高，对外交往日益繁荣。经济文化方面的交流将会产生广泛的社会交往活动，饭店无疑为这种需要提供了广泛的平台和场所。

(二)提供大量就业机会

作为社会上劳动密集型企业的代表，饭店业将会吸纳大量社会劳动力参与饭店经营和服务。一家中等规模的拥有 300 间客房以上的饭店可以为社会提供 500－600 个直接就业机会，通过饭店物品、设备、原料和各种供应行业的往来，又可以创造大量的间接就业机会。在当今社会日益加剧的就业压力的背景下，饭店可以起到有效缓解就业压力的作用，有助于保障和谐社会的发展。

(三)作为消费方式的转变

作为社会上主流消费方式的集散地，饭店特别是高档饭店的发展在一定意义上影响着社会消费方式和消费结构的发展变化。饭店在改变当地居民的消费意识和消费习惯的问题上，起着不可替代的作用，并且也为消费方式的改变提供着重要的消费和实践场所。

(四)作为涉外窗口

饭店因其设备、设施档次较高，服务设施和项目较齐全，服务质量较好，可以为广大的国外客人提供全方位的住宿接待服务，从而展示了我国在改革开放政策实施后的发展成果，也成为与国外宾客联络的重要窗口。

第二节　旅游饭店星级评定

旅游饭店是我国旅游住宿业的主体，对我国旅游事业的发展起着重大的作用。随着改革开放的深入，饭店业也由原来的计划经济下的家长式经营向国际化管理的征程上迈进。随着饭店数量的逐年递增，对饭店业发展树立标准的行业规范成了我国饭店业实现饭店管理与国际标准接轨的内在需求。从上世纪八十年代末以来实施的我国饭店业星级评定制度就是其中的一项重要内容。饭店星级评定标准的出现是国际饭店业发展到一定水平的必然产物。新中国成立后饭店业长期处在计划经济的支配下，直到改革开放后，饭店业才开始得到迅速发展，像很多其它国家一样，我国饭店业也在不断制定适合本国国情和发展阶段情况的行业标准或等级标准。

新中国成立之初一直到改革开放前，我国旅游饭店内部没有统一的行业管理标准，总体管理水平处于落后或停滞状态。这与我国当时饭店的设计、建设和管理中存在着标准不统一有着很大的关系。随着社会发展，一个统一健全的饭店等级标准被提上了议事日程。为了使我国饭店业的经营管理与国际水平逐步接轨，为了提升我国饭店业的综合形象，国家旅游局于 1986 年决定把评定饭店星级工作列为工作重点。中国从 1988 年开始推行饭店星级制度。国家旅游局在世界旅游组织专家的指导和协助下，制订并于 1988 年 8 月 22 日颁发了《中华人民共和国评定旅游涉外饭店星级的规定和标准》，同时下发了《关于对全国旅游涉外饭店按五星制评定星级的通知》，于 1988 年 9 月 1 日开始执行。该标准主要包括旅游涉外饭店星级评定的规定和旅游涉外饭店星级标准两大部分内容。国家旅游局率先选取了广东省旅游局和广州市旅游局从 1988 年起开始在广州市进行饭店星级评定试点工作，1989 年 5 月 25 日国家旅游局旅行社饭店管理司发布新闻，公布了首批一至四星级饭店 22 家。从此我国的旅游饭店管理纳入了符合国际饭店等级标准的法制轨道。

1992 年以后，中国饭店业进入了一轮饭店建设的高峰期。为了更好地引导饭店业的健康发展，有必要对现已实行的 1988 年版的星级标准进行修改，以进一步规范饭店的建设和管理。1993 年 9 月 1 日，国家技术监督局正式发布了编号为 GB/T14308－93《旅游涉外饭店星级的划分与评定》的国家标准，于 1993 年 10 月 1 日起执行。《旅游涉外饭店星级的划分与评定》GB/T14308－93 自 1993 年发布以来，对指导与规范旅游饭店的建设与经营管理，促进中国旅游饭店业与国际接轨，发挥了巨大的作用。但随着中国旅游业及饭店业的持续高速发展以及国际旅游业与国内旅游业的不断融合，GB/T14308－93 标准开始显得与现实不相适应。各地饭店在长期经营中由于所处地理位置、宾客来源归属、宾客消费层次及习惯等一系列问题，逐渐形成了各自不同的客源对象和消费层次，同时社会上可替代服务项目及产品不断出现，这就要求饭店应当根据自身客源需求和功能类别，更加自主地选择设置服务项目及其种类和质量。所以，国家旅游局于 1997 年 10 月 16 日首次对(GB/T14308－93)标准进行修订，此次星级标准修订的总体思路是本着对一、二星级饭店的标准基本保持不变的情况下对三、四、五星级饭店在总体档次、客人便利程度和舒适程度不降低的前提下，扩大饭店对自身设备和服务项目的选择空间，饭店可根据自己的客源市场和其他客观条件，在一个相对大的选择范围内自行决定投资哪些设施设备，设立哪些服务项目。

2002 年伊始，随着中国入世的成功和北京 2008 年奥运会的临近，国家旅游局决定再次组织修订饭店业行业星级标准。这次修订的指导思想明确为使中国的饭店星级制度更加贴近饭店业实际，促进饭店管理和服务更加规范化和专业化，使之既符合中国实际又与国际发展趋势保持一致。这次修订的重点是强调饭店管理的专业性、饭店氛围的整体性和饭店产品的舒适性。2003 年 6 月 2 日正式颁布《旅游饭店星级的划分与评定》GB/T14308－2003，新标准从 2003 年 12 月 1 日起实施，2004 年 7 月 1 日起全面推广，并对星级饭店进行全面复核、更换星级标牌。

纵观 03 版的《旅游饭店星级的划分与评定》与 97 版的标准相比有了下列主要的

变化：

一、用“旅游饭店”取代了“旅游涉外饭店”，并按国际惯例明确了旅游饭店的定义。

二、规定了旅游饭店使用星级的有效期为五年，取消了星级终身制，增加了预备星级饭店。

三、明确了星级评定的规程，增加了某些特色突出或极其个性化的饭店可以直接向全国旅游饭店星级评定机构申请星级的内容。

四、借鉴一些国家的做法，增设了“白金五星级”饭店。

五、将一星级饭店客房的最低数量要求由原来的20间改为15间。

六、将原标准三星级以上饭店的选择项目合并，归纳为“综合类别”、“特色类别一”、“特色类别二”和“特色类别三”四大部类，删去了原有部分内容，增加了饭店品牌、总经理资质、环境保护等内容。

七、对四星级以上饭店的核心区域前厅、客房和餐厅强化了要求，增加整体舒适度等内容。

《旅游饭店星级的划分与评定》适用于各种经济性质的旅游饭店，包括宾馆、饭店、度假村等的星级划分及评定。旅游饭店用星级和设色表示旅游饭店的等级。星级划分为五个等级，即一星级、二星级、三星级、四星级、五星级(含白金五星级)。星级越高，表示旅游饭店的档次越高。预备星级作为星级的补充，其等级与星级相同。

星级饭店的等级标准以镀金五角星为符号，星越多等级越高。饭店星级的高低标志着饭店的设计、建筑、装饰、设施设备、服务项目、服务水平和所住店客人的满意程度。凡是在中华人民共和国境内，正式开业一年后的旅游饭店，都可申请参加星级评定，经星级评定机构评定批复后，可以享有五年有效的星级及其标志使用权。开业不足一年的饭店可以申请预备星级，有效期一年。

国家旅游饭店星级评定机构，负责全国旅游饭店的星级评定，并具体负责评定全国四星级、五星级(含白金五星级)旅游饭店。

各省、直辖市、自治区的地方星级评定机构，在国家旅游星级评定机构的领导下，负责本地区旅游饭店的星级评定工作，具体负责评定本地区一星级、二星级、三星级旅游饭店。一、二星级旅游饭店的评定结果报国家旅游饭店星级评定机构备案；三星级旅游饭店评定结果报国家旅游饭店星级评定机构确认，并负责向国家旅游饭店星级评定机构推荐四、五星(含白金五星)级旅游饭店。

实行饭店星级评定制度，是我国饭店业与国际接轨的重要里程碑，它标志着我国饭店业已经走向全面成熟，跨入了国际现代化管理的新阶段。饭店星级评定是国际饭店业通行的惯例，星级制度是国际旅游业中通用的语言。饭店星级标准的实施，使我国旅游饭店业成为率先与国际规范接轨的行业之一。中华人民共和国国家标准——《旅游饭店星级的划分与评定》是一个完整的系统工程，既符合国际标准，又适合中国国情，具有中国特色。

2010年10月18日，国家质量监督检验检疫总局、国家标准化管理委员会发布公告，批准《旅游饭店星级的划分与评定》(GB/T14308－2010)国家标准，自2011年1月1日起实施。纵观新修订版《旅游饭店星级的划分与评定》，其更注重“量化”考核，强调了星级饭店的必备项目、核心产品、绿色环保、应急管理、软件可衡量和特色经营六个方面的要求，对于引导和规范我国饭店业的发展将产生重要作用。新标准不仅设置了星级酒店的硬性和软性达标要求，更将多项令消费者舒适度增加的要求纳入其中。星级饭店质量评定标准，是衡量饭店软硬件服务品质的标尺。经济的飞速发展、人们消费水平和生活水平显著提高，使得高档次的酒店需求量日益增大；而中国巨大的旅游市场潜力吸引着国际酒店品牌纷纷布局，这对于本土酒店来说，借助星级评定，提升服务品质，并通过星级评定进一步彰显品牌特色成为一个重要方向。

【资料链接】　　**饭店星级的划分与评定(GB/T14308－2010)**

1. 范围

本标准规定了旅游饭店星级的划分条件、服务质量和运营规范要求。

本标准适用于正式营业的各种旅游饭店。

2. 引用文件

下列文件中的条款通过本标准的引用而成为本标准的条款。凡是注日期的引用文件，其随后所有的修改单(不包括勘误的内容)或修订版均不适用于本标准。然而，鼓励根据本标准达成协议的各方研究是否可使用这些文件的最新版本。凡是不注日期的引用文件，其最新版本适用于本标准。

GB/T10001.1 标志用公共信息图形符号　第1部分：通用符号

GB/T10001.2 标志用公共信息图形符号　第2部分：旅游设施与服务符号

GB/T10001.4 标志用公共信息图形符号　第4部分：运动健身符号

GB/T10001.9 标志用公共信息图形符号　第9部分：无障碍设施符号

GB/T15566.8 公共信息导向系统　设置原则与要求　第8部分：宾馆和饭店

3. 术语和定义

下列术语和定义适用于本标准。

旅游饭店 tourist hotel。

以间(套)夜为单位出租客房，以住宿服务为主，并提供商务、会议、休闲、度假等相应服务的住宿设施，按不同习惯可能也被称为宾馆、酒店、旅馆、旅社、宾舍、度假村、俱乐部、大厦、中心等。

4. 星级划分及标识

4.1 用星的数量和颜色表示旅游饭店的星级。旅游饭店星级分为五个级别，即一星级、二星级、三星级、四星级、五星级(含白金五星级)。最低为一星级，最高为五星级。星级越高，表示旅游饭店的等级越高。

为方便行文，“星级旅游饭店”简称“星级饭店”。

4.2 星级以镀金五角星为标识，用一颗五角星表示一星级，两颗五角星表示二星级，三颗五角星表示三星级，四颗五角星表示四星级，五颗五角星表示五星级，五颗白金五角星表示白金五星级。

5. 总则

5.1 星级饭店的建筑、附属设施设备、服务项目和运行管理应符合国家现行的安全、消防、卫生、环境保护、劳动合同等有关法律、法规和标准的规定与要求。

5.2 各星级划分的基本条件见附录，各星级应逐项达标。

5.3 星级饭店设备设施的位置、结构、数量、面积、功能、材质、设计、装饰等评价标准。

5.4 星级饭店的服务质量、清洁卫生、维护保养等评价标准见附录。

5.5 一星级、二星级、三星级饭店是有限服务饭店，评定星级时对饭店住宿产品进行重点评价；四星级和五星级(含白金五星级)饭店是完全服务饭店，评定星级时应对饭店产品进行全面评价。

5.6 倡导绿色设计、清洁生产、节能减排、绿色消费的理念。

5.7 星级饭店应增强突发事件应急处置能力，突发事件的应急预案应作为各星级饭店的必备条件。评定星级后，如饭店营运中发生重大安全事故，所属星级将被立即取消，相应星级标识不能继续使用。

5.8 评定星级时不能因为某一区域所有权或经营权的分离，或因为建筑物的分隔而区别对待，饭店内所有区域应达到同一星级的质量标准和管理要求。

5.9 饭店开业一年后可申请评定星级，经相应星级评定机构评定批复后，星级标识使用有效期为三年。三年期满后应进行重新评定。

6. 各星级划分条件

6.1 必备条件

6.1.1 必备项目检查表规定了各星级应具备的硬件设施和服务项目。评定检查时，逐项打“√”确认达标后，再进入后续打分程序。

6.1.2 一星级必备项目。1：二星级必备项目 .2：三星级必备条件 .3：四星级必备项目 .4：五星级必备项目。

6.2 设施设备

6.2.1 设施设备的要求总分 600 分。

6.2.2 一星级、二星级饭店不作要求，三星级、四星级、五星级饭店规定最低得分线：三星级 220 分，四星级 320 分，五星级 420 分。

6.3 饭店运营质量

6.3.1 饭店运营质量的要求总分 600 分。

6.3.2 饭店运营质量的评价内容分为总体要求、前厅、客房、餐饮、其他、公共及后台区域等 6 个大项。评分时按“优”、“良”、“中”、“差”打分并计算得分率。公式为：得分率＝该项目实际得分/该项目标准总分×100％

6.3.3 一星级、二星级饭店不作要求。三星级、四星级、五星级饭店规定最低得分率：三星级 70％，四星级 80％，五星级 85％。

7. 服务质量总体要求

7.1 服务基本原则

7.1.1 对宾客礼貌、热情、亲切、友好，一视同仁。

7.1.2 密切关注并尽量满足宾客的需求，高效率地完成对客服务。

7.1.3 遵守国家法律法规，保护宾客的合法权益。

7.1.4 尊重宾客的信仰与风俗习惯，不损害民族尊严。

7.2 服务基本要求

7.2.1 员工仪容仪表应达到：

a)遵守饭店的仪容仪表规范，端庄、大方、整洁；

b)着工装、佩工牌上岗；

c)服务过程中表情自然、亲切、热情适度，提倡微笑服务。

7.2.2 员工言行举止应达到：

a)语言文明、简洁、清晰，符合礼仪规范；

b)站、坐、行姿符合各岗位的规范与要求，主动服务，有职业风范；

c)以协调适宜的自然语言和身体语言对客服务，让宾客感到尊重舒适；

d)对宾客提出的问题应予耐心解释，不推诿和应付。

7.2.3 员工业务能力与技能应达到掌握相应的业务知识和服务技能，并能熟练运用。

8. 管理要求

8.1 应有员工手册。

8.2 应有饭店组织机构图和部门组织机构图。

8.3 应有完善的规章制度、服务标准、管理规范和操作程序。一项完整的饭店管理规范包括规范的名称、目的、管理职责、项目运作规程(具体包括执行层级、管理对象、方式与频率、管理工作内容)、管理分工、管理程序与考核指标等项目。各项管理制度应适时更新，并保留更新记录。

8.4 应有完善的部门化运作规范。包括管理人员岗位工作说明书、管理人员工作关系表、管理人员工作项目核检表、专门的质量管理文件、工作用表和质量管理记录等内容。

8.5 应有服务和专业技术人员岗位工作说明书，对服务和专业技术人员的岗位要求、任职条件、班次、接受指令与协调渠道、主要工作职责等内容进行书面说明。

8.6 应有服务项目、程序与标准说明书，对每一个服务项目完成的目标、为完成该目标所需要经过的程序，以及各个程序的质量标准进行说明。

8.7 对国家和地方主管部门和强制性标准所要求的特定岗位的技术工作如锅炉、强弱电、消防、食品加工与制作等，应有相应的工作技术标准的书面说明，相应岗位的从业人员应知晓并熟练操作。

8.8 其它可以证明饭店质量管理水平的证书或文件。

9. 安全管理要求

9.1 星级饭店应取得消防等方面的安全许可，确保消防设施的完好和有效运行。

9.2 水、电、气、油、压力容器、管线等设施设备应安全有效运行。

9.3 应严格执行安全管理防控制度，确保安全监控设备的有效运行及人员的责任到位。

9.4 应注重食品加工流程的卫生管理，确保食品安全。

9.5 应制订和完善地震、火灾、食品卫生、公共卫生、治安事件、设施设备突发故障等各项突发事件应急预案。

10. 其他

对于以住宿为主营业务，建筑与装修风格独特，拥有独特客户群体，管理和服务特色鲜明，且业内知名度较高旅游饭店的星级评定，可参照五星级的要求。

第三节 旅游饭店管理法概述

随着我国改革开放的深入和法制意识的有效普及，建立公正合理符合社会发展的法律法规是建设和谐社会的重要内容。随着饭店业的深入发展，建立一定的法律制度规范行业发展也成为当务之急。饭店法做为调整饭店开设、经营中各种法律关系的法律规范，在其调整对象包括饭店与宾客之间起到了维护权利义务关系的重要作用，在饭店和其所接待的非直接顾客之间的权利义务关系上也起到了规范和借鉴作用，也使得饭店与其他经营主体之间以及饭店和管理机关之间的权利义务关系得以明确。当然，饭店法做为民法的一个分支，其内容涉及民法、行政法、刑法等法律，执行起来也需其他执法部门的介入，这也必然导致各国对饭店的立法体例与执行力度上不甚统一。如何完善饭店法的相关内容和条例，如何保障饭店法的统一落实与执行，将是我国饭店业面临的另一任务。

一、饭店法规的由来

(一)国际饭店法规的发展

最早为饭店立法的国家是中世纪的英国，至今已有五百多年的历史。在西方发达国家国的法律百科全书中，都有“饭店法”这一条目，详细论述旅客同饭店、餐厅之间有关接待、服务、人身以及财产安全等方面的权利义务等关系。如今国际上还没有统一的国际公认的权威性的饭店立法机构来处理国际饭店业纠纷。一般说来，通常都是按照现行的国际饭店法律规范的公约、条约、协定等来进行处理。此类公约等法律约定按其参加缔约协商国数量的多少，可以分为双边和多边条约、公约、协定等，其适用范围仅限于缔约国和承认的国家，不涉及其他国家，对其他国家也没有约束力。饭店业发达的国家还有大量关于饭店法的判例和单行法规适用于本国饭店业的法律纠纷的处理。从各国立法上看，对饭店业的专门性的立法并不多见也不尽详细，尤其在确认饭店和宾客之间的权利义务关系的问题上，主要借助于适用的相关民法规定来进行调节和判决。

值得一提的是国际饭店协会(IHRA)于1981年在英国批准了《国际饭店法》，并获得了国际饭店业的普遍承认，并在现今社会中作为处理国际饭店法律纠纷的一个范本在广泛使用。该法在宗旨中写明，“法规可作为各国有关饭店住宿契约立法的辅助性条款”。

(二)我国饭店法规的发展

饭店业在我国虽然发展迅速，但目前有关饭店业的立法并不完善。在我国，饭店法的来源主要是依据我国宪法、行政法规、行政规章、地方性法规、民族自治法规和经济特区的特定规范性文件来定制，例如《中华人民共和国食品卫生法》、《中华人民共和国合同法》、《旅馆业治安管理办法》、《北京市旅游涉外饭店管理试行办法》等。由于缺乏专门性的规定，在实践中只能适用《合同法》和《民法通则》中“民事责任”的一般性规定。然而，饭店的法律纠纷有自己的特点，没有专门性的法律规定和处理办法，则会对实际案件的处理造成很大的障碍。除了民法之外，对饭店规定较多的就是行政法方面的内容，如《旅馆业治安管理办法》。国家旅游行政管理部门还出台了一系列技术标准，例如《旅游涉外饭店星级标准》，但此类标准的强制性有一定限制。

其次我国饭店法还受国家政策影响比较大，成为其非正式渊源之一。在没有现成法律约束的饭店民事活动发生时，应当遵守国家相关政策作为处理标准。因此，被称为国家政策的国家或政党制定的一定时期的任务或规定的活动准则在一定意义上可以用来作为饭店法的一部分调整当事人的权利和义务。

最后，法学上一般还认为，习惯在我国也可以视为法的非正式渊源之一。我国辽阔的国土，众多的民族，悠久的历史造就了不同地域的人民的习惯和生活方式，其被视为社会公共利益不容侵犯。在处理饭店民事活动时，应当重视这些习惯造成的法律纠纷。

二、饭店法规的内容

饭店法有广义和狭义之分。广义的饭店法，是指与饭店经营、管理活动有关的各种法律规范的总和，也就是调整饭店活动领域中各种社会关系的法律规范的总称。这里社会关系是指人们在社会生产过程中彼此产生的联系，以饭店活动为主线而产生的各种社会关系，是饭店法的调整对象。广义的饭店法所调整的是饭店为主体的社会活动关系的一系列法律规范的总和。这些法律规范包括国家有关部门制定的有关饭店方面的法律、法规及各省、自治区、直辖市制定的有关饭店方面的地方法规。此外，还包括我国参加和承认的国际有关公约或规章。

狭义的饭店法，是指国家或地区所制定的饭店法律、法规(如法国、日本、新加坡等国的《饭店法》以及1988年9月香港颁布的《饭店旅馆法》等)。在处理具体的饭店法律方面的问题时，总是依据事发地的饭店法规来进行衡量，兼顾国际饭店法的有关条例进行执行。

三、饭店法律关系

(一)饭店法律关系类型

饭店法律关系是指由法律确认和调整的，人们在饭店经营、管理活动中形成的权利义务关系。饭店经营活动中最主要的法律关系大致有三种类型：一是饭店经营者与饭店消费者之间的法律关系，这也是饭店经营中最基本的一种关系；第二种重要的关系便是与国家管理机关间纵向的法律关系，即饭店经营者与有关行政管理部门之间的法律关系，如与旅游、工商、税务、公安等部门，具体的关系表现在如饭店设立的申请与审批、处罚和奖励、星级评定、年审等。三是饭店经营者与其他企业经营者之间的法律关系，如与旅行社、水、电等相关企业和部门。除此三种关系之外，饭店管理和经营中还存在诸如饭店与其员工之间的合同关系等其他横向法律关系，以及饭店各部门之间的关系等等。

(二)饭店法律关系的内容

饭店法律关系的内容指饭店法律关系的主体依法享有的权利和承担的义务，反映着饭店法律关系主体的具体要求。饭店法律关系主体依法享有的权利，是指饭店法律关系主体依法享有的某种权利和利益。饭店法律关系主体依法承担的义务，是指饭店法律关系主体依法承担的某种必须履行的责任，表现为负有义务者必须依法按权利享有者的要求做出某种行为或不做出某种行为。一方主体的权利，就是另一方主体的义务，权利和义务的对等是饭店法的一个标志。

1. 饭店法律关系主体权利

(1)饭店有权作出或不作出一定的行为。比如，饭店有向旅客收取住宿费和约定服务费的权利。饭店向顾客提供住宿客房及相关配套服务，旅客有义务承担住宿费和法律允许或双方约定的服务费用，如餐饮、洗衣、电话等费用。在以下情况发生时，饭店有权利拒绝接待顾客：①客房已满，接待能力受限。②客人的行为违反饭店制定的合理规则。如携带危害饭店安全的物品入店者；拒不履行住宿登记手续的；欲利用客房进行违法活动且没有合理证据；携带宠物入住客房等。③顾客患有精神疾病而无人监护或患有不适合居住的传染病。④不可抗力。

(2)饭店作为主权方有权按照法律规定对另一方作出或不作出一定的行为。例如，对在饭店内的不良行为进行制止、对违法行为进行举报及进行相关处理。对于顾客在饭店内违背社会公序良俗但未构成犯罪的行为，以及给其他大多数人带来不良感受的言语行为，饭店有权利加以制止。

(3)饭店的合法权益受到损害时，有权向国家机关要求依据相关法律法规保护合法权益不受侵害并追回已造成的相应损失。例如，客人在无烟房里吸烟造成火灾，饭店方可以根据相关规定要求宾客进行合理赔付等。

2. 饭店法律关系主体义务

饭店作为法律关系主体，其所要承担的义务也有很多，如有义务向宾客提供与符合本饭店等级的硬件设施和软件服务；有义务保障客人的人身安全和其财产安全特别是保护客人的贵重物品安全；有义务为客人提供符合国家卫生标准的饮食；有义务为住店客人提供贵重物品安全寄存服务；有义务接受有关行政部门的监督等。饭店的宾客如果在住店期间或者在接受饭店提供的服务过程中，由于饭店的故意或过错而造成人身损害以及财物损失等情况，就应当承担相应的法律责任。

四、饭店法规的作用

(一)对饭店业的发展实行有效的宏观调控

饭店业作为我国宏观经济的组成部分，正在多个方面展示其强大的生命力。因此，国家必须要通过制定有关饭店方面的法律、法规，联合相关的其他法律法规和政策对饭店同有关部门的关系实行有效的协调和控制促进饭店业的健康发展。

(二)为饭店法律关系主体规定其权利、义务和责任

饭店法律法规对饭店法律关系各方的权利、义务和责任都有明确的定义。饭店在经营和管理中会产生多种法律关系，饭店和客人以及饭店和其他法律关系主体之间的合同一经成立，便具有法律效力，在双方之间就会产生权利和义务的法律关系，合同双方必须按合同的规定，向对方承担法律义务，并享有一定的权利。如果合同当事人一方或双方未按合同规定履行义务，就应承担相应的法律责任。

(三)为饭店法律关系主体提供政策支持和良好的法律环境

饭店法除了明确饭店法律关系主体的权利、义务和责任，保证这些权利义务真正得以实现，还规定了对不履行或不适当履行义务的行为所应承担的法律责任，使受害的一方得到合理的赔偿和补偿，从而为饭店和其客人及其他法律关系主体的正当权益提供了法律保护，保障了饭店业正常的经营和管理，为饭店业的发展提供了法律保证。

(四)促进经济发展

市场经济是法治经济。随着我国市场经济的逐步建立和完善，旅游业和饭店业有了较大的发展。饭店法的建立和健全可以充分落实依法治国，依法行政的治国理念，避免和制止不按科学办事、不规范经营等现象。原有的计划经济下的行政管理手段以及协调的方式、方法已远远不能适应市场经济条件下的饭店业建设和管理的需要。饭店法的建立是市场经济的产物，借此可以大幅度提高饭店服务质量，保障客人合法权益的需要。从竞争和发展的关系看，饭店法的建立、健全加强了饭店行业的管理，使饭店业的管理纳入法治的轨道，促进了经济的发展。

【资料链接】 **中国旅游饭店行业规范**

（中国旅游饭店业协会2009年8月修订版）

第一章　总则

第一条，为了倡导履行诚信准则，保障客人和旅游饭店的合法权益，维护旅游饭店业经营管理的正常秩序，促进中国旅游饭店业的健康发展，中国旅游饭店业协会依据国家有关法律、法规，特制定《中国旅游饭店行业规范》(以下简称为《规范》)。

第二条，旅游饭店包括在中国境内开办的各种经济性质的饭店，含宾馆、酒店、度假村等(以下简称为饭店)。

第三条，饭店应当遵守国家有关法律、法规和规章，遵守社会道德规范，诚信经营，维护中国旅游饭店行业的声誉。

第二章　预订、登记、入住

第四条，饭店应当与客人共同履行住宿合同，因不可抗力不能履行双方住宿合同的，任何一方均应当及时通知对方。双方另有约定的，按约定处理。

第五条，饭店由于出现超额预订而使预订客人不能入住的，饭店应当主动替客人安排本地同档次或高于本饭店档次的饭店入住，所产生的有关费用由饭店承担。

第六条，饭店应当同团队、会议、长住客人签订住房合同。合同内容应当包括客人入住和离店的时间、房间等级与价格、餐饮价格、付款方式、违约责任等款项。

第七条，饭店在办理客人入住手续时，应当按照国家的有关规定，要求客人出示有效证件，并如实登记。

第八条，以下情况饭店可以不予接待：

(一)携带危害饭店安全的物品入店者；

(二)从事违法活动者；

(三)影响饭店形象者(如携带动物者)；

(四)无支付能力或曾有过逃账记录者；

(五)饭店客满；

(六)法律、法规规定的其他情况。

第三章　饭店收费

第九条，饭店应当将房价表置于总服务台显著位置，供客人参考。饭店如给予客人房价折扣，应当书面约定。

第十条，饭店应在前厅显著位置明示客房价格和住宿时间结算方法，或者确认已将上述信息用适当方式告知客人。

第十一条，根据国家规定，饭店如果对客房、餐饮、洗衣、电话等服务项目加收服务费，应当在房价表或有关服务价目单上明码标价。

第四章　保护客人人身和财产安全

第十二条，为了保护客人的人身和财产安全，饭店客房房门应当装置防盗链、门镜、应急疏散图，卫生间内应当采取有效的防滑措施。客房内应当放置服务指南、住宿须知和防火指南。有条件的饭店应当安装客房电子门锁和公共区域安全监控系统。

第十三条，饭店应当确保健身、娱乐等场所设施、设备的完好和安全。

第十四条，对可能损害客人人身和财产安全的场所，饭店应当采取防护、警示措施。警示牌应当中外文对照。

第十五条，饭店应当采取措施，防止客人放置在客房内的财物灭失、毁损。由于饭店的原因造成客人财物灭失、毁损的，饭店应当承担责任。

第十六条，饭店应当保护客人的隐私权。除日常清扫卫生、维修保养设施设备或者发生火灾等紧急情况外，饭店员工未经客人许可不得随意进入客人下榻的房间。

第五章　保管客人贵重物品

第十七条，饭店应当在前厅处设置有双锁的客人贵重物品保险箱。贵重物品保险箱的位置应当安全、方便、隐蔽，能够保护客人的隐私。饭店应当按照规定的时限，免费提供住店客人贵重物品的保管服务。

第十八条，饭店应当对住店客人贵重物品的保管服务做出书面规定，并在客人办理入住登记时予以提示。违反第十七条和本条规定，造成客人贵重物品灭失的，饭店应当承担赔偿责任。

第十九条，客人寄存贵重物品时，饭店应当要求客人填写贵重物品寄存单，并办理有关手续。

第二十条，饭店客房内设置的保险箱仅为住店客人提供存放一般物品之用。对没有按规定将贵重物品存放在饭店前厅贵重物品保险箱内，而造成客房里客人的贵重物品灭失、毁损的，如果责任在饭店一方，可视为一般物品予以赔偿。

第二十一条，如无事先约定，在客人结账退房离开饭店以后，饭店可以将客人寄存在贵重物品保险箱内的物品取出，并按照有关规定处理。饭店应当将此条规定在客人贵重物品寄存单上明示。

第二十二条，客人如果遗失饭店贵重物品保险箱的钥匙，除赔偿锁匙成本费用外，饭店还可以要求客人承担维修保险箱的费用。

第六章　保管客人一般物品

第二十三条，饭店保管客人寄存在前厅行李寄存处的行李物品时，应当检查其包装是否完好、安全，询问有无违禁物品，并经双方当面确认后，给客人签发行李寄存牌。

第二十四条，客人在餐饮、康乐、前厅行李寄存处等场所寄存物品时，饭店应当当面询问客人寄存物品中有无贵重物品。客人寄存的物品中如有贵重物品的，应当向饭店声明，由饭店员工验收并交饭店贵重物品保管处免费保管；客人事先未声明或不同意核实而造成物品灭失、毁损的，如果责任在饭店一方，饭店按照一般物品予以赔偿；客人对寄存物品没有提出需要采取特殊保管措施的，因为物品自身的原因造成毁损或损耗的，饭店不承担赔偿责任；由于客人没有事先说明寄存物品的情况，造成饭店损失的，除饭店知道或者应当知道而没有采取补救措施的以外，饭店可以要求客人承担相应的赔偿责任。

第七章　洗衣服务

第二十五条，客人送洗衣物，饭店应当要求客人在洗衣单上注明洗涤种类及要求，并应当检查衣物状况有无破损。客人如有特殊要求或者饭店员工发现衣物破损的，双方应当事先确认并在洗衣单上注明。客人事先没有提出特殊要求，饭店按照常规进行洗涤，造成衣物损坏的，饭店不承担赔偿责任。客人送洗衣物在洗涤后即时发现破损等问题，而饭店无法证明该衣物是在洗涤以前破损的，饭店承担相应责任。

第二十六条，饭店应当在洗衣单上注明，要求客人将送洗衣物内的物品取出。对洗涤后客人衣物内物品的灭失，饭店不承担责任。

第八章　停车场管理

第二十七条，饭店应当保护停车场内饭店客人的车辆安全。由于保管不善，造成车辆灭失或者毁损的，饭店承担相应责任，但因为客人自身的原因造成车辆灭失或者毁损的除外。双方均有过错的，应当各自承担相应的责任。

第二十八条，饭店应当提示客人保管好放置在汽车内的物品。对汽车内放置的物品的灭失，饭店不承担责任。

第九章　其他

第二十九条，饭店如果谢绝客人自带酒水和食品进入餐厅、酒吧、舞厅等场所享用，应当将谢绝的告示设置于经营场所的显著位置，或者确认已将上述信息用适当方式告知客人。

第三十条，饭店有义务提醒客人在客房内遵守国家有关规定，不得私留他人住宿或者擅自将客房转让给他人使用及改变使用用途。对违反规定造成饭店损失的，饭店可以要求入住该房间的客人承担相应的赔偿责任。

第三十一条，饭店可以口头提示或书面通知客人不得自行对客房进行改造、装饰。未经饭店同意进行改造、装饰而造成损失的，饭店可以要求客人承担相应的赔偿责任。

第三十二条，饭店有义务提示客人爱护饭店的财物。由于客人的原因造成损坏的，饭店可以要求客人承担赔偿责任。由于客人原因，饭店维修受损设施、设备期间导致客房不能出租、场所不能开放而发生的营业损失，饭店可视其情况要求客人承担责任。

第三十三条，对饮酒过量的客人，饭店应恰当、及时地劝阻，防止客人在饭店内醉酒。客人醉酒后在饭店内肇事造成损失的，饭店可以要求肇事者承担相应的赔偿责任。

第三十四条，客人结账离店后，如有物品遗留在客房内，饭店应当设法同客人取得联系，将物品归还或寄还给客人，或替客人保管，所产生的费用由客人承担。三个月后仍无人认领的，饭店可登记造册，按拾遗物品处理。

第三十五条，饭店应当提供与本饭店档次相符的产品与服务。饭店所提供的产品与服务如果存在瑕疵，饭店应当采取措施及时加以改进。由于饭店的原因而给客人造成损失的，饭店应当根据损失程度向客人赔礼道歉，或给予相应的赔偿。

第十章　处理

第三十六条，中国旅游饭店业协会会员饭店违反本《规范》，造成不良后果和影响的，除按照有关规定进行处理外，中国旅游饭店业协会将对该会员饭店给予协会内部通报批评。

第三十七条，中国旅游饭店业协会会员饭店违反本《规范》，给客人的人身造成较大伤害或者给客人的财产造成严重损失且情节严重的，除按规定进行赔偿外，中国旅游饭店业协会将对该会员饭店给予公开批评。

第三十八条，中国旅游饭店业协会会员饭店违反本《规范》，给客人人身造成重大伤害或者给客人的财产造成重大损失且情节特别严重的，除按规定进行赔偿外，经中国旅游饭店业协会常务理事会通过后，将对该会员饭店予以除名。

第十一章　附则

第三十九条，饭店公共场所的安全疏散标志等，应当符合国家的规定。饭店的图形符号，应当符合中华人民共和国旅游行业标准 LB/T001—1995 旅游饭店公共信息图形符号。

第四十条，中国旅游饭店业协会会员饭店如果同客人发生纠纷，应当参照本《规范》的有关条款协商解决；协商不成的，双方按照国家有关法律、法规和规定处理。

第四十一条，本《规范》适用于中国旅游饭店业协会会员饭店。

第四十二条，本《规范》自 2002 年 5 月 1 日起施行。

第四十三条，本《规范》由中国旅游饭店业协会常务理事会通过并负责解释。

第四节　旅游饭店的治安和消防管理中存在的问题

饭店安全法规制度是饭店业的保证，饭店安全也是饭店业发展的关键所在。我国在饭店业发展中制定了国家及各种地方性的饭店工作安全工作方针和饭店安全管理工作职责，对饭店事故的处理、事故的等级和处理程序还有外国籍饭店住宿者重大伤亡事故的注意事项都做了详细制定与说明。作为饭店工作者，应当认真了解我国和国际饭店安全管理工作的方针、原则、处理外国饭店者重大伤亡事故的注意事项和处理程序，保障我国饭店业的顺利发展。

针对饭店经营中出现的法律法规问题，在此总结以下几点应引起饭店经营者的注意：

一、饭店客人入住时需要特别重视办理好相关的住宿手续。首先是帮助宾客办理登记入住手续，查验客人的个人证件以核实客人身份。客人登记住房后办完相关入住手续，在法律上是客人发出的一种要约，证明宾客已经与饭店签订了买卖合同，饭店对宾客的人身和财产安全负有监护责任。饭店绝不能因是熟人、常客而忽视办理登记注册这个重要环节，坚决杜绝法律责任不明等问题出现。

二、宾客的人身和财产安全等相关问题的明示告知工作一定要得到落实。来到饭店住宿的客人往往携带物品入店。在法律上，饭店有保护住店客人人身和财物安全的义务。但有些饭店由于工作不利造成客人财物的丢失的事件却时有发生，直接导致了客人物品报失纠纷在饭店业普遍存在。客人报失的情况各种各样，有的是错误报失，有的是虚假报失，有的是真正失窃，从而造成了一系列复杂的法律问题和法律纠纷，严重妨碍了饭店的正常经营。鉴于此，饭店在客人完成入住手续后务必将客人应注意的事情以各种方式明示告知，否则一旦发生问题，饭店方将有不可推卸的责任。鉴于饭店与客人已经发生了实质性的法律关系，所以为了避免出现某些宾客与饭店责任不明的问题，饭店就必须对权利和责任得以明示，要用文书形式及其它有效手段提醒告知客人将自己携带的贵重物品、有价证券、巨额现金等送饭店保安处代为免费保管，以免失窃事件的发生。

三、饭店制定的服务和消费标准应该符合国家的相关法律、政策和行业惯例。例如有关饭店谢绝自带酒水的问题的处理上，饭店应遵循国际饭店业适用的国际惯例可以谢绝客人自带酒水在饭店享用。其次企业有经营自主权，饭店除了按星级标准中的规定提供必备的服务项目外，提供什么服务项目，不提供什么服务项目完全属于企业正常的经营范围。另外旅游饭店综合成本较大也是问题处理所要考虑的因素之一。客人在饭店用餐也是在消费者饭店创造出来的幽雅环境，这些是以饭店的经营成本作为代价的。最后考虑到饭店要对用餐客人的食品卫生安全负责。如果饭店允许客人自带酒水，餐后出现问题，责任将很难界定。

四、在具体的对客服务中，尽量避免服务环节中出现的漏洞。例如客人就餐后要求超出消费额多开发票的问题。如果不按财务税务制度要求擅自违规操作，则会出现虚开发票与营业额不符等诸多问题，影响饭店的正常经营，甚至面临一定的法律处罚。所以饭店经营者应该尽力避免该问题的出现。再如保护客人隐私权的问题，虽然从法律的角度来看客房是归饭店所有，但是客房一旦出租使用权即属于客人。如果饭店不注意保护客人的隐私权而随意将客情透露他人，很容易造成客人投诉乃至法律纠纷，使饭店名誉受损。

>>> 典型案例

1. 内容提示：上海某高星级宾馆一外商驻沪办事处的客房内发生了一起特大盗窃案，由此破获了盗窃价值几十万元财物的大案，整个案件令人震惊。

本案涉及：饭店的安全意识和管理措施

案例正文：

上海的7月，正值高温季节，骄阳似火。一家高星级宾馆依靠其优越的地理位置和一流的硬件设施，吸引着南来北往的客人。来沪从事商务活动的许多国内外客商下榻此店，其中还有不少是常住的外商驻沪机构。这天，宾馆像往常一样，迎接来来往往的客人。突然，匆匆走来几位身着制服的警察，显得格外引人注目。他们匆匆的神色和快速的脚步与大堂内悠扬的背景音乐和气氛形成鲜明的对比。只见他们直奔楼上某外商驻沪办事处的客房内。

原来，这里发生了一起特大盗窃案，客房内的手提电脑、传真机、手机、现金等大量财物遭窃，区刑警队接到报案，迅速派人赶到现场展开侦查。

经过一番仔细调查，很快排除了外来人员和客人作案的可能性，疑点集中到宾馆客房部服务员吴某身上。经验丰富的公安人员巧妙地与其周旋，终于攻破其心理防线，吴某如实交待如下；

“我在担任宾馆服务员期间，发现店内安全管理措施不严，有机可乘，于是就常常利用工作之便，在客房内偷窃客人的物品，一次次得手，从未被发现，胆子也就越来越大了，直到这次案发。”

事后，警方在吴某家搜到大批赃物，足足运了好几车，令人瞠目。其中有电脑、照相机、金首饰、信用卡等，还有用盗得的信用卡购买的空调、彩电、音响、复印机、摄像机、手表等大量高档生活和办公用品。

这起特大盗窃案，从报案到侦破，虽仅数天的时间，但作案者多次行窃，持续时间长达一年之久，盗窃的财物价值几十万元，给宾馆造成的损失无法挽回。作案者身为宾馆服务员，却从未被宾馆领导察觉，的确发人深省。

分析 宾馆是客人的“家外之家”，在“家”中，最重要的是要有安全感。首先宾馆应该为客人营造一种安全的氛围，把安全管理置于重要的地位，制订高效的安全管理规范和措施，以确保客人能拥有一个放心的“家”。这家宾馆一年中曾多次接到有关失窃的投诉和报案，但由于种种原因，有些没有及时处理、有些不了了之，这种不重视安全管理的做法，既危害了客人的利益又严重影响了宾馆的声誉，是宾馆经营管理中的大忌。

其次，宾馆必须制订一套严格、健全的安全管理措施，以防患于未然。如果这家宾馆的安全管理措施严密，吴某便无机可乘，难以窃得如此多的财物。他正是钻了宾馆安全管理不严的漏洞，才使客人和宾馆蒙受了重大损失。这家宾馆上至老总，下至各级领导者都应深刻吸取这一教训。

再则，加强宾馆的内部管理，提高员工素质是防“家贼”的重要环节。对宾馆从业人员经常进行培训和教育，使其既具有较高的专业技能，又具备良好的职业道德。

2. 王小姐曾参加过旅行社组织的华东4日游，合同上写着“安排住四星级或同级酒店”。旅行社工作人员说，同级酒店就是准四星级酒店，与挂牌四星级酒店条件差不多，但价格要便宜一些。到了酒店后，王小姐发现条件很不理想，房间有霉味，而且卫生间马桶坏了，根本达不到四星级标准，王小姐心里很窝火。

分析 “准星级”酒店从字面上理解，就是基本达到某星级酒店的标准，但又尚未挂牌，这造成了“准”字没有固定标准来衡定，从而导致游客对“准星级”的理解易出现偏差，比如会以为“准五星级”酒店的设施和服务即使达不到五星级水平，但起码也是四星级的档次。其实，饭店星级评定有严格的标准，没有挂牌的酒店，即使档次再高，也只能列入非星级饭店范围内，而不能以“准三星级”、“准四星级”等模棱两可的词语来代替。所谓的“准星级”酒店，说白了就是没有星级的酒店，“准五星级”决不是相当于四星级水平。

>>> 复习思考题

1. 什么是饭店？
2. 饭店产品有哪些特殊性？
3. 什么是饭店法？
4. 饭店法是怎样形成的？
5. 我国目前有哪些饭店方面的法规？
7. 我国饭店法律是怎么制定出来的？
8. 饭店法规的作用是什么？
9. 饭店星级评定的原则是什么？

第七章 旅游资源管理法规

>>> 课前导读

旅游资源是旅游业发展的基础，它有自然旅游资源和人文旅游资源之分。无论哪一类型的旅游资源都具有脆弱的一面，若不妥善管理保护，这些资源将不复存在。要使旅游业能够可持续发展，使得人类能够维护拥有的生存环境，个人、团体、社会、国家有必要提高认识，从法律法规的层面上对旅游资源进行有效保护。

>>> 学习目标

1. 旅游资源管理法规概述：我国旅游资源的现状和发展以及其法律保护。
2. 了解风景名胜区和自然保护区的设立与保护。
3. 掌握文物保护的范围和相关的管理规定。
4. 了解旅游景区质量等级的划分与评定。
5. 相关历史文化区域的保护。

第一节 旅游资源管理法规概述

旅游资源是国家或地区发展旅游业的基础和前提条件，也是旅游市场的重要吸引物。旅游资源的保护、开发以及合理利用对国家和地方旅游事业的发展起着决定性作用，对旅游业为支柱的少数地区会直接影响当地的经济和可持续发展。旅游产业是可持续发展的产业，发展旅游的前提是必须有旅游资源。我国是自然文化旅游资源十分富有的国家，它包括山水自然风光、传统建筑、民俗文化等。但新中国成立以来，特别是改革开放以来，进行现代化建设时由于认识滞后、观念错误和缺乏旅游资源的专业保护法，致使我国大量的自然文化旅游资源遭到破坏，尤其是文化旅游资源。我国现阶段虽也有文物保护法等法律，但在进行古村落保护和非物资文化遗产保护等工作的时候其保护的对象范围太小，无法对文化旅游资源起到有效保护的作用。加之少数文化部门执法人员作为不力，更需要积极发挥旅游部门和人民群众的作用。

一、旅游资源定义与概述

(一)旅游资源的概念

旅游资源是旅游业发展的前提，是旅游业的基础，是旅游产业根本性的保证之一，对旅游业的发展起着重要作用。旅游资源主要是指自然风景旅游资源和人文景观旅游资源两大类。自然风景旅游资源包括高山、峡谷、森林、火山、江河、湖泊、海滩、温泉、野生动植物、气候等，可归纳为地貌、水文、气候、生物四大类。人文景观旅游资源包括历史文化古迹、古建筑、民俗风情、现代建设新成就、饮食、购物、文化艺术和体育娱乐等，可归纳为人文景物、文化传统、民情风俗、体育娱乐四大类。

(二)旅游资源的特性

旅游资源作为独特的旅游吸引物，在旅游活动中起到重要的作用，其特性主要有以下四个方面：

1. 独特性

这主要是由自然界的千奇百怪的自然特征造成的。地域性的不同，包括纬度、经度、海拔、山地、海洋等诸多因素，加之人类特有的生产和生活活动从而造成的地区差异使各个地区的旅游资源具有不同的特色和旅游景观魅力，既有独特的自然风光，又可以看到许多人文景观，从而造成该地区独一无二的奇特旅游资源。这在很大程度上决定一个国家和地区的旅游业的实力水平。

2. 社会性

这是指旅游者通过在旅游资源的观赏过程中获取知识，陶冶情操进而得到美的享受。旅游活动的社会性在这个过程中得到了集中体现。

3. 时间性

旅游资源会随着不同的时间或年代发生其特有的变化。例如，季节的变换使得同一地理环境在某一特定季节出现某些特殊景观或特别的体验感受适合于旅游的现象；特定的时间或周期性的事物使旅游资源重现；时代的迁移留下的历史遗迹等等。

4. 持续性

就旅游资源本身而言，如果没有大的社会变动和自然灾害，将会持续性地保持其原有的面貌，作为不可替代的特殊旅游产品出现在社会中，具有持续的可利用价值。

二、旅游资源管理法规

随着改革开放和经济快速发展，中国旅游业得到持续快速发展，目前国际国内旅游收入屡创新高，旅游业已成为中国的重要产业。但是在快速发展的过程中，由于旅游资源保护立法的滞后、管理体制的弊端，迅速增长的旅游需求造成了很多地方盲目开发旅游资源，出现了严重的生态破坏和环境污染，破坏了旅游业赖以存在的自然资源基础，对生物多样性和传统文化的保护产生了巨大的冲击。在这种复杂的情况下，旅游资源保护立法的迫切性日益突出。

旅游资源管理法规是对国家保护、开发和利用其现有的旅游资源而制定的各种法律、法规和规章的总称。我国政府历来十分重视各类旅游资源的保护，也制定出台了一系列旅游资源管理的法律法规，国务院颁布的《风景名胜区管理暂行条例》(1985)、《自然保护区条例》(1994)、《森林和野生动物类型自然保护区管理办法》(1985)，原林业部制定发布的《森林公园管理办法》(1994)。本世纪以来陆续出台的《中华人民共和国森林法》、《中华人民共和国环境保护法》、《中华人民共和国草原法》、《中华人民共和国野生动物保护法》、《中华人民共和国城市规划法》、《中华人民共和国矿产资源法》等法律中对风景名胜区，自然保护区和天然草原牧场等自然景观的保护和利用作了详细的规定。《中华人民共和国文物保护法》及其《实施细则》以及《水下文物保护管理条例》和《地质遗迹保护管理规定》等法律法规中对文化遗迹保护作了相应的规定。最新的相关法律包括 2006 年 12 月 1 日起施行的《中华人民共和国风景名胜区条例》与《中华人民共和国自然保护区条例》。另外，各地方也结合各自特点制定了一些符合当地旅游资源保护和开发的各种地方性法规，有力地配合了当地旅游业的协调发展。上述各项法律、法规从不同角度规定了旅游资源的开发、利用和保护问题。

第二节 风景名胜区的保护与管理

一、风景名胜区概念、特点与设立

(一)风景名胜区概念

为了加强对风景名胜区的管理，有效保护和合理利用风景名胜资源，我国于2006年12月1日起施行了最新的有关风景名胜区的管理法规，即中华人民共和国国务院令第474号《风景名胜区条例》。

根据该风景名胜区条例，风景名胜区是指具有观赏、文化或者科学价值，自然景观、人文景观比较集中，环境优美，可供人们游览或者进行科学、文化活动的区域。风景名胜区条例从法律角度来解释、概括和界定了风景名胜区的意义。

(二)风景名胜区特点

从该定义不难看出，风景名胜区绝不仅仅是风景优美的自然区域，而要包含以下的三个主要组成部分：

1. 具有观赏、文化或者科学价值

一个景区被定义为风景名胜区是要集观赏、文化或者科学价值为一身才可以，有着超出一般自然风景的文化内容和精神内涵，同时自身还要有诸多因素可以被广泛地用来进行科学研究。

2. 自然景观、人文景观比较集中

风景名胜区应该是自然景观或者人文景观都较集中的区域，较之一般的旅游目的地，其可供观赏的自然或人文事物数量和质量都要有较高的要求。目前我国的风景名胜区主要有三类：一类是以自然景观为主，例如湖南的张家界景区；第二类是以人文景观为主，例如山东的曲阜三孔景区；第三类是两类景观都比较集中，例如山东的泰山，成为我国的第一批被联合国教科文组织(UNESCO)承认的世界自然和文化双遗产名单的一员。

3. 可供人们游览或者进行科学、文化活动

《风景名胜区条例》第三十二条明确规定："风景名胜区管理机构应当根据风景名胜区的特点，保护民族民间传统文化，开展健康有益的游览观光和文化娱乐活动，普及历史文化和科学知识。"风景名胜区除了供游客观赏这一基本功能之外，还承担着传承文化，普及科学知识等诸多社会任务。

只有按《风景名胜区条例》的规定满足以上三个条件，才能依法确定为风景名胜区，并由相应的人民政府予以审议，通过后向社会公布。

(三)风景名胜区设立条件与根据

根据《风景名胜区条例》第九条申请设立风景名胜区应当提交包含下列内容的有关材料：

1. 风景名胜资源的基本状况；
2. 拟设立风景名胜区的范围以及核心景区的范围；

3. 拟设立风景名胜区的性质和保护目标；

4. 拟设立风景名胜区的游览条件；

5. 与拟设立风景名胜区内的土地、森林等自然资源和房屋等财产的所有权人、使用权人协商的内容和结果。

设立风景名胜区根据其级别的不同，提交材料的部门和审批部门也会有变化，该程序如下：设立国家级风景名胜区，由省、自治区、直辖市人民政府提出申请，国务院建设主管部门会同国务院环境保护主管部门、林业主管部门、文物主管部门等有关部门组织论证，提出审查意见，报国务院批准公布。设立省级风景名胜区，由县级人民政府提出申请，省、自治区人民政府建设主管部门或者直辖市人民政府风景名胜区主管部门，会同其他有关部门组织论证，提出审查意见，报省、自治区、直辖市人民政府批准公布。

《风景名胜区条例》第十一条明确了风景名胜区设立及其权益保护等内容：风景名胜区内的土地、森林等自然资源和房屋等财产的所有权人、使用权人的合法权益受法律保护。申请设立风景名胜区的人民政府应当在报请审批前，与风景名胜区内的土地、森林等自然资源和房屋等财产的所有权人、使用权人充分协商。因设立风景名胜区对风景名胜区内的土地、森林等自然资源和房屋等财产的所有权人、使用权人造成损失的，应当依法给予补偿。

二、风景名胜区的设立、划分、规划与审批

(一)风景名胜区的设立

设立风景名胜区，应当有利于保护和合理利用风景名胜资源。新设立的风景名胜区与自然保护区不得重合或者交叉；已设立的风景名胜区与自然保护区重合或者交叉的，风景名胜区规划与自然保护区规划应当相协调。根据《中华人民共和国自然保护区条例》，我国的自然保护区是指对有代表性的自然生态系统、珍稀濒危野生动植物物种的天然集中分布区、有特殊意义的自然遗迹等保护对象所在的陆地、陆地水体或者海域，依法划出一定面积予以特殊保护和管理的区域。从概念上来看，风景名胜区与自然保护区侧重点不同，设立风景名胜区更多地集中在其社会性、文化性和观赏性上，而自然保护区的设立则更多地突出了自然生态系统保护的重要性。风景名胜区对旅游业发展的重要性也可见一斑。

(二)风景名胜区的等级划分

《风景名胜区条例》第八条将我国的风景名胜区划分为国家级风景名胜区和省级风景名胜区。自然景观和人文景观能够反映重要自然变化过程和重大历史文化发展过程，基本处于自然状态或者保持历史原貌，具有国家代表性的，可以申请设立国家级风景名胜区；具有区域代表性的，可以申请设立省级风景名胜区。

(三)风景名胜区的规划与审批

根据《风景名胜区条例》要求，风景名胜区按照国家与省级两个层次进行相应的审批程序：

1. 设立国家级风景名胜区，由省、自治区、直辖市人民政府提出申请，国务院建设主管部门会同国务院环境保护主管部门、林业主管部门、文物主管部门等有关部门组织论证，提出审查意见，报国务院批准公布。国家级风景名胜区的总体规划，由省、

自治区、直辖市人民政府审查后，报国务院审批。国家级风景名胜区的详细规划，由省、自治区人民政府建设主管部门或者直辖市人民政府风景名胜区主管部门报国务院建设主管部门审批。

2. 设立省级风景名胜区，由县级人民政府提出申请，省、自治区人民政府建设主管部门或者直辖市人民政府风景名胜区主管部门，会同其他有关部门组织论证，提出审查意见，报省、自治区、直辖市人民政府批准公布。省级风景名胜区的总体规划，由省、自治区、直辖市人民政府审批，报国务院建设主管部门备案。省级风景名胜区的详细规划，由省、自治区人民政府建设主管部门或者直辖市人民政府风景名胜区主管部门审批。

对风景名胜区的设立规划及审批，《风景名胜区条例》还有以下规定：

1. 风景名胜区规划经批准后，应当向社会公布，任何组织和个人有权查阅。

2. 风景名胜区内的单位和个人应当遵守经批准的风景名胜区规划，服从规划管理。

3. 风景名胜区规划未经批准的，不得在风景名胜区内进行各类建设活动。

4. 经批准的风景名胜区规划不得擅自修改。确需对风景名胜区总体规划中的风景名胜区范围、性质、保护目标、生态资源保护措施、重大建设项目布局、开发利用强度以及风景名胜区的功能结构、空间布局、游客容量进行修改的，应当报原审批机关批准；对其他内容进行修改的，应当报原审批机关备案。

5. 风景名胜区详细规划确需修改的，应当报原审批机关批准。

6. 政府或者政府部门修改风景名胜区规划对公民、法人或者其他组织造成财产损失的，应当依法给予补偿。

三、风景名胜区的保护与管理

根据《风景名胜区条例》规定，国家对风景名胜区实行科学规划、统一管理、严格保护、永续利用的原则。各级主管机关部门应该严格遵守条例规定，将风景名胜区的管理与发展与地方旅游业的发展协调起来，为旅游业的大发展提供有力的旅游资源保障。

(一)风景名胜区的管理机构及其权限

风景名胜区所在地县级以上地方人民政府设置的风景名胜区管理机构，负责风景名胜区的保护、利用和统一管理工作。

国务院建设主管部门负责全国风景名胜区的监督管理工作。国务院其他有关部门按照国务院规定的职责分工，负责风景名胜区的有关监督管理工作。

省、自治区人民政府建设主管部门和直辖市人民政府风景名胜区主管部门，负责本行政区域内风景名胜区的监督管理工作。省、自治区、直辖市人民政府其他有关部门按照规定的职责分工，负责风景名胜区的有关监督管理工作。

风景名胜区所在地县级以上地方人民政府设置的风景名胜区管理机构，负责风景名胜区的保护、利用和统一管理工作。

(二)风景名胜区管理机构职责

文化习俗方面：风景名胜区管理机构应当根据风景名胜区的特点，保护民族民间传统文化，开展健康有益的游览观光和文化娱乐活动，普及历史文化和科学知识。风景名胜区内宗教活动场所的管理，依照国家有关宗教活动场所管理的规定执行。

交通方面：风景名胜区管理机构应当根据风景名胜区规划，合理利用风景名胜资源，改善交通、服务设施和游览条件。风景名胜区管理机构应当在风景名胜区内设置风景名胜区标志和路标、安全警示等标牌。

安全保障方面：风景名胜区管理机构应当建立健全安全保障制度，加强安全管理，保障游览安全，并督促风景名胜区内的经营单位接受有关部门依据法律、法规进行的监督检查。禁止超过允许容量接纳游客和在没有安全保障的区域开展游览活动。

经营方面：进入风景名胜区的门票，由风景名胜区管理机构负责出售。门票价格依照有关价格的法律、法规的规定执行。风景名胜区内的交通、服务等项目，应当由风景名胜区管理机构依照有关法律、法规和风景名胜区规划，采用招标等公平竞争的方式确定经营者。风景名胜区管理机构应当与经营者签订合同，依法确定各自的权利义务。经营者应当缴纳风景名胜资源有偿使用费。风景名胜区管理机构不得从事以营利为目的的经营活动，不得将规划、管理和监督等行政管理职能委托给企业或者个人行使。风景名胜区管理机构的工作人员，不得在风景名胜区内的企业兼职。

景区收入方面：风景名胜区的门票收入和风景名胜资源有偿使用费，实行收支两条线管理。风景名胜区的门票收入和风景名胜资源有偿使用费应当专门用于风景名胜资源的保护和管理以及风景名胜区内财产的所有权人、使用权人损失的补偿。具体管理办法，由国务院财政部门、价格主管部门会同国务院建设主管部门等有关部门制定。

第三节　自然保护区的保护与管理

作为政府划定的生物多样性和自然遗迹进行特别管理和保护的手段和形式，自然保护区的出现成为我国承诺“与自然协调发展”这一主题的重要体现。自然保护区相关法律制度的建立更进一步用法律手段明确了我国重视生态环境保护和野生动植物资源保护的决心，旨在保留自然本底、贮备物种、拯救濒危生物物种并同时保留自然界的美学价值，为人类提供健康生命和自然灵感的源泉。

一、自然保护区概述

(一)自然保护区的概念

根据1994年国务院通过的《中华人民共和国自然保护区条例》，自然保护区是指对有代表性的自然生态系统、珍稀濒危野生生物种群的天然生境地集中分布区、有特殊意义的自然遗迹等保护对象所在的陆地、陆地水体或者海域，依法划出一定面积予以特殊保护和管理的区域。在建设自然保护区的过程中，应该遵循建设和管理自然保护区应妥善处理与当地经济建设和居民生产、生活的关系，注意自然与社会的协调发展。

(二)自然保护区按照下列方法命名

1. 国家级自然保护区：自然保护区所在地地名加“国家级自然保护区”；

2. 地方级自然保护区：自然保护区所在地地名加“地方级自然保护区”；

3. 有特殊保护对象的自然保护区，可以在自然保护区所在地地名后加特殊保护对象的名称。

(三)自然保护区的建立标准

凡具有下列条件之一的，应当建立自然保护区：

1. 典型的自然地理区域、有代表性的自然生态系统区域以及已经遭受破坏但经保护能够恢复的同类自然生态系统区域；

2. 珍稀、濒危野生动植物物种的天然集中分布区域；

3. 具有特殊保护价值的海域、海岸、岛屿、湿地、内陆水域、森林、草原和荒漠；

4. 具有重大科学文化价值的地质构造、著名溶洞、化石分布区、冰川、火山、温泉等自然遗迹；

5. 经国务院或者省、自治区、直辖市人民政府批准，需要予以特殊保护的其他自然区域。

(四)自然保护区的分区

1. 自然保护区内保存完好的天然状态的生态系统以及珍稀、濒危动植物的集中分布地，应当划为核心区，禁止任何单位和个人进入；除依照本条例第二十七条的规定经批准外，也不允许进入从事科学研究活动。

2. 核心区外围可以划定一定面积的缓冲区，只准进入从事科学研究观测活动。

3. 缓冲区外围划为实验区，可以进入从事科学试验、教学实习、参观考察、旅游以及驯化、繁殖珍稀、濒危野生动植物等活动。

原批准建立自然保护区的人民政府认为必要时，可以在自然保护区的外围划定一定面积的外围保护地带。

二、自然保护区的划分、等级与审批

(一)自然保护区的划分

自然保护区作为一个区域的统称，也有各自不同的特点。根据其建立的目的、要求，级别、本身所具备的条件不同，自然保护区有多种类型。按照国家环境保护局与国家技术监督局1994年1月1日开始实施的自然保护区类型与级别划分原则(中华人民共和国国家标准GB/T 14529—93)，自然保护区主要有以下几种主要的分类方法：

1. 根据自然保护区的主要保护对象，将自然保护区分为三个类别九个类型(见表7.1)

表7.1　自然保护区的类型划分

保护区类型	说明	
自然保护区	以绝对保护为主，科学意义较大，景观的自然性最强，是中国生物多样性就地保护的主体，是为科学研究、教育、环境监测等建立的保护区，共划分三大类别9个类型	
	三大类别	9个类型
	自然生态系统类别	森林生态系统类型、草原与草甸生态系统类型、荒漠生态系统类型、湿地生态系统类型、海洋和海岸生态系统类型
	野生生物类别	野生动物类型、野生植物类型
	自然遗迹类别	地址遗迹类型、生物遗迹类型
森林公园	森林公园和风景名胜区融自然、社会和人文景观于一体，保护与开发旅游并重	
风景名胜区		

2. 按照等级划分

自然保护区分为国家级自然保护区和地方级自然保护区。

3. 按照保护的主要对象来划分

自然保护区可以分为生态系统类型保护区、生物物种保护区和自然遗迹保护区三类。

4. 按照保护区的性质来划分

自然保护区可以分为科研保护区、国家公园(即风景名胜区)、管理区和资源管理保护区四类。

不管保护区的类型如何，其总体要求是以保护为主，在不影响保护的前提下，把科学研究、教育、生产和旅游等活动有机地结合起来，使它的生态、社会和经济效益都得到充分展示。

(二)自然保护区等级

自然保护区分为国家级、省(自治区、直辖市)级、市(自治州)级和县(自治县、旗、县级市)级四级。除列为国家级自然保护区的外，其他具有典型意义或者重要科学研究价值的自然保护区列为地方级自然保护区。地方级自然保护区可以分级管理，具体办法由国务院有关自然保护区行政主管部门或者省、自治区、直辖市人民政府根据实际情况规定，报国务院环境保护行政主管部门备案。(见表 7.2)

表 7.2　自然保护区的级别划分

<table>
<tr><th colspan="2">级别</th><th>划分依据</th></tr>
<tr><td colspan="2">国家级自然保护区</td><td>其保护对象在全国或全球具有极高的科学文化价值和经济价值，在国际上有一定影响，并经国务院批准建立的国际重点自然保护区。这主要是指在国内外有典型意义、在科学上有重大国际影响或者有特殊科学研究价值的自然区域，才可以被列为国家级自然保护区</td></tr>
<tr><td rowspan="3">地方级自然保护区</td><td>省级</td><td>其保护对象在省内特别典型，在本辖区或所属生物地理省内具有较高的科学、文化和经济价值以及休息、娱乐、观赏价值，在科学上具有重要研究价值，在全国有一定影响，并经省级人民政府批准建立的自然保护区</td></tr>
<tr><td>地级市</td><td>在地级市区域内具有较为重要的科学、文化和经济等价值以及娱乐、休息、观赏的价值，并经地级市人民政府批准建立的自然保护区</td></tr>
<tr><td>县级</td><td>在县内具有较为重要的科学、文化和经济等价值，并经县级人民政府批准建立的自然保护区</td></tr>
<tr><td colspan="3">说明：面积较小、其保护对象仍然重要的地段，可设立保护点</td></tr>
</table>

(三)各级自然保护区的审批制度

1. 国家级自然保护区的建立，由自然保护区所在的省、自治区、直辖市人民政府或者国务院有关自然保护区行政主管部门提出申请，经国家级自然保护区评审委员会评审后，由国务院环境保护行政主管部门进行协调并提出审批建议，报国务院批准。

2. 地方级自然保护区的建立，由自然保护区所在的县、自治县、市、自治州人民政府或者省、自治区、直辖市人民政府有关自然保护区行政主管部门提出申请，经地方级自然保护区评审委员会评审后，由省、自治区、直辖市人民政府环境保护行政主管部门进行协调并提出审批建议，报省、自治区、直辖市人民政府批准，并报国务院环境保护行政主管部门和国务院有关自然保护区行政主管部门备案。

特别规定：

A：跨两个以上行政区域的自然保护区的建立，由有关行政区域的人民政府协商一致后提出申请，并按照前两款规定的程序审批。

B：建立海上自然保护区，须经国务院批准。

(四)自然保护区的申请流程

1. 申请建立自然保护区还应当按照国家有关规定填报建立自然保护区申报书；

2. 自然保护区的范围和界线由批准建立自然保护区的人民政府确定，并标明区界，予以公告；

3. 确定自然保护区的范围和界线，应当兼顾保护对象的完整性和适度性，以及当地经济建设和居民生产、生活的需要；

4. 自然保护区的撤销及其性质、范围、界线的调整或者改变，应当经原批准建立自然保护区的人民政府批准。任何单位和个人，不得擅自移动自然保护区的界标；

5. 自然保护区按照等级或特殊保护对象方法进行命名；

6. 国务院环境保护行政主管部门应当会同国务院有关自然保护区行政主管部门，在对全国自然环境和自然资源状况进行调查和评价的基础上，拟订国家自然保护区发展规划，经国务院计划部门综合平衡后，报国务院批准实施。自然保护区管理机构或者该自然保护区行政主管部门应当组织编制自然保护区的建设规划，按照规定的程序纳入国家的、地方的或者部门的投资计划，并组织实施。

三、自然保护区的管理

(一)自然保护区管理机构

1. 国家级自然保护区，由其所在地的省、自治区、直辖市人民政府有关自然保护区行政主管部门或者国务院有关自然保护区行政主管部门管理。

2. 地方级自然保护区，由其所在地的县级以上地方人民政府有关自然保护区行政主管部门管理。

3. 有关自然保护区行政主管部门应当在自然保护区内设立专门的管理机构，配备专业技术人员，负责自然保护区的具体管理工作。

(二)自然保护区管理机构的主要职责是

1. 贯彻执行国家有关自然保护的法律、法规和方针、政策；

2. 制定自然保护区的各项管理制度，统一管理自然保护区；

3. 调查自然资源并建立档案，组织环境监测，保护自然保护区内的自然环境和自然资源；

4. 组织或者协助有关部门开展自然保护区的科学研究工作；

5. 进行自然保护区的宣传教育；

6. 在不影响保护自然保护区的自然环境和自然资源的前提下，组织开展参观旅游等活动。

(三)人员与活动管理

1. 在自然保护区内的单位、居民和经批准进入自然保护区的人员，必须遵守自然保护区的各项管理制度，接受自然保护区管理机构的管理。

2. 禁止在自然保护区内进行砍伐、放牧、狩猎、捕捞、采药、开垦、烧荒、开矿、采石、挖沙等活动。但是，法律、行政法规另有规定的除外。

3. 禁止任何人进入自然保护区的核心区。因科学研究的需要，必须进入核心区从事科学研究观测、调查活动的，应当事先向自然保护区管理机构提交申请和活动计划，并经省级以上人民政府有关自然保护区行政主管部门批准；其中，进入国家级自然保护区核心区的，必须经国务院有关自然保护区行政主管部门批准。

4. 禁止在自然保护区的缓冲区开展旅游和生产经营活动。因教学科研的目的，需要进入自然保护区的缓冲区从事非破坏性的科学研究、教学实习和标本采集活动的，应当事先向自然保护区管理机构提交申请和活动计划，经自然保护区管理机构批准。

5. 在国家级自然保护区的实验区开展参观、旅游活动的，应按照自然保护区的相关级别由自然保护区管理机构提出方案，经各级人民政府有关自然保护区行政主管部门审核后，报上一级自然保护区行政主管部门批准后方可实施。

6. 在自然保护区组织参观、旅游活动的，必须按照批准的方案进行，并加强管理；进入自然保护区参观、旅游的单位和个人，应当服从自然保护区管理机构的管理。严禁开设与自然保护区保护方向不一致的参观、旅游项目。

7. 外国人进入地方级自然保护区的，接待单位应当事先报经省、自治区、直辖市人民政府有关自然保护区行政主管部门批准；进入国家级自然保护区的，接待单位应当报经国务院有关自然保护区行政主管部门批准。

四、违反《中华人民共和国自然保护区条例》的法律责任

《中华人民共和国自然保护区条例》规定了多种违反规定后的处罚措施，对擅自移动或者破坏自然保护区界标、未经批准进入自然保护区，在自然保护区进行砍伐、放牧、狩猎、捕捞、采药、开垦、烧荒、开矿、采石、挖沙等活动等除以罚款、没收所得、限令改正等处罚措施。在旅游开发方面，对未经批准在自然保护区开展参观和旅游活动或开展与保护方向不一致的参观、旅游项目的或不按照批准的方案开展参观、旅游活动的由县级以上人民政府有关自然保护区行政主管部门责令限期改正；对直接责任人员，由其所在单位或者上级机关给予行政处分。对违反本条例规定，给自然保护区造成损失的，由县级以上人民政府有关自然保护区行政主管部门责令赔偿损失。妨碍自然保护区管理人员执行公务的，由公安机关依照《中华人民共和国治安管理处罚条例》的规定给予处罚；情节严重，构成犯罪的，依法追究刑事责任。

自然保护区的建立与发展，对保护我国的自然环境与自然资源，减缓经济发展对资源和环境的压力和损害，保存国家珍贵的物种资源和生态系统发挥着重要的作用，在国内外日益显示出其积极和深远的影响。作为行政主管部门、社会单位和个人，要切实提高对保护自然保护区的意识，充分认识自然保护区对当地旅游发展的重要性，做到开发与保护并重，经济与环境协调发展。

【资料链接】 **中国还自然风景区以本来面貌**

据中国网报道，2003 年 6 日，中国南方以沙滩闻名的旅游城市北海炸毁了建在沙

滩上的最后3座建筑，至此，银滩景区内所有楼堂馆所已全部消失。此举是为了“还自然风景区以本来面貌”。中国幅员辽阔，景区众多，几乎每个省区都有让人流连忘返的美景，这吸引了日益富裕的国人和越来越多的海外旅游者。世界旅游组织预测，到2020年中国将成为世界最大的旅游目的地。对于这个旅游外汇已位列世界第5位的国家来说，其境内的自然风景区在发展中遇到诸多问题——旅游人数的急剧增加和商人们失序的竞争导致的过度开发就是其中之一。

只要去过中国的各个旅游景点的人都不难发现，各个旅游景区已经被太多的充斥着经济利益的建筑物而占据。例如，在“世界七大建筑奇迹”之一的长城，旅游设施花样百出，饭铺林立；在湖南省的衡山风景区，宾馆酒楼众多，一派山城景象；在四川省著名的风景区九寨沟内，200多户人家几乎家家都成了有接待能力的客栈；而在张家界的保护区内，国家部委建设的宾馆就有二三十家，有一些甚至建在生态核心区。

北海银滩的面积是大连、烟台、青岛、厦门和北戴河海滨浴场沙滩的总和，号称“天下第一滩”，仅2002年就接待了350万游客。但自上个世纪90年代以来的过度开发使这片沙滩遭受沉重打击——沙质恶化变黑，防护林被砍伐，水土流失严重，大量原生植物消失。

在2003年召开的“全国风景名胜区保护工作会议”上，时任建设部副部长仇保兴说，很多地方急功近利，他们粗制滥造了一大批建筑。还有些地方盲目照搬国外的景区开发模式，不仅使中国风景资源的独特性和博大精深无从体现，还严重污染了环境。中国普通百姓也对种种乱开发行为表示了自己的不满。一家权威机构对市民所作的抽样调查显示，认为风景名胜区保护很好的占35%，认为人工化、商业化、城市化倾向比较严重的占60%以上。“古今中外，风景区都是精神活动场所而非经济活动场所，”著名学者谢凝高说，“但现在的情况令人忧虑。”幸运的是，中国各级建设、旅游部门已经意识到这个严峻的问题，各省区都陆续出台了一些具体的条例来对这种乱开发行为进行规范。

作为世界自然遗产之一的张家界，已经将景区内近34万平方米的建筑物全部拆除，恢复原貌，这个举措将花费10亿元人民币，高出历年来收益的数倍。但当地政府的态度很坚决，百姓也对此举表示拥护。

最近，庐山、武当山、峨嵋山等根据世界遗产标准的要求，先后拆除了价值近3000万元的违章建筑和商业设施；“世界上最古老的水利工程”都江堰拆除了价值2亿多元的违章建筑；庐山拆了价值2000万的建筑；峨眉山为整治环境花费近亿元；龙门石窟已经投入6200万，还将投入5100万元等。

不少省市的旅游风景区还在进行一项“居民剥离”工程。不仅有效地提高了景区的整体形象，还减少了人们的生活垃圾对景区环境的污染和破坏。中国最著名的山水城市桂林市已经在重要的自然景区搬迁3万居民，拆除了市内大量有碍景观的房屋建筑。日益红火的旅游业虽然给自然风景区带来了负面效应，但专家认为，越来越多的人开始改善他们与大自然的关系，他们的努力将使自然风景区重新走上良性发展的轨道。（摘自中国网）

第四节　文物的保护

风景名胜区属于自然与人文资源的综合体，在旅游活动中起着重要的作用。除此之外，还有一类人文资源在旅游业中也发挥着重要的引导作用，作为不可替代的吸引物出现在旅游活动中。人文资源同自然资源一样是旅游资源的重要组成部分，它是指那些在社会经济运行过程中形成，以人的知识、精神和行为为内容，本身不直接表现为实物形态，能为社会经济的发展提供对象、能源的要素组合。人的智慧和行为是人文资源的源头，充分体现着人类在其发展进程中的演变过程，还体现了各种族、民族和国家的风貌、特色及文化精神，是一部人类活动的进化史书。

文物是一类特殊的人文资源，是历史留给人类的在文化发展史上有价值的东西，如建筑、碑刻、工具、武器、生活器皿和各种艺术品，是人类历史发展过程中遗留下来的遗迹。文物从不同角度反映了各个历史时期人类的社会活动、社会关系、意识形态以及利用自然、改造自然和当时生态环境的状况，是人类宝贵的历史文化遗产。风景名胜区具有观赏、文化、科学价值；文物则具有历史、艺术、科学价值。

我国历史悠久，幅员辽阔，文物资源众多，故而文物的保护和管理是一项非常繁重的工作和任务。鉴于文物的不可替代和不可再生性，保护文物对旅游业的发展具有重要意义。《中华人民共和国文物保护法》于1982年11月19日第五届全国人民代表大会常务委员会第二十五次会议通过并颁布；1991年6月29日第七届全国人民代表大会常务委员会第二十次会议对其第三十条、第三十一条进行了修正；2002年10月28日第九届全国人民代表大会常务委员会第三十次会议对该法实行了修订；2007年12月29日第十届全国人民代表大会常务委员会第三十一次会议通过了《关于修改〈中华人民共和国文物保护法〉的决定》，对该法进行了第二次修正。

一、文物保护范围与特点

(一)文物的保护范围

根据《中华人民共和国文物保护法》规定，在中华人民共和国境内，下列文物受国家保护：

1. 具有历史、艺术、科学价值的古文化遗址、古墓葬、古建筑、石窟寺和石刻、壁画；

2. 与重大历史事件、革命运动或者著名人物有关的以及具有重要纪念意义、教育意义或者史料价值的近代现代重要史迹、实物、代表性建筑；

3. 历史上各时代珍贵的艺术品、工艺美术品；

4. 历史上各时代重要的文献资料以及具有历史、艺术、科学价值的手稿和图书资料等；

5. 反映历史上各时代、各民族社会制度、社会生产、社会生活的代表性实物。

文物认定的标准和办法由国务院文物行政部门制定，并报国务院批准。具有科学价值的古脊椎动物化石和古人类化石同文物一样受国家保护。

(二)文物的特点

在《文物保护法》上述规定中，十分明确地指出了国家保护文物的范围。国家保护文物的范围，也就是文物所包括的内容，也就是我们生活中通常所指的文物。由此文物有下面几个特点：

1. 文物一般具有历史、艺术、科学三个方面的价值。到每一件文物至少要具有其中一方面的价值，否则就不能称其为文物；

2. 文物应是重要的、有代表性的实物，是有一定文化标向的物品。不具备这一点，也不宜作为文物来保护；

3. 文物具有古老性和广泛性，是反映历代社会方方面面关联的代表性实物。文物之间具有广泛和密切的联系，能反映社会不同阶段和文化联系。保护文物要从全方位入手，才能使文物的价值不受损害。

二、我国文物的分类及所有权归属

(一)我国文物的分类

我国的文物按照其本身的性质分为不可移动文物和可移动文物。

不可移动文物包括古墓葬、古建筑、石窟寺和石刻、壁画、近代现代重要史迹和代表性建筑等，根据它们的历史、艺术、科学价值，可以分别确定为全国重点文物保护单位，省级文物保护单位，市、县级文物保护单位。

可移动文物包括历史上各时代重要实物、艺术品、文献、手稿、图书资料、代表性实物等可移动文物，分为珍贵文物和一般文物；珍贵文物分为一级文物、二级文物、三级文物。

(二)我国文物的所有权归属

根据《中华人民共和国文物保护法》规定，中华人民共和国境内地下、内水和领海中遗存的一切文物，属于国家所有。对于不可移动文物，例如古文化遗址、古墓葬、石窟寺属于国家所有；国家指定保护的纪念建筑物、古建筑、石刻、壁画、近代现代代表性建筑等不可移动文物，除国家另有规定的以外，属于国家所有。国有不可移动文物的所有权不因其所依附的土地所有权或者使用权的改变而改变。

对于下列可移动文物，属于国家所有：

1. 中国境内出土的文物，国家另有规定的除外；

2. 国有文物收藏单位以及其他国家机关、部队和国有企业、事业组织等收藏、保管的文物；

3. 国家征集、购买的文物；

4. 公民、法人和其他组织捐赠给国家的文物；

5. 法律规定属于国家所有的其他文物。

属于国家所有的可移动文物的所有权不因其保管、收藏单位的终止或者变更而改变。国有文物所有权受法律保护，不容侵犯。

属于集体所有和私人所有的纪念建筑物、古建筑和祖传文物以及依法取得的其他文物，其所有权受法律保护。文物的所有者必须遵守国家有关文物保护的法律、法规的规定。

三、我国文物的管理与保护

(一)我国文物管理机构

国务院文物行政部门主管全国文物保护工作。地方各级人民政府负责本行政区域内的文物保护工作。县级以上地方人民政府承担文物保护工作的部门对本行政区域内的文物保护实施监督管理。县级以上人民政府有关行政部门在各自的职责范围内，负责有关的文物保护工作。

（二）我国文物管理原则

我国文物工作贯彻保护为主、抢救第一、合理利用、加强管理的方针。文物是文化的特殊表现形式之一，是物化的文化。文物保护的核心目的，就是通过对实物的保护，真实、完整地保存其文化信息，通过管理手段和技术手段的干预，制止和修缮人为因素对文物造成的破坏，避免、减轻和延缓自然力对文物的损伤，使其尽可能久远地传递下去。对文物的保护也要分清工作主次和轻重缓急，突出抢救这一重点。另外在利用方面需要做好有度有序地使用文物来参与旅游开发、宣传教育以及科学研究，避免掠夺性和无节制使用。管理工作要跟上，协调文物的社会效益与经济效益的共同进步。

（三）我国文物保护和奖励政策

各级人民政府应当重视文物保护，正确处理经济建设、社会发展与文物保护的关系，确保文物安全。基本建设、旅游发展必须遵守文物保护工作的方针，其活动不得对文物造成损害。公安机关、工商行政管理部门、海关、城乡建设规划部门和其他有关国家机关，应当依法认真履行所承担的保护文物的职责，维护文物管理秩序。

国家发展文物保护事业。县级以上人民政府应当将文物保护事业纳入本级国民经济和社会发展规划，所需经费列入本级财政预算。国家用于文物保护的财政拨款随着财政收入增长而增加。国有博物馆、纪念馆、文物保护单位等的事业性收入，专门用于文物保护，任何单位或者个人不得侵占、挪用。国家鼓励通过捐赠等方式设立文物保护社会基金，专门用于文物保护，任何单位或者个人不得侵占、挪用。

文物是不可再生的文化资源。国家加强文物保护的宣传教育，增强全民文物保护的意识，鼓励文物保护的科学研究，提高文物保护的科学技术水平。

有下列事迹的单位或者个人，由国家给予精神鼓励或者物质奖励：

1. 认真执行文物保护法律、法规，保护文物成绩显著的；
2. 为保护文物与违法犯罪行为作坚决斗争的；
3. 将个人收藏的重要文物捐献给国家或者为文物保护事业作出捐赠的；
4. 发现文物及时上报或者上交，使文物得到保护的；
5. 在考古发掘工作中作出重大贡献的；
6. 在文物保护科学技术方面有重要发明创造或者其他重要贡献的；
7. 在文物面临破坏危险时，抢救文物有功的；
8. 长期从事文物工作，作出显著成绩的。

第五节 旅游景区质量等级评定

为了进一步加强对旅游景区的管理，全面推行旅游景区质量等级评定工作，规范旅游景区质量等级评定程序，促进旅游景区发展，维护旅游景区和旅游者的合法权益，2004 年，中华人民共和国国家质量监督检验检疫总局总结了以往的国内景区管理经验，结合了国内外先进的管理技术与流程，对1999年制定的GB/T 17775－1999《旅游景区质量等级的划分与评定》进行了修订，目的是进一步符合当前社会经济发展的需要和旅游景区的实际。

一、《旅游景区质量等级的划分与评定》中的三个概念

本标准中有三个关键定义需要首先明确：

(一)旅游景区(tourist attraction)

旅游景区是以旅游及其相关活动为主要功能或主要功能之一的空间或地域。本标准中旅游景区是指具有参观游览、休闲度假、康乐健身等功能，具备相应旅游服务设施并提供相应旅游服务的独立管理区。该管理区应有统一的经营管理机构和明确的地域范围。包括风景区、文博院馆、寺庙观堂、旅游度假区、自然保护区、主题公园、森林公园、地质公园、游乐园、动物园、植物园及工业、农业、经贸、科教、军事、体育、文化艺术等各类旅游景区。

(二)旅游资源(tourism resources)

自然界和人类社会凡能对旅游者产生吸引力，可以为旅游业开发利用，并可产生经济效益、社会效益和环境效益的各种事物和因素。

(三)游客中心(tourist center)

旅游景区设立的为游客提供信息、咨询、游程安排、讲解、教育、休息等旅游设施和服务功能的专门场所。

二、《划分与评定》中质量等级划分与评定方法

根据旅游景区质量等级划分条件确定旅游景区质量等级，按照《服务质量与环境质量评分细则》、《景观质量评分细则》的评价得分，并结合《游客意见评分细则》的得分综合进行。经评定合格的各质量等级旅游景区，由全国旅游景区质量等级评定机构向社会统一公告。

《服务质量与环境质量评分细则》中主要有八个指标进行综合评析，它们分别是旅游交通、游览、旅游安全、卫生、邮电、旅游购物、综合管理、资源和环境的保护八个方面。每一个评价项目继续分为若干评价子项目，并对各个子项目的分值进行累加，继而得出项目总分来确定其等级。《景观质量评分细则》中主要有资源吸引力和市场影响力两个大项进行考核，其中每个大项下面又有若干个小项，例如观赏游憩价值、历史文化科学价值、知名度、美誉度等，要进行逐个评价打分得出相应总分来作为考核依据。

《游客意见评分细则》是针对游客旅游印象与经历综合考核标准，也是旅游景区质量等级评定的重要参考依据。旅游景区质量等级对游客意见的评分，以游客对该旅游景区的综合满意度为依据。游客综合满意度的考察，主要参考《旅游景区游客意见调查表》的得分情况。《旅游景区游客意见调查表》由现场评定检查员在景区员工陪同下，直接向游客发放、回收并统计。该细则包括总体印象、游览内容、可进入性、内部游览路线等一系列指标作为参考标准。

三、旅游景区质量等级的评定

旅游景区质量等级评定工作，遵循自愿申报、分级评定、动态管理、分类指导的

原则来进行。

(一)评定范围

凡在中华人民共和国境内，正式开业从事旅游经营业务一年以上的旅游景区，包括风景区、文博院馆、寺庙观堂、旅游度假区、自然保护区、主题公园、森林公园、地质公园、游乐园、动物园、植物园及工业、农业、经贸、科教、军事、体育、文化艺术等旅游景区，均可申请参加质量等级评定。旅游景区质量等级评定，原则上只对具有独立管理和服务机构的旅游景区进行，对园中园、景中景等内部旅游点，不进行单独评定。

(二)评定机构

1. 国家旅游局旅游景区质量等级评定标准、评定细则的制修订工作。负责质量等级评定标准实施的监督检查。国家旅游局组织设立全国旅游景区质量等级评定委员会，负责全国旅游景区质量等级评定工作的组织和管理。

2. 各省级旅游行政管理部门组织设立本地区旅游景区质量等级评定委员会，并报全国旅游景区评定委员会。根据全国旅游景区质量等级评定委员会的委托，省级旅游景区质量等级评定委员会进行相应的旅游景区质量等级评定工作的组织和管理。

3. 级别划分与评定机构权限

根据《旅游景区质量等级的划分与评定》划分标准，旅游景区质量等级划分为五级，从高到低依次为 AAAAA、AAAA、AAA、AA、A 级旅游景区。旅游景区质量等级的标牌、证书由全国旅游景区质量等级评定机构统一规定。

4. 评定机构权限与其相应对应等级：

(1)3A 级、2A 级、1A 级旅游景区由全国旅游景区质量等级评定委员会委托各省级旅游景区质量等级评定委员会负责评定。省级旅游景区质量等级评定委员会可以向条件成熟的地市级旅游景区质量等级评定机构再行委托。

(2)4A 级旅游景区由省级旅游景区质量等级评定委员会推荐，全国旅游景区质量等级评定委员会组织评定。5A 级旅游景区从 4A 级旅游景区中产生。成为 4A 级旅游景区一年以上的方可申报 5A 级旅游景区。

(3)5A 级旅游景区由省级旅游景区质量等级评定委员会推荐，全国旅游景区质量等级评定委员会组织评定。

第六节　历史文化名城、名镇、名村的法律保护

一、历史文化名城

城市是以非农业产业和非农业人口集聚形成的较大居民点，一般包括了住宅区、工业区和商业区并且具备行政管辖功能。从历史角度来看，城市是人类社会经济文化发展的产物，是标志人类所处时代和所处地域的社会缩影，它反映了某个时代和地域在政治、经济、文化上的最高成就，是一批长期积累起来的历史文化遗产。作为具有悠久历史和灿烂文化的城市，我国先后选出来的三批历史文化名城是我国华夏文明的集中体现地，是我国具有重大历史意义的人类遗产。因此，历史文化名城的保护规划

对于继承中华民族优秀历史文化遗产有着重要意义。

根据《中华人民共和国文物保护法》，历史文化名城是指“保存文物特别丰富，具有重大历史文化价值和革命意义的城市”。迄今为止，国务院已审批的历史文化名城的城市共有112个，并对它们进行了重点保护。这些城市，有的作为帝国都城；有的是当时的政治、经济中心或重镇；有的发生过重大历史事件；有的拥有珍贵的文物遗迹；有的出产精美的工艺品；它们都在历史上都留下了光辉的痕迹。它们的存在为今天的人们了解中国历史提供了可能。历史文化名城的保护规划是从保护城市地区文物古迹、风景名胜及其环境为重点的专项规划，是文物管理和城市总体规划的重要组成部分。根据我国《中华人民共和国文物保护法实施条例》，历史文化名城，由国务院建设行政主管部门会同国务院文物行政主管部门报国务院核定公布。历史文化街区、村镇，由省、自治区、直辖市人民政府城乡规划行政主管部门会同文物行政主管部门报本级人民政府核定公布。县级以上地方人民政府组织编制的历史文化名城和历史文化街区、村镇的保护规划，应当符合文物保护的要求。

二、历史文化名镇、名村与街区

中国历史文化名镇(名村)，是由建设部和国家文物局共同组织评选的，保存文物特别丰富，且具有重大历史价值或纪念意义的，能较完整地反映一些历史时期传统风貌和地方民族特色的镇。申报历史文化名镇、名村，由所在地县级人民政府提出申请，经省、自治区、直辖市人民政府确定的保护主管部门会同同级文物主管部门组织有关部门、专家进行论证，提出审查意见，报省、自治区、直辖市人民政府批准公布。

三、历史文化名城、名镇、名村与街区的保护范围

具备下列条件的城市、镇、村庄，可以申报历史文化名城、名镇、名村。

(一)保存文物特别丰富；

(二)历史建筑集中成片；

(三)保留着传统格局和历史风貌；

(四)历史上曾经作为政治、经济、文化、交通中心或者军事要地，或者发生过重要历史事件，或者其传统产业、历史上建设的重大工程对本地区的发展产生过重要影响，或者能够集中反映本地区建筑的文化特色、民族特色。申报历史文化名城的，在所申报的历史文化名城保护范围内还应当有2个以上的历史文化街区。

四、历史文化名城、名镇、名村与街区管理相关法律要求和责任

(一)历史文化名城、名镇、名村与街区的确立

1. 保存文物特别丰富并且具有重大历史价值或者革命纪念意义的城市，由国务院核定公布为历史文化名城；

2. 保存文物特别丰富并且具有重大历史价值或者革命纪念意义的城镇、街道、村庄，由省、自治区、直辖市人民政府核定公布为历史文化街区、村镇，并报国务院备案；

3. 历史文化名城和历史文化街区、村镇所在地的县级以上地方人民政府应当组织编制专门的历史文化名城和历史文化街区、村镇保护规划，并纳入城市总体规划。

(二)历史文化名城、名镇、名村与街区法律责任

1. 历史文化名城的布局、环境、历史风貌等遭到严重破坏的，由国务院撤销其历史文化名城称号；

2. 历史文化城镇、街道、村庄的布局、环境、历史风貌等遭到严重破坏的，由省、自治区、直辖市人民政府撤销其历史文化街区、村镇称号；

3. 对负有责任的主管人员和其他直接责任人员依法给予行政处分；

4. 历史文化名城和历史文化街区、村镇的保护办法，由国务院制定。

第七节　世界遗产的保护

一、什么是世界遗产

世界遗产是指被联合国教科文组织和世界遗产委员会确认的人类罕见的、目前无法替代的财富，是全人类公认的具有突出意义和普遍价值的文物古迹及自然景观。狭义的世界遗产包括“世界文化遗产”、“世界自然遗产”、“世界文化与自然遗产”和“文化景观”四类。广义概念，根据形态和性质，世界遗产分为文化遗产、自然遗产、文化和自然双重遗产、记忆遗产、人类口述和非物质遗产(简称非物质文化遗产)、文化景观遗产。

二、我国与世界遗产公约

《保护世界文化和自然遗产公约》是联合国教科文组织于1972年11月16日在第十七届大会上正式通过的。该《公约》提出对具有突出的普遍价值的文化和自然遗产进行特别保护，因为这些文化和自然遗产对全世界人民都具有重要意义。自然遗产是指从审美或科学角度看具有突出的普遍价值的自然面貌、地质和自然地理以及生态环境、天然名胜或明确划分的自然区域。文化遗产是指从历史、艺术或科学角度看，具有突出、普遍价值的建筑物、雕刻和绘画，具有考古意义的成分或结构，铭文、洞穴、住区及各类文物的综合体。

1976年，世界遗产委员会成立，并建立《世界遗产名录》。中国于1985年12月12日加入《保护世界文化和自然遗产公约》，成为缔约方。1999年10月29日，中国当选为世界遗产委员会成员。中国于1986年开始向联合国教科文组织申报世界遗产项目。中国政府于1985年加入《公约》，至今已有世界文化遗产26处，世界自然遗产8处，文化和自然混合遗产4处，文化景观2处，总共计40处，在世界排名第三，仅次于意大利(45项)和西班牙(42项)，是名副其实的遗产大国。被“世界遗产委员会”列入《世界遗产名录》的地方，将成为世界级的名胜，可受到“世界遗产基金”提供的援助，还可由有关单位招徕和组织国际游客进行游览活动。至2010年止，在全球范围内，共有186个国家或地区加入《世界遗产公约》，成为缔约国(是目前加入缔约国最多的《公约》之一)。

三、世界文化遗产的评定原则

(一)《保护世界文化和自然遗产公约》规定，属于下列各类内容之一者，可列为文化遗产

1. 文物：从历史、艺术或科学角度看，具有突出、普遍价值的建筑物、雕刻和绘画，具有考古意义的成分或结构，铭文、洞穴、住区及各类文物的综合体；

2. 建筑群：从历史、艺术或科学角度看，因其建筑的形式、同一性及其在景观中的地位，具有突出、普遍价值的单独或相互联系的建筑群；

3. 遗址：从历史、美学、人种学或人类学角度看，具有突出、普遍价值的人造工程或人与自然的共同杰作以及考古遗址地带。

(二)世界文化遗产的具体评定标准共有六个，符合其中任意一条(除了第六条不能单独存在)就可以入选《世界遗产名录》

1. 代表一种创造性的天才杰作。例如金字塔，长城；

2. 在一定时期内或在世界某一个文化区域内产生过重大影响。例如凡尔赛宫(欧洲建立最早的，规模最大的，布局和规格影响欧洲两三个世纪)；

3. 一种文化的特殊证明，例如，伊朗的波斯波力斯宫是波斯帝国时期留下的，壁上的雕刻反映了波斯当时的情况，各国进贡情况，是文化证明。复活节岛，只遗留了巨大的石雕像，其他古物没有留下，只有靠石雕像来研究当时的历史；

4. 一个历史时期的典范。区别于第二条，典范是指更多方面的影响，例如梵蒂冈，影响 6～7 世纪，所有东西都是精华；

5. 难于保存的突出例证，例如印第安人保留区；

6. 与某些重大事件或先行传统思想或信仰或文学艺术作品有着直接和实质的联系。此条款不能单独成立。例如耶路撒冷、自由女神像。

四、世界文化遗产的评定原则

世界遗产的识别和申报程序，根据联合国教科文组织文件，世界遗产的识别和申报须遵循 9 大步骤：

1. 一个国家通过签署《保护世界文化和自然遗产公约》和保证保护该国的文化和自然遗产而成为缔约国；

2. 任何缔约国要把本土上具有突出普遍价值的文化和自然遗产列出一个预备名单；

3. 然后从预备名单中筛选要列入《世界遗产名录》的遗产；

4. 把填写好的提名表格寄给联合国教科文组织世界遗产中心；

5. 联合国教科文组织世界遗产中心检查提名是否完全，并送交国际自然与自然资源保护联盟(IUCN)和/或国际古迹遗址理事会(ICOMOS)评审；

6. 专家到现场评估遗产的保护和管理情况。按照文化与自然遗产的标准，国际自然与自然资源保护联盟(IUCN)和/或国际古迹遗址理事会(ICOMOS)对上交的提名进行评审；

7. 国际自然与自然资源保护联盟(IUCN)和/或国际古迹遗址理事会(ICOMOS)做出评估报告；

8. 世界遗产委员会主席团的 7 名成员审查提名评估报告，并向委员会做出推荐；

9. 由 21 名成员组成的世界遗产委员会最终做出录入、推迟录入或淘汰的决定。

【资料链接】

人民日报：巴西时间 2010 年 7 月 31 日晚(北京时间 8 月 1 日上午)，第三十四届世

界遗产大会开始审议中国河南登封“天地之中”历史建筑群申请列入世界文化遗产。

设在巴西利亚蓝树旅馆的大会会场，由 21 个国家的代表组成的世界遗产委员会，对本次提交的 30 多个申遗项目，进行投票审议。投票的代表们坐在前半部半圆形的会议桌前，后面，则是来自 187 个成员国的代表席。

20 时 30 分，大会报告人首先使用葡萄牙语介绍了登封“天地之中”历史建筑群的历史和文化价值以及世界遗产委员会的初步评估意见。伴随着大约 10 分钟的讲解，会场上巨大的屏幕逐一展示登封的地域图和实景图片。

紧接着，大会主席、巴西文化部长费雷拉请世界遗产委员会委员对该项目发表意见或是看法。早些时候，在这一环节上，斯里兰卡的申遗项目命运颇为波折——有代表提出了不同看法，对其申报自然遗产和文化遗产的双遗产项目提出质疑。

面对登封“天地之中”，会场居然一阵静默——无一代表提出异议。爱沙尼亚代表主动要求发言，有些出人意料，他并未提出任何反对意见，只说：“爱沙尼亚完全赞同将此列为世界遗产目录”。大会主席随即请报告人向大会提出审议结果意见。然后，大会再次征求代表意见，大家一致表示赞成通过。

大会主席宣布：登封“天地之中”历史建筑群列入世界文化遗产。此时，巴西时间 20 时 45 分。从审议到通过，只用了 15 分钟。无一人提出反对意见。而此前，围绕斯里兰卡的申遗项目，大会进行了 4 个多小时的讨论。

申遗走过的那 9 年。

掌声响了起来，河南代表团的成员也欢呼了起来。“天地之中”成为中国第三十九处世界遗产。中国也成为仅次于意大利、西班牙，拥有世界遗产数量最多的国家。

巴西审议，只用了 15 分钟，但申遗之路，整整走了 9 年。

去年，“天地之中”就已经参加了世遗大会的评审，但因为宣传、沟通不够遭遇“卡壳”，被大会认定为“补充材料再议”项目。在过去的一年中，国家和地方的相关部门与国际组织加强了沟通，对申报材料做了补充。今年 3 月，负责向大会提供专业意见的国际古迹遗址理事会向大会提出了把“天地之中”列入名录的推荐意见。所以，今年的申遗，在去年已给大家留下印象的基础上，进行得比较顺利。

此次申遗的“天地之中”历史建筑群包括了观星台、中岳庙、太室阙、启母阙、少室阙、会善寺、嵩阳书院、嵩岳寺塔、少林寺常住院、塔林、初祖庵等 8 处 11 项内容。这些古建筑历经汉、魏、唐、宋、元、明、清，形象直观地展现了中原地区两千多年的建筑历史，是中国时代跨度最长、建筑种类最多、文化内涵最丰富的古代建筑群之一。

9 年前，河南省就开始准备申报这一历史建筑群为“世界文化遗产”，以便更好地唤醒全社会的保护意识，同时也能让全世界分享中华民族这份丰富和珍贵的文化遗产。从 2006 年开始，在国家文物局和有关部门的关注、支持和指导下，河南省政府按照世界文化遗产的要求，认真组织申报工作，加强保护措施和规划，精心保护这一文化遗产。当地民众也为这个历史建筑群的申遗付出了巨大努力。

愈加严格的标准。

近些年，全球各国对世界遗产的重视和关注都在增强。在今年的世界遗产大会上，就有 3 个国家第一次提出申报世界遗产。此外，对世界遗产的评估标准也越来越严格。在审议中国申报项目之前，斯里兰卡和越南的申报项目在审议时就受到质疑或有不同意见，需要一轮又一轮的讨论和答辩。因此从巴西时间 7 月 30 日下午开始的审议进程进行得非常缓慢，当天的会议延续到 22 时才结束。

2010 年大会要审议 33 个国家的 30 多个新申报项目，“天地之中”历史建筑群虽然列在第十四项，但是到 31 日 20 时 30 分，才进入审议程序。站在会场之外的中国记者焦急地等待了两天，会场内中国代表团和河南省代表团更是疲惫不堪地翘首期待。

国家文物局副局长童明康是本次中国代表团团长。他说，“世界遗产委员会对申报工作的要求越来越严格，这需要我们事先做好充分的准备，不能有一点儿马虎。我们是唯一连续多年，每年都有文化项目登录世界遗产的国家。因此，别的国家对中国申遗项目更加关注。”童明康强调，这次登封“天地之中”历史建筑群成功申遗的原因是，中方有效地解释了“天地之中”这个中国古代天文学物象与至高无上的皇权的相互作用，以及这一概念对该地区的历史建筑、宗教、艺术的综合影响。这个解释得到了世界遗产委员会专家的一致认可。（人民日报驻巴西记者　吴志华）

【专家视线】

人民日报记者吕绍刚于近日专访中国文物学会名誉会长谢辰生。谢老阐述了他对世界遗产的观点：

对于一个民族来说，历史是根，文化是魂。如果一个民族忘掉了历史和传统，就好比断了根，丢了魂。文化遗产是民族历史文化的重要载体。保护它，正是为了维系我们的根和魂。文化遗产保护，关键是要树立这样一种正确的遗产观。

得知河南登封“天地之中”历史建筑群列为世界文化遗产，我很高兴。这是值得庆贺的一件事，但同时，我们也应意识到，申遗成功只是开始。文化遗产保护的路途，还很漫长。

世界遗产，不管是分成“自然遗产”或是“文化遗产”，最重要的它们是文明的见证。

这些年，我们也常看到，有些地方，申报世界遗产的时候很积极，申报完了就不积极了。原因在于，往往申报上了，游客多了，门票高了，坐地收钱就可以。还有的时候，申遗并不能立竿见影，急于“贴现”的地方政府热情，马上会从沸点降到冰点。

这些现象的根源，主要在于对申报目的的不理解。我们为什么申报世界遗产呢？是因为它们很重要，要保护好留给后代。申报上了，使之名扬四海固然很好。在管理好的基础上，获得经济收益，当然也很好。但最主要目的，还是为了更好地保护它们，而不是急功近利地拿去赚钱。否则，还不如不申报！杀鸡取卵形成的旅游业，其实就是泡沫经济，只重视眼前利益、集团利益、地方利益，甚至个人利益。这可怕极了。

作为一个为文物奔走了大半辈子的人，我既为我国文物工作取得的各项成就感到欣慰，也为当前文物保护工作面临的巨大挑战忧心忡忡。比如，有的地方，在文化遗产旁边修建人造龙宫，成了政绩工程。结果，要申报了，人家考察团一看，非拆不可。一建一拆，耗资上亿。舍得花钱造假古董，不舍得花钱保护真文物。有的地方，把文化遗产交由旅游企业经营。遗产的高品位与遗产管理者的低素质之间形成的鲜明反差，深深地影响了遗产的保护和可持续发展。

建设性破坏、开发性破坏屡见不鲜。这对于世界遗产的新军河南登封“天地之中”来说，都是值得警惕的。

不少人把遗产保护不力，归咎于资金不足。在我看来，很多时候，实际情况并非如此。现在景区门票收入很高，动辄上千万上亿元，用这些钱来保护文物绰绰有余。说没钱是假的，钱没用到刀刃上是真的。所以，主要不是钱的问题，而是观念的问题。

所以，我一直强调，对于一个民族来说，历史是根，文化是魂。如果一个民族忘掉了历史和传统，就好比断了根，丢了魂。文化遗产是民族历史文化的重要载体。保护它，正是为了维系我们的根和魂。文化遗产的保护，关键是要树立这样一种正确的遗产观。如此，我们方能更好地找到回家的路。

五、我国世界遗产的保护

一个国家拥有世界遗产的多寡，是国家历史和文化发展的见证，反映了这个国家、民族和国家的人民在人类文明的长河中，曾经为人类文明贡献出的智慧和做出的贡献。世界遗产是历史留给全人类的宝贵财富，每一处世界遗产都应该是人们相聚、分享和热爱的地方，所以保护世界遗产、将它们传给子孙后代，是世界遗产最核心的价值观。保护、抢救和发掘世界文化和自然遗产，让散落在每一处角落的世界遗产都得以完好得保存是人类文明和国际社会可持续发展战略的一个重要组成部分，是每个国家的重要职责，也是全人类的共同义务。联合国教科文组织通过的《保护世界文化和自然遗产公约》第一次以国际社会的名义向各个会员国以及整个人类社会发出倡议，保护世界遗产，保护我们人类自己。人类的战争与动乱，特别是第二次世界大战的破坏以及战后工程建设时无视保护遗产的不断破坏，对世界遗产造成了沉重的破坏和无法挽回的结果，迫使联合国教科文组织从1954年至1968年出台了《武装冲突情况下保护文化财产公约》(在海牙通过)、《关于保护受到公共或私人工程危害的文化财产的建议》(在巴黎通过)等国际性法制性的重要文件。就是在这样的基础上，进而产生了《保护世界文化和自然遗产公约》。联合国教科文组织还陆续通过了《关于在国家一级保护文化和自然财产的建议》、《关于历史地区的保护及当代作用的建议》等加强保护遗产的重要文件。

加强保护我国的世界遗产对我国文化事业的发展至关重要，也必须完全应该遵守公约和体现宪章的原则。否则，一旦出现“濒危”性的破坏，必将损坏属于人类共有的最珍贵的文明遗存的同时，也将严重影响和损害国家的声誉与形象。世界遗产与旅游的关系不言而喻，旅游为人们认识遗产价值提供了最直接、最有效的途径；世界遗产为旅游提供了优质的资源和旅游吸引物。正如联合国教科文组织总干事松浦晃一郎所说，旅游让人们真正感受世界遗产，世界遗产让人们的旅游更增趣味。然而如何在发展旅游业和保护世界遗产两者之间寻求平衡，不致使遗产遭到破坏却是各国普遍遇到的问题。旅游业的蓬勃发展，为我国带来了巨大的经济效益，为国民经济作出了重大贡献。然而我国历史灿烂悠久，中华文化博大精深，在中华大地上的世界遗产蕴藏的和生发出来的历史、艺术、文化价值才真正是永恒的和无法衡量的。寓教于游的文化效益，更是旅游发展的第一位的目的。文化和自然并蓄的观念是中国文明的基本观念，是中国传统文化中“天人合一”思想的集中体现。旅游活动从本质上讲是一种文化活动。无论是旅游消费活动还是旅游经营活动都具有强烈的文化性。只有挖掘出文化内涵，它才会具备吸引旅游者的魅力。因此，保护我国现有和继续挖掘世界遗产，让更多的世界人民共享中华文明宝库及领悟中国风光之神采，是我国现阶段文化建设的重要内容。作为旅游业主要吸引物之一，我国的世界遗产将继续在旅游业发展的道路上发挥更大的作用。

然而，在我国的不少世界遗产地，为了地区经济的发展，兴建了许多新建筑而导致遗产周围过度商业化；有的在遗产地周边实施掠夺性开发、破坏性建设；有的紧邻景区建星级宾馆、饭店，修缆车、索道等现代设施，这些情况，都严重破坏了遗产的整体性。再加之迫于当地经济发展的要求下，有些地区将已列入保护内容的世界遗产视为旅游发展的“商品”、“产品”、“品牌”等，抛弃“世界遗产”本质属性的文化价值和品位高低，形成“金钱挂帅”，只顾追求商品化的利益，那就不可避免地出现危害世界遗产保护的问题。这是非常值得各级政府与旅游业主管部门注意的事情，需要认真研究，合理规划。

>>> 典型案例

历史文化名城保护与发展

1. 哈尔滨市：分步骤对历史建筑及其环境进行保护

经过20多年的摸索，哈尔滨市对历史文化名城保护逐步明确了“不仅要保护历史建筑，而且要保护其环境”，“不仅要保护历史街区，而且要保护城市格局脉络和城市特色风貌”；“保护与利用相结合，古为今用、洋为中用”的理念。

根据这一理念，哈尔滨市的城市规划部门采取了一系列措施来保护历史文化名城。首先，明确了保护范围，确定了247栋保护建筑和14个保护街区，实行挂牌保护。其次是逐步建立了历史文化名城保护成果体系，从总体规划到专项规划以及控制性详细规划和修建性详细规划，先后编制完成了名城保护总体规划，中央大街一期、二期综合整治规划，索菲亚教堂广场一期、二期、三期改造规划设计等200多规划成果，实现了名城保护规划设计宏观、中观、微观的结合，有效地指导了城市建设和历史文化名城的保护利用工作。最后是分阶段逐步编制和实施名城保护专项规划。第一个阶段是从1984年到1996年，主要是对历史文化遗址、保护建筑的单体着手进行普查、调研，修缮和保护；第二阶段是1996年到2001年，主要是对极乐寺周边、中央大街两侧、道外靖宇二道街、圣索菲亚教学广场等历史文化遗址、保护建筑的周边环境进行综合整治，拆除了十年动乱期间形成的大量私建、滥建建筑物、构筑物，再现了城市风貌特色；第三个阶段是2002年至今，主要是成规模地整片保护与利用，包括中央大街步行街街区进行保护改造、太阳岛俄罗斯小镇改造、滨江道台府、清真寺广场、犹太教建筑街区等地区的改造、保护与利用。

2. 上海市：不同的历史建筑采用不同的保护措施

在上海，在大规模快速进行城市改造和建设的背景下，为了更好地保护历史文化遗产，上海市城市规划管理局通过组织专家研究、借鉴外国先进经验，又针对衡山路—复兴路这个历史风貌区建筑低而适中这一特点，明确了在整个风貌区内严格控制建筑总量，核心保护区内坚持“原拆原建”，即严格保持现有建筑总量，严格控制风貌区内新建筑的高度。同时也认识到，真正意义的城市保护是整体意义的保护。它不仅包括那些重要建筑物的保护，也包括那些重要建筑物所在整体环境的保护。这就确定了该风貌区的五大类保护要素：建筑、空间、环境、机理以及其他要素。

因为风貌区内的大多数需要保护的建筑都面临着维护与整修，部分建筑还需要进行改造与更新。所以用历史的眼光、从建筑在类型与风格上的典型性、建筑在区位景观中的重要性、建筑在形成城市空间特色中所起的作用以及建筑的实际质量状况等方面对每一座建筑进行分类都是很重要的。所以，区域内的建筑被分为保护建筑、保留历史建筑、一般历史建筑、应当拆除的建筑和其他建筑五类。不同的建筑有不同的保护要求。例如，“保留历史建筑”，要求一般不得拆除，而被定为“一般历史建筑”的，允许拆除重建，但重建建筑一般要求原面积、原高度，而且必须与原有建筑的风貌相协调。

同时考虑到城市街道空间也是城市历史文化风貌的重要组成部分，所以确定了40条道路为风貌保护道路，并明确要控制保护风貌道路现有空间尺度和景观特征，风貌保护道路不允许对其拓宽。对部分由于交通需要不得不拓宽的风貌道路，要尽量保护道路两侧具有保护价值的建筑，保持道路两侧原有建筑界面的高度和尺度。

3. 西安市：对老城区的历史文化区域进行分类保护

西安是中国历史文化名城中文化遗存最多的城市之一。西安的明城墙以及城市配套设施中的钟楼、鼓楼、护城河都保存完整，使得600多年前的城市格局至今仍能清晰可见，可以说，明代西安古城称得上是中国所保存的规模最大的、最为完整的古代城市。所以西安老城区是历史文化名城的主核心区，是西安古城的“精神”所在，因此，就必须通过对文物的保护、对历史风貌的保护、以及对近现代特色建筑和具有不同时代、不同风貌的民居的保护来体现西安的传统格局；通过对传统建筑的内部设施改造，赋予古建筑新的功能。

首先将西安中心市区历史文化区域分为三类：古遗址区域、古城墙及其以内区域、历史文化风貌区域。古遗址区域指被列为文物保护单位的古代所遗留下来的村落、城苑、宫殿等保护区域。古城墙及其以内区域指明洪武年在隋唐皇城基础上扩建保留至今的西安城墙区域和城墙以内区域。历史文化风貌区域指以文物古迹为依托，所形成的体现文物景观、环境风貌和其所在历史时期文化特色的一定范围的区域。其次是将西安建成具有历史文化特色的文化之都。最后，由于认识到随着开发和改造的进行，建设密度的增大，老城的脉络也正在逐步消失，同时，在一些未改造的地区，由于高度限制，又造成了改造与保护的冲突。针对此，西安将拟定一个百年计划，以可持续经营城市的观念，结合老城区的实际情况，保护及恢复历史街区，逐步恢复西安历史名都的风貌。

4. 南京市：凭借独特的历史自然资源环境进行保护

众所周知，南京不但地势重要，而且历史文化资源深厚。石头城就曾是东吴镇守长江的军事要塞，“鬼脸照镜”这个自然奇观也是南京地方文化的重要组成部分。

20世纪50年代初，该地区内的城墙外侧基本上是河滩，内侧多为未开发的山体。但随着城市的发展，建设用地的增多，城墙也严重失修。到20世纪末，更有不少建筑紧靠城墙而建。由于该地区长期处于城市的边缘地带，城市基础设施差，经济缺乏活力，所以它面临着改造问题，这也就意味着要面临保护历史文化资源的问题。

规划专家们从城市的整体发展以及空间格局变化趋势入手，分析了整个外秦淮河在城市发展中的地位。确立了“保护与利用独特的历史、自然环境资源”的原则。提出保护“河、墙、山、城”格局要素，展现城墙及其环境，突出整体风貌；综合现状条件和城市未来发展需要，高速用地，改善交通，努力使明城墙及其周边地区面为面向全市的重要的、具有历史内涵的公共场所；并在此基础上逐步将其发展成南京文化历史旅游体系的重要组成部分。

问题：结合这四个案例，谈谈你对保护历史文化名城——济南市的认识。

>>> 复习思考题

1. 什么是旅游资源？旅游资源的保护意义是什么？
2. 什么是风景名胜区？我国风景名胜区的等级是如何划分的？
3. 什么是文物？我国文物法规定的文物主要有哪几类？
4. 文物的保护范围有哪些？
5. 旅游景区划分为几个等级？其划分标准的主要参考依据是什么？
6. 什么是城市？什么样的城市可以被列入历史文化名城？
7. 什么是世界遗产？我国现在有多少处联合国认可的世界遗产？
8. 世界文化遗产的选定标准是什么？

第八章　旅游安全及保险管理法规

>>> 课前导读

旅游安全管理工作直接关系到广大游客的生命财产安全。切实做好旅游安全管理工作，是各级旅游部门和旅游企业贯彻“三个代表”重要思想、创建全国文明城市、构建社会主义和谐社会的具体体现，是旅游部门和旅游企业义不容辞的责任。旅游主管部门和旅游企业要切实强化“没有安全就没有旅游”的意识，认真按照“安全第一、预防为主”的方针，落实好旅游安全管理责任制，努力掌握相关旅游安全管理法规和制度，提高处理实际问题的能力。

>>> 学习目标

1. 旅游安全管理法规概述：我国旅游安全的现状以及其相关法律。
2. 掌握旅游安全事故及处理的主要内容。
3. 了解外国旅游者重大伤亡事故的处理。
4. 了解旅游业所需的保险知识和保险合同。
5. 旅行社责任险。

第一节　旅游安全和旅游安全法规

旅游安全是影响旅游业持续发展的一个重要因素，是旅游业的生命线，也是旅行者外出旅行所要考虑的第一要素。它不仅关系到旅游者的生命财产，而且还关系到旅游目的地的整体形象，是旅游经济稳定运行的重要保障，是我国旅游服务业在发展过程中贯彻“以人为本，安全第一”的安全理念的必然要求。纵观在我国发生的重大旅游安全事故，不难分析出其产生的原因是由于旅游景区安全管理意识淡薄、旅游行政主管部门监管不力、旅游者自身旅游安全防范意识不强所导致。因此，加强旅游景区和旅游企业安全管理意识、建立良效的旅游安全预警机制、大力加强旅游安全教育的普及和增强旅游者自身的安全意识是我国现阶段旅游发展的重要任务和责任。

一、旅游安全管理

我们将旅游解释成人们为寻求精神上的愉快感受而进行的非定居性旅行和在游览过程中所发生的一切关系和现象的总和。从另一个角度来说，旅游就是旅游者要离开居住或工作地，非长期性地到一个非常住地的地方进行的非盈利性质为主的活动；同时在此过程中，旅游目的地要提供各种旅游接待设施以满足旅游者的各种旅游需求。不难看出，旅游安全问题贯穿旅游活动的始终：由熟悉环境转入不熟悉的环境造成的不适应感为主的环境安全；在旅游过程中乘坐各种旅游交通工具和游览过程中的各种服务设施造成的安全隐患；繁忙紧张的旅游活动安排造成体力下降从而造成的健康安全隐患；旅游过程中饮食造成的食品卫生安全隐患；还有与不同地方的居民与旅游服务人员容易引起误会摩擦进而造成的治安隐患等等。这些问题都会引发各类旅游安全问题，也是旅游主管部门在监管上重点要进行防范的地方。国家旅游局和公安部多次联合发文督促各地旅游主管部门重视旅游安全工作，采取有效措施保障旅游者的安全，切实做好旅游安全工作，保障我国旅游业的健康发展和对外开放工作的的顺利进行。

高玲、郑向敏在《国外旅游安全研究综述》中将传统旅游安全和国外旅游危机表现作了列举。前者主要指在旅游活动中发生频率高、比较容易控制、影响范围相对较小的旅游安全问题，即按照传统的"旅游六要素"将其分为旅游饮食安全、住宿安全、旅行安全、游览安全、旅游购物安全和旅游娱乐安全 6 个方面(见表 8.1)。后者主要指旅游危机的各种在国际上的表现，(见表 8.2)。

表 8.1　传统旅游安全问题研究

类型	主要研究内容	代表学者	年份
旅游饮食安全	食物安全 饮食安全认知研究 饮食业的安全管理	David Walezak Anita Eves Bente Halkier	2004 2005 2006
旅游住宿安全	住宿安全管理 住宿业危机研究	Wilco W. chan W. K. Chow	2002 1989
旅行安全	旅行安全事故	Jeffrey Wilks	1999
游览安全 旅游购物安全 旅游娱乐安全	表现形式	Patrick T Long David Harrison	1996 1994

表 8.2　国外旅游危机的表现形态研究

表现形态	主要研究内容	代表学者	年份
旅游与和平	旅游与和平的关系	A. J. Burkart	1988
恐怖主义	地区案例 9·11 恐怖事件	Heba Aziz 等 A dam Blake	1995 2003
犯罪	对犯罪的态度 犯罪的影响	Paul Brunt Leland L. Nichols	2000 1976
战争	地区案例	Valene L. Smith	1998
政治不稳定	不同类型分析	Dan A. Cothran	1998
传染性疾病	不同类型分析	Brian Hill Ming-Hsiang Chena	1995 2007
环境、气候	关系与影响分析	Daniel Scott	2007
经济、社会危机	案例分析	Bruce Prideaux Bryan H. Farrell	2003 1979

二、我国旅游安全法规概述

加强旅游安全管理，保障旅游者人身、财物的安全，是旅游行政主管部门和旅游从业人员的义务和责任。旅游目的地国家和地区如果频繁发生旅游安全事故，除了造成了重大的游客人身财产损失外，还会严重地影响了目的地的整体形象，阻碍了旅游业的正常发展，给旅游安全管理敲响了警钟。随着旅游社市场的不断开放，国内旅游社的竞争愈演愈烈，旅游安全形势将更加严峻，传统的旅游安全管理模式已经越来越不适应新形势的要求。旅游安全正在成为旅游业的重中之重，旅游安全已成为社会各个方面关注的焦点。国家旅游局对此予以高度关注和重视，自 1990 年制定《旅游安全管理暂行办法》之后，于 1994 年又发布了《旅游安全管理暂行办法实施细则》，从而使我国旅游安全管理步入法制化的轨道。另外随着旅游热的逐步升温，旅游安全问题显得日益突出，为此，国务院为了保证特别重大事故的调查工作顺利进行，于 1989 年 3 月 29 日发布了《重大旅游安全事故处理程序试行办法》；1993 年 4 月 15 日，国家旅游局为及时了解和妥善处理好重大旅游安全事故，公布了《重大旅游安全事故报告制度试行办法》。这一系列法规的出台，使我国的旅游安全管理工作初步纳入规范化和制度化的轨道，体现着我国在旅游安全管理工作方面向法制化建设方面的成就，做到旅游安全工作有法可依，有章可循。

三、我国旅游安全法规管理的原则

作为旅游业发展的关键因素之一，旅游安全是一切发展的保障和前提。旅游安全工作是一项复杂、系统的工作，涉及面广，管理难度大，对各级政府主管部门来说如何进行科学管理和调控是个宏观的系统工程。《旅游安全管理暂行办法》明确规定：旅游安全管理工作应遵循统一指导、分级管理、以基层为主的原则。旅游安全管理工作应在国家旅游行政主管部门的统一领导协调下，由各级旅游行政管理部门建立和完善旅游安全管理机构。各级旅游行政管理部门，在当地政府的领导下，会同其他有关部门，对旅游安全进行管理，形成系统的管理和监控网络。各级旅游管理部门、各旅游经营单位应该按照国家和地方旅游安全工作的统一部署，配合已制定出的旅游安全生产工作的要求，牢固树立“没有安全就没有旅游”的思想，密切配合相关部门积极开展安全生产和企业安全检查工作，采取行之有效的管理措施，杜绝发生重、特大旅游安全生产事故，各旅游安全监管部门还应明确各成员单位的职责，制定多级响应机制，形成统一领导、分组负责、职责明确、运转有序、反应快速、处置有力、依法规范的应急处置体系，这对最大限度地预防和处置旅游突发公共事件及其造成的损害将起到关键性作用。

第二节　旅游安全管理方针和管理机构

一、旅游安全管理的方针

《旅游安全管理暂行办法》第一章中第二条明确规定：旅游安全管理工作应当贯彻“安全第一，预防为主”的方针。“安全第一”是指旅游活动中，各级旅游管理部门、各旅游经营单位和旅游业从业人员，何时何地都要把旅游安全工作放在首要位置。这不仅关系到整个旅游业的形象和信誉，还关系到整个行业的建设与发展，另外也与各经营单位和个人的切身利益紧密相关。旅游安全是旅游业持续、健康发展的必要条件，没有旅游安全也就没有旅游业的生存与发展。“预防为主”指的是所有安全工作的重心应该牢牢地把握预防工作的优先性和重要性，切不可等到安全事故发生后再采取临时解决办法。预防工作要求各级旅游管理部门、各旅游经营单位和旅游业从业人员充分认识到预防工作的重要性，增强旅游安全责任意识，建立各项旅游安全规章制度，严格按照旅游安全规章制度去做，加强风险防范意识，切实肃清所有安全隐患，真正做到“预防为主”。

“安全第一，预防为主”方针更重要的是如何保证其实施和在具体的旅游工作中加以执行与落实。以旅行社为例，在旅行安排工作上，旅行社应充分考虑影响旅游者安全的要素，例如天气、地理因素、行程安排、旅游路线等可能会造成安全隐患的问题，制定严密的行程安排。特别是在组织具有一定风险性的旅游活动时，比如登山、汽车和摩托车拉力赛、狩猎、探险等，要制订周到的安全保护预案和急救措施，尽量避免危害事件的发生。涉及特殊和重要旅游团队须按相关规定报有关部门审批。另外，旅行社应对租用的运载旅游者的车辆做到认真审核，选择经营信用佳、管理程度高、保险齐备的旅游汽车公司的车辆；挑选责任心强、技巧过硬、熟悉旅游线路的专业旅游车驾驶员；租用车辆时应按照行业规定，与旅游汽车公司签署合同，明确旅行社与旅游汽车公司之间的任务和责任。在人员方面，旅行社所选的导游人员必须了解相关的导游法规和条例，导游人员在引导旅游者旅行、游览过程中，应当就可能发生危及旅游者人身、财物安全的情况，向旅游者作出真实说明和明确警示，并按照旅行社的要求采取防止危害发生的措施。例如提醒旅游者不要私自进入安险区域，提醒游客照管好所带个人物品，避免发生遗失、被窃现象。在夜晚住宿时，应主动了解并向旅游者介绍所在饭馆的安全通道，以备发生紧急情况时安全分散游客。导游人员在引导旅游者旅行、游览过程中，遇有可能危及旅游者人身安全的紧急情形时，经征得多数旅游者的同意，可以调整或者变更接待计划，但是应当立即报告旅行社。突遇险情或者危害事故发生时，导游人员要冷静沉着，并迅速采取应急抢救救援措施，及时将事故发生情况通知旅行社和有关部门，旅行社应立即派人员赶赴现场，协助有关部门做好救济及善后处理工作。

二、旅游安全管理机构

国家旅游局在1994年出台的《旅游安全管理暂行办法实施细则》第二章第二条中明确规定：旅游安全管理工作实行在国家旅游管理部门的统一领导下，各级旅游行政管理部门分级管理的体制。在统一领导下，各级旅游行政管理部门依法保护旅游者的人身、财物安全。

(一)我国旅游安全管理机构主要有以下职责

1. 指导、督促、检查本地区旅游企、事业单位贯彻执行本办法及国家制定的涉及旅游安全的各项法规的情况；

2. 组织、实施旅游安全教育和宣传；

3. 会同有关部门对旅游企、事业单位进行开业前的安全设施检查验收工作；

4. 督促、检查旅游企、事业单位落实有关旅游者人身、财物安全的保险制度；

5. 受理旅游者有关安全问题的投诉，并会同有关部门妥善处理；

6. 建立和健全安全检查工作制度，定期召开安全工作会议；

7. 参与涉及旅游者人身、财物安全的事故处理。

（二）国家旅游行政管理部门安全管理工作的职责是

1. 制定国家旅游安全管理规章，并组织实施；

2. 会同国家有关部门对旅游安全实行综合治理，协调处理旅游安全事故和其它安全问题；

3. 指导、检查和监督各级旅游行政管理部门和旅游企事业单位的旅游安全管理工作；

4. 负责全国旅游安全管理的宣传、教育工作，组织旅游安全管理人员的培训工作；

5. 协调重大旅游安全事故的处理工作；

6. 负责全国旅游安全管理方面的其他有关事项。

（三）地方旅游行政管理部门安全管理工作的职责是

1. 贯彻执行国家旅游安全法规；

2. 制定本地区旅游安全管理的规章制度，并组织实施；

3. 协同工商、公安、卫生等有关部门，对新开业的旅游企事业单位的安全管理机构、规章制度及其消防、卫生防疫等安全设施、设备进行检查，参加开业前的验收工作；

4. 协同公安、卫生、园林等有关部门，开展对旅游安全环境的综合治理工作，防止向旅游者敲诈、勒索、围堵等不法行为的发生；

5. 组织和实施对旅游安全管理人员的宣传、教育和培训工作；

6. 参与旅游安全事故的处理工作；

7. 受理本地区涉及旅游安全问题的投诉；

8. 负责本地区旅游安全管理的其它事项。

（四）旅行社、旅游饭店、旅游汽车、游船公司、旅游购物商店、旅游娱乐场所和其它经营旅游业务的企事业单位是旅游安全管理工作的基层单位，其安全管理工作的职责是

1. 设立安全管理机构，配备安全管理人员；

2. 建立安全规章制度，并组织实施；

3. 建立安全管理责任制，将安全管理的责任落实到每个部门、每个岗位、每个职工；

4. 接受当地旅游行政管理部门对旅游安全管理工作的行业管理和检查、监督；

5. 把安全教育、职工培训制度化、经常化，培养职工的安全意识，普及安全常识，提高安全技能，对新招聘的职工，必须经过安全培训，合格后才能上岗；

6. 新开业的旅游企事业单位，在开业前必须向当地旅游行政管理部门申请对安全设施设备、安全管理机构、安全规章制度的检查验收，检查验收不合格者，不得开业；

7. 坚持日常的安全检查工作，重点检查安全规章制度的落实情况和安全管理漏洞，及时消除不安全隐患；

8. 对用于接待旅游者的汽车、游船和其它设施，要定期进行维修和保养，使其始

终处于良好的安全技术状况，在运营前进行全面的检查，严禁带故障运行；

9. 对旅游者的行李要有完备的交接手续，明确责任，防止损坏或丢失；

10. 在安排旅游团队的游览活动时，要认真考虑可能影响安全的诸项因素，制定周密的行程计划，并注意避免司机处于过分疲劳状态；

11. 负责为旅游者投保；

12. 直接参与处理涉及本单位的旅游安全事故，包括事故处理、善后处理及赔偿事项等；

13. 开展登山、汽车、狩猎、探险等特殊旅游项目时，要事先制定周密的安全保护预案和急救措施，重要团队需按规定报有关部门审批。

打造良好的安全环境，切实保护旅游者的生命财产安全是旅游管理部门的神圣职责。安全责任重于泰山，安全工作重在预防为主，各级安全管理部门应当切实强化落实好旅游安全责任制，广泛深入地开展旅游安全宣传教育工作，组织经常性安全大检查，杜绝各种安全隐患，确保旅游业的健康发展。

第三节　旅游安全事故的处理

一、旅游安全事故概念及划分

(一)旅游安全事故概念

旅游安全事故，是指旅游活动过程中所发生的涉及旅游者人身、财物安全并达到一定程度的安全责任事故。安全事故的研究和妥善处理方法的采集有助于提高旅游者安全防范意识和预防安全事故的发生，也可以给政府和旅游安全管理部门系统建立旅游安全保障措施带来理论上的指导和帮助。

(二)旅游安全事故的等级

按照有关规定，旅游安全事故分为轻微、一般、重大和特大事故四个等级(见表 8.3)

表 8.3　旅游安全事故等级

旅游安全事故	造成旅游者伤害	经济损失的程度
轻微	轻伤	1 万元以下
一般	重伤	1 万—10 万元(含 1 万)
重大	死亡、重伤致残	10 万—100 万元(含 10 万)
特大	死亡多名	100 万元以上，或性质特别严重，产生重大影响者

另：《重大旅游安全事故处理程序试行办法》补充规定：“涉外旅游住宿、交通、游览、餐饮、娱乐、购物场所火灾及其他恶性事故”、“造成海外旅游者人身重伤、死亡的事故”也属重大事故。

(三)旅游安全事故发生的原因

1. 旅游者对自身安全意识淡薄

许多旅游者对旅游地的旅游活动场所的安全隐患了解不足，又在旅游活动中由于紧张的旅游计划和身体的劳累造成麻痹大意，在没有做好充足准备的情况下，盲目活动，冒险行动，以至于酿成灾害事故。

2. 旅游景区安全防范和预警机制不足

许多景区在安全防范工作方面做得不够细致。由于盲目追求经济利润，而忽视安全生产投入，造成安全生产技术落后和设施不足或老化等方面存在安全隐患。另外应急救援体系和机制不完善，对突发事件的应急预案滞后于旅游发展。

3. 安全主管部门监管不力，意识淡薄

旅游行政主管部门对旅游相关企业的监管制度不健全造成监管工作不及时和不到位，监管手段有待创新，对旅游安全问题的严肃性和重大性认识不足。

4. 法制建设急需加强

随着旅游业的发展，旅游安全事故和相应的法律纠纷的出现，凸显出我国目前旅游法制还不够健全，相关法律法规有待于进一步完善。

(四)旅游安全事故的主要表现

消费者在旅游过程中人身、财产安全受到损害的集中表现为：

1. 不洁餐饮引起的食物中毒；

2. 宾馆发生的财物被盗和其他人身伤害案件；

3. 有的旅行社为降低成本，违规操作，让司机兼做导游，因疲劳驾驶，导致车毁人亡；

4. 旅游交通方式，如车、船超负荷运作，给消费者的人身安全造成的威胁；

5.“黑车”、“黑导游”坑害游客；

6. 旅行社不履行告知义务，擅自转团，使旅游服务质量及安全难保；

7. 为降低成本，旅行社不给消费者办理旅游意外保险等。

二、旅游安全事故处理一般程序

(一)国内事故处理

根据《旅游安全管理暂行办法》，事故发生单位在事故发生后，应按下列程序处理：

1. 陪同人员应当立即上报主管部门，主管部门应当及时报告归口管理部门；

2. 会同事故发生地的有关单位严格保护现场；

3. 协同有关部门进行抢救、侦查；

4. 有关单位负责人应及时赶赴现场处理；

5. 对特别重大事故，应当严格按照国务院《特别重大事故调查程序暂行规定》进行处理。

(二)事故调查报告

事故处理后，立即写出事故调查报告，其内容包括：

1. 事故经过及处理；

2. 事故原因及责任；

3. 事故教训；

4. 今后防范措施。

(三)特别重大旅游安全事故处理

为了贯彻国务院一系列关于进一步加强安全生产工作坚决遏制重特大事故部署，切实加强当前和今后一个时期旅游安全工作，国家旅游局于 2007 年 9 月 22 日发出通知，要求旅游行业和旅游接待单位立足当前、着眼长远、标本兼治，坚决防范和遏制重特大旅游安全事故。国家旅游局发布的《重特大旅游安全事故报告制度试行办法》中规定，发生以下三种情况要上报国家旅游局：

1. 造成海外旅游者人身重伤、死亡的事故；

2. 涉外旅游住宿、交通、游览、餐饮、娱乐、购物场所的重大火灾及其它恶性事故；

3. 造成其他经济损失严重的事故。

(四)特别重大旅游安全事故处理报告制度

特大事故发生单位在事故发生后，必须做到：

1. 立即将所发生特大事故的情况，报告上级归口管理部门和所在地地方人民政府，并报告所在地的省、自治区、直辖市人民政府和国务院归口管理部门；

2. 在二十四小时内写出事故报告，报上级归口管理部门；

3. 涉及军民两个方面的特大事故，特大事故发生单位在事故发生后，必须立即将所发生特大事故的情况报告当地警备司令部或最高军事机关，并应当在二十四小时内写出事故报告，报上述单位；

4. 省、自治区、直辖市人民政府和国务院归口管理部门，接到特大事故报告后，应当立即向国务院作出报告；

5. 特大事故报告应当包括以下内容：事故发生的时间、地点、单位；事故的简要经过、伤亡人数，直接经济损失的初步估计；事故发生原因的初步判断；事故发生后采取的措施及事故控制情况；事故报告单位。

(五)特大事故的调查制度

特大事故发生后，按照事故发生单位的隶属关系，由省、自治区、直辖市人民政府或者国务院归口管理部门组织成立特大事故调查组，负责特大事故的调查工作。涉及军民两个方面的特大事故，组织事故调查的单位应当邀请军队派员参加事故的调查工作。国务院认为应当由国务院调查的特大事故，由国务院或者国务院授权的部门组织成立特大事故调查组。特大事故调查组，应当根据发生事故的具体情况，由事故发生单位的归口管理部门、公安部门、监察部门、计划综合部门、劳动部门等单位派员组成，并应当邀请人民检察机关和工会派员参加。特大事故调查组根据调查工作的需要，可以选聘其他部门或者单位的人员参加，也可以聘请有关专家进行技术鉴定和财产损失评估。特大事故调查组成员应当符合下列条件：具有事故调查所需要的某一方面的专长；与所发生事故没有直接利害关系。

特大事故调查组织的职责如下：

1. 查明事故发生的原因、人员伤亡及财产损失情况；

2. 查明事故的性质和责任；

3. 提出事故处理及防止类似事故再次发生所采取措施的建议；

4. 提出对事故责任者的处理建议；

5. 检查控制事故的应急措施是否得当和落实；

6. 写出事故调查报告。

特大事故调查组有权向事故发生单位、有关部门及有关人员了解事故的有关情况并索取有关资料，任何单位和个人不得拒绝。任何单位和个人不得阻碍、干涉事故调查组的正常工作。特大事故调查组写出事故调查报告后，应当报送组织调查的部门。

经组织调查的部门同意，调查工作即告结束。

另外，建立重大事故应急救援预案和应急救援体系也是安全系统工程中重要的一环。事故应急救援工作是在预防为主的前提下，贯彻统一指挥、分级负责、区域为主、单位自救和社会救援相结合的原则。事故应急救援又是一项涉及面广、专业性很强的工作，靠某一个部门是很难完成的，必须把各方面的力量组织起来，形成统一的救援指挥部，在指挥部的统一指挥下，安全、救护、公安消防、环保、卫生、质检等部门密切配合，协同作战，迅速、有效地组织和实施应急救援预案，尽可能地避免和减少损失。应急救援体系的特点是"急"，是在突发状态下的紧急处置，目的是"救"，减少事故人员伤亡和国家与人民群众的财产损失。

第四节　外国旅游者重大伤亡事故的处理

一、外国旅游者重大伤亡事故处理原则

根据《旅游安全管理暂行办法》，处理外国旅游者重大伤亡事故时，应当遵循下列原则：

(一)立即通过外事管理部门通知有关国家驻华使领馆和组团单位；

(二)为前来了解、处理事故的外国使领馆人员的组团单位及伤亡者家属提供方便；

(三)与有关部门协调，为国际急救组织前来参与对在国外投保的旅游者(团)的伤亡处理提供方便；

(四)对在华死亡的外国旅游者严格按照外交部《外国人在华死亡后的处理程序》进行处理；

(五)对于外国旅游者的赔偿，按照国家有关保险规定妥善处理。

此外《旅游安全管理暂行办法实施细则》还规定：地方旅游行政管理部门在接到一般、重大、特大安全事故报告后，要尽快向当地人民政府报告，对重大、特大安全事故，还要同时向国家旅游行政管理部门报告。

二、外国人重大伤害死亡处理程序及相关内容

根据《外国人在华死亡后的处理程序》，外国人在华逗留期间发生意外死亡事件应严格遵守以下程序进行处理：

(一)死亡的确定

1. 死亡分正常死亡和非正常死亡。因健康原因自然死亡的，谓正常死亡；因意外事故或突发事件死亡的，谓非正常死亡；

2. 发现外国人在华死亡，应立即通知死者接待或聘用单位或当地公安机关、人民政府外事办公室。如属正常死亡，善后处理由接待或聘用单位负责。无接待或聘用单位的(包括零散游客)，由公安机关会同有关部门共同处理。如属非正常死亡，应保护好现场，由公安机关进行取证并处理；

3. 尸体在处理前应妥为保存(如防腐、冷冻)。

(二)通知外国驻华使、领馆及死亡家属

1. 外国人在华死亡后应尽快通知死者家属及所属国家驻华使、领馆；

2. 外国人在华正常死亡，在通报公安机关和地方外办后，由接待或聘用单位负责通知；如死者在华无接待或聘用单位，由有关省、自治区、直辖市公安厅(局)负责通知；

3. 凡属非正常死亡的，由案件查处机关负责通知；

4. 通知时限。按国际惯例尽快通知，但不应超过四天；

5. 通知内容应简单明了。如死因不明，需要调查后方能确定的，可先通知死亡事故，同时通告死因正在调查中。

(三)尸体解剖

1. 正常死亡者或死因明确的非正常死亡者，一般不需作尸体解剖。若死者家属或其所属国家驻华使、领馆要求解剖，我方可同意，但必须有死者家属或其所属国家驻华使、领馆有关官员签字的书面要求；

2. 死因不明的非正常死亡者，为查明死因，需进行解剖时由公安、司法机关按有关规定办理。

(四)出具证明

1. 正常死亡，由县级或县级以上医院出具“死亡证明书”；

2. 非正常死亡，由公安机关的法医出具“死亡鉴定书”；

3.“死亡证明书”、“死亡鉴定书”交死者家属或死者所属国家驻华使、领馆。对外公布死因要慎重。如死因尚不明确，或有其他致死原因，待查清或内部意见统一后，再向外公布和提供证明；

4. 外国人死在我村、镇或公民家中，县级或县级以上医院无法出具“死亡证明书”，或者死者所属国家要求或者有关驻华使、领馆提出办理“死亡公证书”时，则应办理“死亡公证书”等公证文件；

5. 办理认证手续，必须先在死者居所地公证处申办公证，而后办理外交部领事司或外国驻华领馆领区内我地方外办的认证和有关外国驻华使、领馆认证。

(五)对尸体的处理

1. 在华死亡外国人的尸体，可在当地火化，亦可运回其国内。处理时，应尊重死者家属或所属国家驻华使、领馆的意愿；

2. 尸体火化应由死者家属或所属国家驻华使、领馆提出书面要求并签字，由当地殡仪馆负责火化，骨灰由他们带回或运回其国内；

3. 如外方不愿火化，可将尸体运回其国内。运输(尸体骸骨、骨灰)手续和费用原则上均由外方自理。接待或聘用单位可在办理手续等方面给予必要的协助；

4. 根据外方要求，在尸体火化或运回其国内前，可为死者举行简单的追悼仪式。有关单位可送花圈。可将追悼仪式拍照送死者家属；

5. 如外方要求举行宗教仪式，应视当地条件，如有教堂和相应的神职人员，条件允许，可安排举行一个简单的宗教仪式。宗教仪式应在我规定的宗教场所举行；

6. 如外方要求将死者在我国土葬，可以我国殡葬改革，提倡火葬为由，予以婉拒；

7. 如外方要求将骨灰埋或撒在我国土地上，一般亦予以婉拒。但如死者是对我国作出特殊贡献的友好知名人士，应报请省级或部级民政部门决定。

(六)骨灰、骸骨和遗体运输出境

骨灰、骸骨、遗体运输出境，由中国殡葬协会国际运尸网络服务中心指定的承运人负责办理(见民事发[1993 年]2 号文)和(民事发[1998]11 号文)。

1. 骨灰、骸骨运输

托运人必须提供医院出具的“死亡证明书”或法医出具的“死亡鉴定书”，及殡葬部门出具的“火化证明书”。由中国殡葬协会国际运尸网络服务中心指定承运人办理《尸体/棺柩/骸骨/骨灰入/出境入殓证明》、《尸体/棺柩/骸骨/骨灰入出境卫生监管申报单》。

(1)骨灰、骸骨应装在封妥的罐内或盒内，外面用木箱套装；

(2)骨灰、骸骨自带出境，亦需备妥上述证明。

2. 尸体运输

尸体、棺柩出境须备以下证明：

(1)由医院或公安、司法机关出具的“死亡证明书”或者“死亡鉴定书”，亦可由有关涉外公证处出具的“死亡公证书”代替上述证明书；

(2)由殡葬管理部门或殡仪馆(必须是中国殡葬协会指定的国际运尸承运人)出具的三证。即尸体/棺柩/骸骨/骨灰入/出境《防腐证明》、《入殓证明》、《卫生监管申报单》；

(3)由口岸出入境检验检疫机关出具《尸体/棺柩/骸骨/骨灰入/出境许可证》；

(4)海关凭出入境检验检疫局出具的《出境许可证》放行。

尸体运输的包装要求是：首先应做防腐处理，然后装入厚塑料袋中密封，放入金属箱内。箱内应放木屑或碎木炭等吸潮物。连接处用锌焊牢，以防气味或液体外溢。金属箱应套装木棺，木棺两侧应装有便于搬运的把手。

(七)遗物的清点和处理

清点死者遗物应有死者家属或其所属国家驻华使、领馆官员和我方人员在场。如家属或者驻华使、领馆官员明确表示不能到场时，可请公证处人员到场，并由公证员将上述人员不能到场的事实和原因注明。遗物清点必须造册，列出清单，清点人均应签字。移交遗物要开出移交书，一式两份，注明移交时间、地点、在场人、物品件数、种类和特征等。签字后办理公证手续。如死者有遗嘱，应将遗嘱拍照或复制，原件交死者家属或其所属户国家驻华使、领馆。

(八)写出《死亡善后处理情况报告》

死者善后事宜处理结束后，由接待或聘用单位写出《死亡善后处理情况报告》。无接待或聘用单位的，由处理死者善后事宜的公安机关或者司法机关写出。

《死亡善后处理情况报告》内容应包括死亡原因、抢救措施、诊断结果、善后处理情况，以及外方反应等。上述死亡报告应报上级主管单位、地方外办、公安厅(局)，抄送外交部。

注：《外国人在华死亡后的处理程序》是根据外发[1995]17 号文的附件修改，供国际运尸网络服务中心指定承运人办理国际运尸业务参考。

三、对外国旅游者的赔偿问题

《旅游安全管理暂行办法》第十一条规定：“对于外国旅游者的赔偿，按照国家有关保险规定妥善处理。”国家有关保险规定主要是指：《国内航空运输旅客身体损害赔偿暂行规定》、《飞机保险条款》、《航空公司承运货物责任保险条款》、《飞机战争、劫持保险条款》、《银行和旅客责任保险条款》等。

第五节 漂流旅游安全管理

漂流旅游顾名思义，即借助漂流于水上顺水流动来进行旅游观光和探险活动。漂流，原本是人类一种原始的涉水方式，属于一种简单的交通方式。中国的竹木筏就是最早被使用的漂流工具之一，但那时候是作为与大自然作斗争，满足人们的生活和生存需要的一种手段。漂流成为一项真正的户外运动，是在“二战”之后才开始发展起来的，一些喜欢户外活动的人尝试着把退役的充气橡皮艇作为漂流工具，逐渐演变成今天的水上漂流运动。在我国，漂流运动的起步较晚，大多数的水上漂流活动还仅仅停留在小范围的对自然河段的利用上，而真正开发出来的商业性河流资源还比较少。随着人们户外活动项目的不断拓展和技术技能的不断提高，漂流旅游将会成为一项带有竞技意味的旅游活动给人们生活带来更多的欢乐，也将成为旅游业发展的重要组成部分。

一、漂流旅游安全管理的原则及方针

国家旅游局为加强对漂流旅游的管理，保障漂流旅游者的安全，促进漂流旅游有序发展，与1998年4月7日颁布了《漂流旅游安全管理暂行办法》，其中第二条对漂流旅游做了概念描述：本办法所称的漂流旅游是指漂流经营企业组织旅游者在特定的水域，乘坐船只、木筏、竹排、橡皮艇等漂流工具进行的各种旅游活动。在安全管理方面，漂流旅游属于特种旅游活动，其安全管理工作以“保障旅游者人身及其财产的安全”为原则，实行“安全第一，预防为主”的方针。

二、漂流旅游安全管理机构、企业、操作人员及相关职责

(一)管理机构及职责范围

国务院旅游行政管理部门负责全国范围内漂流旅游活动的安全监督管理工作。县级以上地方人民政府旅游行政管理部门负责本地区内漂流旅游活动的安全监督管理工作。

职责范围：

1. 省、自治区、直辖市人民政府旅游行政管理部门协商有关部门确定组织开展漂流旅游活动的区域和时间，确定漂流旅游工具的类型；

2. 漂流地旅游行政管理部门应及时了解漂流水域情况，一旦发生影响漂流旅游安全的如洪水、塌方、河道堵塞等情况，应立即通知企业停止漂流旅游活动，并及时协助有关部门做好旅客疏导和安全工作；

3. 地方旅游行政管理部门应定期对漂流旅游的码头设施和接待设施以及漂流旅游企业的漂流工具进行检查；

4. 地方旅游行政管理部门应审核检查漂流旅游企业的各项安全管理规章制度；对漂流旅游的从业人员进行安全教育和安全培训。

(二)经营漂流旅游的企业的职责

经营漂流旅游企业的职责包括：

1. 经营漂流旅游的企业应根据旅游安全管理的有关规定及有关部门的规章制度建立健全安全管理规章制度；

2. 经营漂流旅游的企业应设置专门的安全管理机构或确定专人负责安全管理工作；

3. 经营漂流旅游的企业应对从业人员特别是漂流工具操作人员进行旅游服务和旅游安全培训；

4. 经营漂流旅游的企业应保证所提供的漂流旅游服务符合保障旅游者在漂流旅游活动中的人身及财产安全的要求；在码头、漂流工具上应放置足够的救生设备；组织旅游者乘坐漂流工具时，应要求旅游者穿救生衣或使用其他救生装备；

5. 经营漂流旅游的企业应保证漂流工具安全可靠，严格遵守核定的载客量，严禁违章操作；

6. 经营漂流旅游的企业应明确告示患有精神病、心脏病、高血压、痴呆病等病症的患者以及孕妇、老人、小孩和残疾人等不宜参加漂流旅游；

7. 开展漂流旅游应在有关部门考察核定的、符合安全标准的水域内进行，经营漂流旅游的企业应配合有关部门，保持漂流水域的畅通及航道标志明显；

8. 应对从业人员特别是漂流工具操作人员进行旅游服务和旅游安全培训；

9. 漂流工具上应放置足够的救生设备。组织旅游者乘坐漂流工具时，应当要求旅游者穿救生衣或使用其他救生装备；

10. 应保证漂流工具安全可靠，严格遵守核定的载客量，严禁违章操作；

【资料链接】 **漂流的技巧**

漂流是一种体能与胆量的挑战，在你寻求刺激、享受快乐的同时，要注意安全，并掌握一些技巧。漂流过程中，由于全程跌水区及大落差区很多，不要携带怕沾水的东西，以避免掉落或损坏。戴眼镜的朋友事先用皮筋系上。必须全程穿着救生衣，防止不注意的时候翻艇。在漂流的过程中需注意沿途的箭头及标语，可以帮助你提早警觉跌水区。在下急流时，要抓住艇身内侧的扶手带，坐在后面的人身子略向后倾，双人保证艇身平衡并与河道平行，顺流而下。当艇受卡时不能着急站起，应稳住艇身，找好落脚点后才能站起。

(三)经营漂流旅游企业的操作人员的职责

漂流工具操作人员必须经当地水运管理部门考试合格后方可上岗，其职责是：

1. 必须向旅游者宣讲漂流旅游的安全知识，介绍漂流工具的安全设施及使用方法，说明漂流旅游中的安全注意事项和发生意外事故后的应急方法；

2. 由旅游者自行操作漂流工具进行漂流的，企业的工作人员应事先将有关注意事项详细告知旅游者，并在易发生事故的危险地段安排专人负责安全监护。

(四)漂流工具条件要求

投入经营使用的漂流工具必须具备下列条件：

1. 经有关部门检验，持有载明乘客定额、载重量、适航内容的合格证书；

2. 按有关规定选配操作人员；

3. 救生设备齐全；

4. 已领取旅游部门发放认可证的经营企业，其漂流工具的买卖、转让、租赁、抵押、报废等须到当地旅游行政管理部门备案。

三、漂流旅游安全事故及处理

《漂流旅游安全管理暂行办法》明文规定：凡在漂流过程中发生旅游者伤亡事故或危及旅游者安全的其它事故，均为漂流旅游安全事故。发生漂流旅游安全事故后，应按照以下规定处理：

(一)经营漂流旅游的企业应根据有关规定和当地具体情况制定意外事故处理预案；

(二)一旦发生安全事故，经营漂流旅游的企业应立即采取措施，组织救助，并向当地旅游行政管理部门及其它有关部门报告；

(三)地方旅游行政管理部门在接到事故报告后，应立即将情况向上级旅游行政管理部门报告，并积极配合公安、交通、卫生等部门组织事故调查、伤员的救治和其他善后工作；

(四)事故处理结束后，当地旅游行政管理部门责成漂流旅游的经营者整理出事故处理报告，内容包括：事故发生的时间、地点、事故原因、伤亡情况及财产损失、经验教训、处理结果等。当地旅游行政管理部门在将事故处理报告核定后，报上级旅游行政管理部门备案；

(五)各地旅游行政管理部门可根据本办法及当地实际制定实施细则，报国家旅游局备案。

【资料链接】　　**漂流注意事项**

漂流时不要做危险动作：一般来说，漂流河段都是比较安全的，只要不自作主张随便下船、不互相打闹、不主动去抓水中的漂浮物和岸边的草木石头，漂流筏不会翻。一旦“翻船”也没关系，憋住气，小心不呛水就行，因为你穿有救生衣。

漂流船通过险滩时要听从船工的指挥，不要随便乱动，应紧抓安全绳，收紧双脚，身体向船体中央倾斜。

漂流过程中注意沿途的箭头及标识，它可以帮助你找主水道及提早警觉跌水区。

第六节　旅游保险与保险合同

旅游业是一个综合性的服务行业，它所提供的旅游产品和服务涉及旅游者的食、住、行、游、购、娱等诸多方面，与社会经济多个部门和社会综合服务功能紧密联系。在旅游者旅游期间由于各种原因可能发生各种意外财产损失和人身伤害事故，具有较大的风险性。在一些旅游业较为发达的国家和地区，均有相关法律出台规定赔偿事宜以及解决旅游伤害的纠纷，并通过保险制度将各种风险转嫁给保险公司，从而使旅游观光业获得较大的保险保障。而在中国，由于保险业起步相对较晚，加之国民普遍的保险意识较为淡薄，对保险业的重要性严重认识不足，加之较强烈的侥幸心理存在，都使得旅游保险业务的发展严重滞后于旅游业的发展，保险的风险转移作用并没有在旅游业中得到很好的利用和体现。世界旅游业的发展表明，在没有健全的行业规范管理和充足的保险保障的状态下，在没有成熟的旅游保险法制法规的保障下，旅游企业和旅游者的切身利益将很难得到保障，旅游赔偿将无法可依，处理程序会相当漫长和复杂。

一、旅游保险概述

(一)旅游保险的概念

保险(insurance)是指投保人根据合同约定，向保险人支付保险费用以支付因事故发生所造成的财产损失，承担赔偿保险金责任；或者当被保险人死亡、伤残、疾病或者达到合同约定的年龄、期限时承担保险金责任的商业保险行为。

旅游保险是指旅游者或者旅游经营者向保险公司投保，根据不同的险别和标准交纳保险费，与保险公司订立保险合同，使旅游者或者旅游经营者在旅游活动过程中因遭遇各种意外事故、危险而造成的人身及财产损失得到经济补偿。

目前国内旅游市场常见的旅游保险有两种，旅行社责任险和旅游意外伤害险。前者是各旅行社组团时，必须投保的强制保险；后者则是旅游者自行选择的自愿保险。

(二)我国旅游保险立法的不足

旅游保险法，是调整旅游保险关系的法律规范的总称。2001 年 5 月 15 日国家旅游局制定了《旅行社投保旅行社责任保险规定》。2006 年 6 月 18 日中国保险监督管理委员会和国家旅游局联合下发了《关于进一步做好旅游保险工作的意见》。然而，随着我国加入世界贸易组织，北京奥运会的顺利召开，以及上海世界博览会的胜利举办，国际和国内旅游将迎来新一轮大发展时期，时代和社会都在呼唤一部可以促进和保障整个旅游业健康发展的综合性的旅游保险制度的出台。然而，由于我国的旅游保险起步较晚，国民保险法制意识淡薄，缺乏统一的旅游保险执法体系和部门，而且还面临着来自旅游者、旅行社和保险公司多方面制约因素的存在，造成现阶段我国旅游保险法制建设存在一系列的问题，主要有如下几点：

1. 旅游保险法律建设上的不足

在我国，旅游保险缺乏专业化的法律法规是不争的事实。2009 年 10 月 1 日起施行的《保险法》是我国最新最完善的一部有关保险业的法律法规，但遗憾的是其中并未涉及些许旅游保险的险种，其相关的法律条款也不能有效解释旅游活动中实际发生的需要进行保险赔偿的情况。旅游保险事故的责任难以认定主要是缺乏权威的仲裁和调解机构，旅游者又由于不愿花额外的时间和精力走正常的法律程序解决争端，故而造成出险后责任难以认定、赔偿责任区分不明的重要原因。缺乏国家法律权威性解释不仅会造成旅游事故司法上的困难，也不利于加快我国旅游保险业国际化的进程。

2. 旅行社保险代理制度不健全，监管无力

旅行社作为经营性的公司，从个人利益角度出发，很多旅行社并没有意识到对旅游保险参与的重要性，甚至将其视为经营的包袱。由于国家对旅游经营部门缺乏必要的监管，旅行社存在许多经营不规范、各地旅行社的相互推诿、对旅游者的安全利益不重视等一系列问题，致使其代理的旅游保险合同在赔付等方面缺乏配套法律予以规范。加之旅游保险产品的收入明显低于传统保险项目，使得旅行社也缺少推广保险的积极性。

3. 社会和旅游者原因

我国人口基数大，旅游者随着社会发展也变得日益庞大，市场潜力雄厚，旅游保险业的发展在我国有着得天独厚的优势。然而我国目前旅游保险业仍然发展迟缓，主要原因在于参与旅游保险的各方缺乏对于旅游保险的重要性和远期发展潜力的认识，各方只考虑自身的利益，缺少共同利益方向。另外，旅游者的参保意识一直低迷；对于通过购买旅游保险达到减少损失的意识还不强烈；存在一定的侥幸心理从而不愿购买保险，对旅游保险的认同度还不高等因素形成了今天的旅游保险市场上参保比例较低、被保险人的利益得不到充分保障、旅游纠纷时有发生的现象。整体说来，社会上缺乏对旅游保险缺乏统一的约束和监管的力度。

4. 保险公司存在的问题

由于旅游保费较低，工作量大，市场覆盖面广，保险公司对旅游保险这个市场的重视程度较低，吸引力较之其它险种的市场存在一定的差距。保险公司对整个旅游保险市场的投入较小，细分程度不够，加之旅游保险险种单一，旅游者选择范围余地较小，较难满足消费者的差异性需求。另外售后服务质量不高与最终的核保、定损和理赔界定较难，都直接影响了旅游保险的发展。

二、我国关于旅游保险的政策方针

近年来，我国旅游业快速发展，旅游人数规模巨大，旅游各环节中的自然灾害、意外事故、法律风险和违约责任等风险日益突出。各级旅游行政管理部门和旅游经营单位为消除安全隐患，做了大量卓有成效的工作；保险业充分发挥经济补偿和辅助管理职能，努力保障广大游客及旅游经营者的合法权益，总体上保证了旅游业安全有序发展。但与旅游业需要相比，旅游保险的发展还存在一些问题，主要表现在：游客和旅游经营者的风险意识普遍不足，旅游保险投保率不高；旅游保险机制不健全，市场竞争不规范；旅游产品不丰富，服务水平有待提高。因此，深入做好旅游保险工作，是保险监管部门和旅游行政管理部门一项紧迫而艰巨的任务。根据中国保险监督管理委员会国家旅游局于 2006 年 6 月 18 日颁布的《关于进一步做好旅游保险工作的意见》(保监发〔2006〕69 号)，我国现阶段的旅游保险工作还需进一步稳固发展和认真落实。旅游保险是实现旅游安全发展的重要保障，也是保险业发展的重要领域。为此，要坚决落实以下任务：

(一)旅游保险工作的指导原则和工作目标

1. 指导原则

以邓小平理论和“三个代表”重要思想为指导，树立和落实科学发展观，坚持以人为本、改革创新、重点突破，积极推进“旅保合作”。旅游企业要转变观念，提高风险意识，充分利用保险等经济杠杆，化解旅游安全风险，处理旅游安全事务。要发挥市场机制的作用，调动各方面的积极性，健全旅游保险体系，强化旅游保险功能，增强旅游行业抵御风险的能力，为旅游业和保险业健康发展创造安全环境，最大限度地保障游客和旅游经营者的合法权益。

2. 工作目标

要逐步建立起符合现代旅游业发展需要的旅游保险制度，初步形成“政府引导、市场运作”的旅游保险发展机制。力争实现旅游保险产品相对完备，旅游保险服务规范到位，“旅保合作”机制相对完善，旅游企业风险管理水平显著增强，游客和旅游经营者投保积极性普遍提高，旅游保险覆盖面明显扩大，各类投保率明显上升。

(二)旅游保险工作机制

1. 建立“旅保合作”工作制度

保险监管部门和旅游行政管理部门要加强协调与合作，建立数据共享、信息互报和定期沟通的工作制度，共同推进旅游保险工作发展。“旅保合作”的重点内容：一是加强对旅游保险工作的领导，把发展旅游保险纳入各自的重要议事日程，有相应的机构和专门人员负责旅游保险工作。二是加强工作沟通交流，共同开展旅游保险重大问题调查研究，研究制定旅游保险政策，及时解决旅游保险发展中的问题。三是加大旅游保险宣传力度，提高公众出游的保险意识，提高消费者对旅游保险的认同度。

2. 探索建立多元化旅游保险纠纷调解机制

探索建立由旅游、保险和法律三方专业人员组成的专业化旅游保险纠纷调解机构，逐步形成当事方协商、纠纷调解机构调解、仲裁和诉讼等不同层次的多元化旅游保险纠纷处理机制，快捷有效处理旅游保险中发生的各种纠纷。

3. 鼓励投保方式的创新

针对旅行社行业特点，在旅游部门指导下，鼓励行业协会等地方组织，通过整合旅游保险资源，创新投保方式，选择信誉良好、经营规范的保险公司统一投保旅行社责任险。

(三)完善旅游保险产品体系

1. 着力完善旅行社责任保险

要通过试点，重点研究解决旅行社责任保险在责任范围、赔偿限额、纠纷调解、救援服务、理赔程序和无过错责任等方面的实际需要，逐步建立科学合理的旅行社责任划分办法，切实增强责任险转嫁风险的能力。要努力建立与旅行社管理风险相匹配的保险费率体系，促进旅行社提高风险管理水平，有效化解旅行社经营风险。

2. 改进旅游意外伤害保险

要针对游客的实际需求，改进旅游意外保险产品，提高产品品质。要积极拓宽旅游意外伤害保险的销售渠道，允许和鼓励旅行社在征得游客同意的前提下，通过合法手续为游客办理人身意外伤害险。

3. 大力发展新兴旅游保险和特种旅游保险

及时跟踪旅游市场发展的新动向，对自驾车、自由行、自助游等新兴旅游业态，要在其开发推广过程中，加强旅游与保险的合作，提前做好新兴旅游市场的风险管控工作。要深入研究老年旅游、滑雪、探险、漂流等特种旅游类型的风险特点，积极开发相关的特种保险产品，为旅游业提供全面的风险保障。

4. 积极推进旅游各环节保险

要依托各级政府和各行业主管部门，督促宾馆、餐馆、景点、车船、索道和游乐场所等旅游经营主体投保相关责任险，建立系统化的旅游保险链，分担旅游各环节中的风险；保险公司要有针对性地开发系列化的责任保险产品，供各旅游经营主体选择投保；旅行社要将是否投保责任险作为采购服务项目的条件之一。

(四)提高旅游保险服务质量和水平

1. 切实加强事前风险管控

要跟踪旅游市场发展的新动向做好市场的风险预测和管控工作；要采取多种方式，积极拓宽旅游保险销售渠道。

2. 大力推广事中旅游保险紧急救援服务

保险公司要将保险紧急救援服务逐步发展成为旅游保险服务的重要内容，通过公司自行建设、整合业内资源或与国际救援专业机构开展合作等多种形式，逐步建立境内外旅游保险救援服务体系。

3. 努力提高事后理赔服务质量和水平

切实履行理赔服务承诺，规范旅游保险理赔秩序，提升旅游保险理赔质量。

4. 大力推进旅游保险销售模式创新

要针对旅游流动性高、分散性大、时效性强等特点，创新旅游保险销售模式，不断开拓旅游保险销售新渠道。

(五)加大旅游保险市场的监管力度

1. 加强对旅游保险经营企业的监管

各地保险监管部门要加大旅游保险经营企业市场行为监管力度，依法严厉查处销售误导、虚假宣传行为；对以各种不正当手段进行恶性竞争、扰乱市场秩序的行为，依照有关规定严肃处理。要加强旅游保险经营企业内部控制监管，强化对直接责任人和上一级责任人的追究力度，堵塞各种“跑、冒、滴、漏”现象。

2. 加强对旅行社责任险的监督和检查

旅游行政管理部门要利用旅行社业务年检，集中对旅行社投保责任险的情况进行检查，对不投保的旅行社，要暂缓通过业务年检，责成其整改；要加大对旅行社投保责任险的情况日常抽查力度，严禁拒不参加投保。对旅行社不投保、未按责任范围投保和不足额投保等行为，旅游行政管理部门依照有关规定予以处理。

3. 合力维护市场公平竞争

各级保险监管部门和各级旅游行政管理部门要加强合作，共同采取措施，打击旅游保险市场的不法行为，特别是要严厉打击商业贿赂行为，旅行社和保险公司勾结坑害游客的行为，重点治理违规支付手续费等不正当交易行为，维护旅游保险市场的正常秩序。要加强对旅行社兼业代理旅游保险业务资格管理，确保市场健康有序发展。

第七节　旅行社责任保险

据世界旅游组织(WTO)预测，到 2020 年中国将超过法国成为世界第一大旅游目的地国，同时成为出国旅游人数最多的国家。由于中国旅游业影响日增，世界旅游组织在 2007 年年会上通过了将中文列为世界旅游组织官方语言的提议。近年来，人们旅游消费多方面需求的持续快速增长，中国外出旅游人数的日益增多，游客遭遇自然灾害、意外事故等风险的频率也变得越来越高，这使得越来越多的旅游者认识到旅游与风险同在，购买旅游保险是外出旅游的必备步骤之一。

出游时购买一份旅游保险，是游客转嫁风险的有效途径，可以最大化得减少旅游者的人身和经济损失。目前市场上的旅游保险主要分为两大类，一类是旅游主管部门要求旅行社必须要买的旅行社责任险，属于强制险，由旅行社为旅游者购买；另一类是游客可自行选择购买的各种旅游保险产品，主要包括旅游人身意外伤害险、旅客意外伤害险、住宿游客人身险、旅游救助险等四类。

一、旅行社责任保险的概念

(一)责任保险的概念

根据我国《中华人民共和国保险法》第五十条第二款规定：责任保险是指以被保险人对第三者依法应负的赔偿责任为保险标的的保险。其基本内容是：保险人和投保人签订保险合同，由投保人缴纳保险费，并约定由保险人承担投保人在进行各项生产、业务活动或者日常生活中，由于疏忽、过失等行为造成突然的财产损失或人身伤亡时，根据法律或合同的规定应当对受害人承担的经济赔偿责任。例如，交通肇事事故造成的人身伤亡或财产损失中如果交通肇事司机投保了责任保险，就将这种风险转嫁给了保险人，一旦发生保险事故，就由保险人承担其应向受害人负责的经济利益损失。

(二)旅行社责任保险

旅行社责任保险是指旅行社根据保险合同的约定，向保险公司支付保险费，用以承保旅行社在组织旅游活动过程中因疏忽、过失造成事故所应承担的法律赔偿责任的险种，该险种的投保人为旅行社。旅行社责任保险也意味着一旦发生责任事故，将由保险公司在第一时间对无辜的受害旅客进行赔偿。旅行社责任险具有很强的社会公益性。

二、旅行社责任保险合同

(一)合同的概念

根据《中华人民共和国合同法》，合同是平等主体的自然人、法人、其他组织之间设立、变更、终止民事权利义务关系的协议。合同签订时要本着合同当事人的法律地位平等，自愿订立合同，遵循公平原则确定各方的权利和义务，遵循诚实信用的原则。当事人订立、履行合同，应当遵守法律、行政法规，尊重社会公德，不得扰乱社会经济秩序，损害社会公共利益。

(二)旅行社责任保险合同

旅行社责任保险合同是指旅行社与其选择的承保的保险公司签订的有关旅行社投保责任险的权利义务的协议。该合同签订的当事人是旅行社与其选定的承保的保险公司，旅行社责任保险合同的投保人、被保险人、受益人是投保的旅行社；保险人是承保的保险公司。在选择保险公司的范围上，旅行社签订合同的投保责任的保险公司，必须向在境内经营责任保险的保险公司投保，而且必须在中国境内选择经营责任保险的保险业务信誉好、服务网络面广、无不良经营记录的保险公司。

(三)旅行社责任保险合同的内容

根据 2009 年新出台的《旅行社责任保险条款》和 2001 年出台的《旅行社投保旅行社责任保险规定》，旅行社责任保险合同的内容，是指旅行社责任保险合同双方当事人的权利和义务。一般都是依照保险公司预先拟定的保险条款来确立的。《保险规定》对旅行社责任保险合同的内容做了若干规定，主要有：

1. 保险期限

又称为保险期间，只有在保险期内发生的保险事故，保险人才承担保险责任。按照《保险规定》，旅行社责任保险的保险期限为一年，以保险单载明的起讫时间为准。

2. 保险责任范围

旅行社应当对旅行社依法承担的下列责任投保旅行社责任保险：

(1)旅游者人身伤亡赔偿责任；

(2)旅游者因治疗支出的交通、医药费赔偿责任；

(3)旅游者死亡处理和遗体遣返费用赔偿责任；

(4)对旅游者必要的施救费用，包括必要时近亲属探望需支出的合理的交通、食宿费用，随行未成年人的送返费用，旅行社人员和医护人员前往处理的交通、食宿费用，行程延迟需支出的合理费用等赔偿责任；

(5)旅游者行李物品的丢失、损坏或被盗所引起的赔偿责任；

(6)由于旅行社责任争议引起的诉讼费用；

(7)旅行社与保险公司约定的其他赔偿责任。

根据《责任保险规定》，保险公司在以上几种情况下应当按照保险合同的约定承担保险金赔付责任。但出现以下情形时，旅行社可以不承担责任，因而可以相应免除保险公司的赔付责任。

(1)旅游者参加旅行社组织的旅游活动，应保证自身身体条件能够完成旅游活动。旅游者在旅游行程中，由自身疾病引起的各种损失或损害，旅行社不承担赔偿责任；

(2)旅游者参加旅行社组织的旅游活动，应当服从导游或领队的安排，在行程中注意保护自身和随行未成年人的安全，妥善保管所携带的行李、物品。由于旅游者个人过错导致的人身伤亡和财产损失，以及由此导致需支出的各种费用，旅行社不承担赔偿责任；

(3)旅游者在自行终止旅行社安排的旅游行程后，或在不参加双方约定的活动而自行活动的时间内，发生的人身、财产损害，旅行社不承担赔偿责任。

3. 保险金额

旅行社办理旅行社责任保险的保险金额不得低于下列标准：

国内旅游：每位旅游者赔偿限额 8 万元人民币；

入境旅游：每位旅游者赔偿限额 16 万元人民币；

出境旅游：每位旅游者赔偿限额 16 万元人民币；

国内旅行社每次事故和每年累计责任赔偿限额 200 万元人民币；

国际旅行社每次事故和每年累计责任赔偿限额 400 万元人民币；

旅行社组织高风险旅游项目可另行与保险公司协商投保附加保险事宜。

(四)《旅行社投保旅行社责任保险规定》相关内容

1. 投保和索赔

(1)旅行社投保旅行社责任保险，必须在境内经营责任保险的保险公司投保；

(2)旅行社应当按照《中华人民共和国保险法》规定的保险合同内容，与承保保险公司签订书面合同；

(3)旅行社投保旅行社责任保险采取按年度投保的方式，按照本规定第十条的规定，向保险公司办理本年度的投保手续；

(4)旅行社对保险公司请求赔偿或者给付保险金的权利，自其知道保险事故发生之日起二年不行使而消灭；

(5)旅行社投保旅行社责任保险的保险费，不得在销售价格中单独列项；

(6)在保险期限内发生保险责任范围内的事故时，旅行社应及时取得事故发生地公安、医疗、承保保险公司或其分、支公司等单位的有效凭证，向承保保险公司办理理赔事宜。

2. 监督管理

(1)县级以上人民政府旅游行政管理部门按照《旅行社管理条例》等有关规定，对旅行社投保旅行社责任保险的情况进行监督检查，并将旅行社责任保险投保和理赔情况纳入旅行社年检范围；

(2)旅行社应当妥善保管旅行社责任保险投保和理赔的相关资料，接受旅游行政管理部门的检查。在理赔案件发生后，应及时将理赔情况报当地旅游行政管理部门备案；

(3)旅行社应当选择保险业务信誉良好、服务网络面广、无不良经营记录的保险公司投保。

3. 罚则

(1)旅行社违反本规定第二条规定，未投保旅行社责任保险的，由旅游行政管理部门责令限期改正；逾期不改正的，责令停业整顿 15 天至 30 天，可以并处人民币 5000 元以上 2 万元以下的罚款；情节严重的，还可以吊销其《旅行社业务经营许可证》；

(2)旅行社投保旅行社责任保险的责任范围，小于本规定第五条规定要求的，或者投保旅行社责任保险的金额低于本规定规定的基本标准的，由旅游行政管理部门责令限期改正，给予警告；逾期不改正的，可处以人民币 5000 元以上 1 万元以下的罚款；

(3)旅行社违反本规定第十八条、第十九条规定，拒不接受旅游行政管理部门的管理和监督检查的，由旅游行政管理部门责令限期改正，给予警告；逾期不改正的，责令停业整顿 3 天至 15 天，可以并处人民币 3000 元以上 1 万元以下的罚款。

(五)《旅行社责任保险条款》(2009)

《旅行社责任保险条款》(2009)对保险责任做了一定修改。在保险期间内，被保险人在本保险合同约定的区域范围内从事旅行服务业务时，因疏忽或过失造成被保险人接待的境内外旅游者(以下简称“游客”)遭受人身伤亡和/或财产损失，依照中华人民共和国法律(不包括港澳台地区法律)应由被保险人承担的如下经济赔偿责任，保险人按照本保险合同约定负责赔偿。

1. 由于人身伤亡引起的经济损失和费用

(1)由于意外伤害救治所发生的医疗费用；

(2)发生意外伤害但未达到残疾程度时发生的误工损失；

(3)残疾所致的生活补助费、其抚养人所必需的生活费；

(4)死亡所致的丧葬费、死亡赔偿金、死者生前抚养人所必需的生活费；

(5)因意外事故导致游客下落不明。

2. 由于人身伤亡引起的其他合理且必要的相关费用

(1)游客近亲属探望的交通、食宿费、随行儿童或长者的送返费用；

(2)旅行社及医护人员前往处理的交通、食宿费用，补办旅游证件的费用；

(3)因意外伤害所产生的看护费用。

3. 行李物品的遗失或损坏赔偿

(1)旅行社直接照管下的行李发生的损坏或遗失；

(2)行李物品在受旅行社委托方照管下的损坏或遗失。

4.《旅行社责任保险条款》(2009)对于旅行社的责任为保险公司责任免除做了以下规定

出现下列任一情形时，保险人不负责赔偿：

(1)被保险人的旅游服务质量未达到国家、行业或合同规定的标准；

(2)既不提供全陪或领队，也不提供地陪的散客旅游活动；

(3)下列原因造成的损失、费用和责任，保险人不负责赔偿：

①地震、雷击、暴雨、洪水、海啸、火山爆发、地下火、龙卷风、暴风等自然灾害；

②旅游者的犯罪或自身疾病。

(4)下列损失、费用和责任，保险人不负责赔偿：

①发生未经公安部门认定或无外来明显痕迹的盗窃、抢劫所导致财产的损失；

②金银、首饰、珠宝、文物、软件、数据、现金、信用卡、票据、单证、有价证券、文件、账册、技术资料及其他不易鉴定价值财产的丢失和损坏；

③旅游者从事赛车、赛马、攀崖、滑翔、探险性漂流、潜水、滑雪、滑板、跳伞、热气球、蹦极、冲浪等高风险活动造成的人身伤亡或财产损失，保险人不负责赔偿；

(5)其他不属于本保险责任范围内的损失、费用和责任，保险人不负责赔偿。

5.《旅行社责任保险条款》(2009)对于旅行者的责任为保险公司责任免除做了以下规定

(1)旅游者在下列期间内遭受保险事故导致身故、残疾或支付医疗费的，保险人不负责赔偿。

①旅游者因酗酒或受毒品、管制药物的影响期间；

②旅游者驾驶交通工具期间；

③旅游者不服从旅游区或旅游团管理规定；

④既不提供全陪或领队，也不提供地陪的散客旅游活动。

(2)因下列情形之一造成旅游者支出医疗费的，保险人不负责赔偿。

①旅游者洗牙、洁齿、验光、心理治疗、装配假牙、假眼、假肢或者助听器等；

②旅游者健康护理等非治疗性行为；

③旅游者以家庭病床、挂床形式治疗；

④旅游者一般性体格检查、健康检查、疗养或康复治疗。

三、旅行社责任保险与旅游意外险

旅游意外保险，顾名思义，指在合同期内，在旅行社安排的旅游活动中，遭遇外来的、突发的、非疾病导致的意外保险。保险期限一般是指旅游者踏上旅行社提供的交通工具开始，到行程结束后离开旅行社安排的交通工具止。旅游意外保险是一种短期保险，保的是游客不是旅行社，是由游客自愿购买的短期补偿性险种，这是与旅行社责任险最大的不同。

旅行社责任险与旅游意外险对其投保人资质要求不同

旅行社责任险投保人(同被保险人)必须是在中华人民共和国境内依法登记注册、并持有旅行社业务经营许可证的公司，目前符合此资质要求的，全国范围内有3万家左右，他们可以投保旅行社责任险并享受基本保障。但如俱乐部、自助游组织、会务公司等不具备旅行社业务经营许可证的各种组织或公司尚不可投保旅行社责任险，因此在组织出游的过程中存在很大的风险隐患。虽然此类团体在组织旅游活动前一般都会明示风险自担、保险自理等内容，但在真正发生意外事故时，组织者的责任往往是不可推卸的。而旅游意外险的投保人可以是法人、也可以是自然人，只要被保险人(旅游者)同意投保人为其投保的，就符合要求，可以投保。投保旅游意外险后就能将保险责任范围内的意外事故造成的风险进行转移，减少或弥补旅游组织者的损失。

强制性上的要求不同

旅行社原则上没有义务为旅游者购买旅游意外保险，但是，旅行社应当有义务推荐旅游者购买相关的旅游保险并由旅行者自愿选择，且通常由旅行社代理保险公司向旅游者出售保险。根据《旅行社投保旅行社责任保险规定》，在中华人民共和国境内的旅行社，投保旅行社责任保险时，按照此规定，旅行社责任保险是强制性的，在旅游行程中，组团社和地接社都可能存在意外事故发生后的责任风险，因此无论是组团社或地结社都应投保。

投保范围不同

旅游意外保险的投保范围是中华人民共和国境内的旅游团队的全体成员，包括参加旅游行程的所有旅游者及旅行社派出的为旅行者提供服务的导游、领队人员，均可作为被保险人参加该保险。而旅行社责任保险的保险范围则不包括随团导游、领队及旅行社的其他雇员。这部分成员可以根据旅行社安排投保“雇主责任险”来转嫁这部分风险。

责任范围不同

旅游意外保险对旅游途中被保险人急性病发作或意外伤害事故承担责任，而旅行社责任保险则只承担其中由于旅行社责任出险的事故的责任。对于旅游者自身疾病、个人过错导致的人生伤亡和财产损失、自行终止旅行社安排的旅游行程等因素造成的损失、损害或其它赔偿问题，参保旅行社责任保险的旅行社不能从保险公司获得赔偿。

>>> 典型案例

2008年10月4日，广东省肇庆市鼎湖区砚洲岛发生一起旅游安全事故。广东省职工国际旅行社(以下简称旅行社)接受郑州优德伟业科技发展有限公司广州办事处(以下简称公司)委托，组织该公司101名员工前往肇庆西江边的砚州岛开展为期两天的拓展旅游活动。双方签订的旅游合同特别约定，旅游者不得擅自到西江游泳。开展活动前，旅行社团体部经理与公司负责人勘察了拓展旅游地，该区域有禁止游泳的警示牌。双方在签订旅游合同的基础上，又增加了旅游行程、活动安排、注意事项、有关要求等合同附件。拓展旅游活动按照合同的约定进展顺利。10月4日上午，在游览鼎湖区砚州岛、用完午餐后，公司负责人与随团导游员协商，给予旅游者1小时时间整理行李、稍事休息，下午4时集中乘车返回广州。导游员随即宣布自由活动，在告知集合时间的同时，提醒大家不要下西江玩水、游泳。当日下午约2:30时许，七、八名旅游者擅自到沙滩戏水。约2:40时，三名游客走到水深处突然溺水，大呼“救命”，一名游客获救，两名游客失踪。旅游者向110报案。公安部门接报后，及时赶赴现场，会同海事部门、当地村镇人员搜救。10月6日上午8时许，在当地公安、海事、旅游及所在镇政府、村委会等有关单位努力下，于事发现场下游2公里处找到两名失踪者遗体。经法医鉴定和公司领导现场确认，死者为该公司委托旅行社组织的赴肇庆旅游的团队成员。

事故发生后，肇庆市委、市政府和省旅游局高度重视事件的处理。肇庆市旅游局及时启动旅游突发事件应急预案，主要领导等有关人员，赶赴事发地点，协调相关部门。事发地鼎湖区政府组成了由公安、海事、旅游以及所在镇政府村委会等单位参加的工作小组，研究部署事故的善后处理工作。在当地政府以及旅游、公安、海事等有关部门和组团社、组团单位的共同努力下，经过与死者家属友好协商，由组团单位代表旅行社、砚州村委会与死者家属签订协议，每位死者获得经济补偿10万元、旅行社为旅游团购买的旅游意外保险8万元。死者家属随后返回原籍，事故善后处理结束。(此案例由广东省旅游局提供)

【案例解析】

旅游安全需求是旅游活动的前提与内在要求，也是能否实现旅游目的的基本保证。安全保障是旅游者从事旅游活动最基本的一项权利之一，可是却屡次发生人身和财产安全被伤害的事件。为此，我国《消费者权益法》及国务院颁布的旅游安全相关法规多次明确规定了作为消费者的旅游人员的安全保障权。现阶段中国旅游安全主要体现在以下几个方面：

第一，法制和安全意识淡薄。在经济效益的驱使下，旅游业经营者和从业人员缺乏应有法律知识修养，缺少基本的从业安全保护技能与素质，不具备起码的岗位所需要安全知识，法制和安全意识淡薄，从而引发旅游安全事故，造成旅游者人身安全的侵权事故发生。本案旅行社经营的拓展旅游属于依托涉水场所的特种旅游，在曾降暴雨和江水泛滥的情况下，旅行社从业人员没有预见到意外伤害事件发生的可能性，继而没有阻止游客下水。另外旅行社选择的区域明显存在安全隐患，在旅游者随意出入的场所没有安排专人巡视并及时阻止要下水的旅游者。旅行社和景区的工作人员都缺乏必要的安全意识，没有预见到可能发生的事故，在对伤害发生以后的强求工作也没有做到及时准确，造成了游客的生命和财产损失。

第二，旅游产品和旅游景区环境不符合旅游安全要求。在本案中，该旅游景区可能存在景区基础设施薄弱，公共安全防护设施或警示标示缺乏，自然环境存在潜在隐患，缺乏必要的人员监督维护等诸多问题。旅行社存在的问题是其设计的旅游产品不能满足旅游者的基本安全需求，没有基本的安全监督人员对游客进行有效地劝告和行为阻止。作为旅游产品的销售者和产品消费地的主管方面，旅行社和景区负责方都应当首先考虑如何避免或者减少游客可能出现的安全风险以及针对可能出现的风险采取何种必要的防范措施，做到未雨绸缪，防患于未然。

第三，旅游者缺乏应有的安全意识和防范知识。在本案中，游客自身也暴露了自身保护意识差和防范能力低的安全意识隐患和弊端。旅游安全问题由于旅游活动的存在异地性和文化差异性会变得尤为突出。实践中，旅游者的旅游安全防范意识不强、旅游安全知识缺乏加之对旅行社依赖心理过重是较为普遍的现象。心理的放松加之盲目追求旅游经历的精彩使一些旅游者在旅游过程中忽略了对旅游产品安全性的研究和分析，对旅游环境的可靠性也缺乏正确评估和判断；忽略了对自身行为所进行的必要约束和权利行使的必要限制；忽略了对自身利益采取必要的保护措施以转嫁旅游活动中出现的非人为的风险，造成了违反旅游合同约定擅自下西江戏水而造成重大伤亡事故，值得反思，发人深省。

该案例中，组团社、组织单位和景区管理方也曾经对旅游安全问题采取了一定的防范措施，然而还是不能阻止伤害的发生。对旅游安全问题到底应该怎样布置和管理才能真正做到万无一失呢？安全和预防工作如何开展才能做到有备无患呢？在此列出几条建议仅供参考：

第一，旅游主管部门严格执行政府出台的各项旅游安全政策与标准，坚决打击旅游经营者的不法经营活动，确保旅游产品和旅游市场的安全性和规范性，降低直至消除不安全因素。督促各级旅游业者遵守国家标准或者行业标准，一切产品的生产应保证符合人身健康和安全。对可能危及旅游者安全的旅游产品或者服务，应对旅游者尽告知义务，必要时候采取果断措施取缔该项目或产品，并采取切实可行的防范措施。

第二，各旅游相关管理和生产部门应利用尽可能多的渠道开展对旅游者进行必要的旅游知识的教育，尤其是旅游安全知识的讲解。在旅游风景区、旅游交通设施、旅游住宿接待机构、以及旅游宣传部门组织多种活动，充分利用公益广告、公益讲堂，导游讲解等综合渠道推广旅游安全教育，为旅游者提供必要的旅游咨询服务、关于旅游项目的详细资料等真实信息，争取培养成熟的、理智的、文明的旅游者，使其养成良好的旅游安全习惯。

第三，旅游合同的规范性要进一步加强，做到责任明确，有章可循。签订旅游合同应该注意明晰旅游过程中的组织权限和责任划分，避免发生事故后，责任不清造成相应的各种纠纷，为游客和组团社增加各项成本。本案因公司负责人的意见而改变行程，与旅游合同对双方责任约定不明确有直接关系，势必会造成一系列的法律问题。

第四，进一步健全旅游安全保险责任体系。除了逐步完善的社会救援体系之外，旅游主管部门应当承担培养旅游者、旅游企业的旅游保险意识，确保旅游者发生安全事故以后有健全的赔偿体系。购买旅游保险不但是转嫁旅游风险的手段之一，而且是对旅游者人权尊重的重要维护手段。旅游者和旅游经营者对旅游保险意识的长期淡薄，加之旅游保险种类较少，旅游者选择范围较窄等诸多因素，为我国旅游保险的发展提供了很大的发展障碍。在这种情况下，各级旅游政府主管部门应当积极引导、鼓励旅游者、旅游企业购买旅游保险，保险公司也应当积极增加保险种类进而拓展市场，开发更多的旅游保险产品。近些年出现的各种新型的特种旅游活动为旅游保险市场的发展提供了广阔的发展空间，日益提高的生活质量也使人们逐渐认识到了购买保险的必要性。

>>> 复习思考题

1. 我国旅游安全管理的基本方针是什么？

2. 旅游经营部门和个人在旅游安全方面需要注意的事项有哪些?

3. 我国对旅游安全事故的等级是如何划分的?

4. 旅游事故主要表现在哪些方面?

5. 简述我国旅游安全事故处理一般程序。

6. 特别重大旅游安全事故处理应遵循怎样的原则?

7. 外国人在华死亡应该怎样处理?

8. 经营漂流旅游企业的操作人员的职责是什么?

9. 什么是旅游保险?我国旅游保险现状如何?

10. 如何完善旅游保险产品体系?

11. 旅行社责任险的特征是什么?

12. 什么情况下投保人可以免除旅行社责任险?

13. 旅行社责任保险与旅游意外险的不同点是什么?

第九章 旅游纠纷及纠纷解决法规

>>> 课前导读

本章介绍了旅游纠纷及纠纷解决方面的法律法规的规定。通过本章的学习，学生基本掌握旅游纠纷的解决方式，熟悉旅游投诉的受理机构和受理程序，使学生将来进入旅游行业之后，能自觉维护旅游者的权益，提高我国旅游业的声誉。这就要求学生通过本节课的学习掌握旅游纠纷的概念、特征、类型、旅游纠纷的解决方式；理解旅游纠纷投诉、旅游纠纷调解和仲裁、旅游纠纷诉讼的概念和特征、管辖、时效；了解旅游纠纷管理机构的职责。

>>> 学习目标

了解旅游纠纷的概念、特征、类型，旅游纠纷诉讼的概念和特征，了解旅游纠纷管理机构的职责。掌握旅游纠纷的解决方式、旅游纠纷投诉、旅游纠纷调解和仲裁。

第一节 旅游纠纷概述

一、旅游纠纷的概念和特征

旅游纠纷是指旅游合同主体之间因权力和义务的矛盾而引发的争议。这里的旅游主体包括的范围很广，如旅游者、旅游经营者、旅游管理部门、旅游相关部门等。旅游纠纷既可能发生在旅游游览过程中，也可能发生在旅游管理活动中。本章主要探讨的旅游纠纷为不涉及刑事责任的民事纠纷。

其基本特征：

第一，旅游纠纷发生在旅游合同参与的主体之间。

第二，旅游纠纷引起的原因是一方或双方当事人的违法行为所致。

第三，旅游纠纷发生的时空范围限定在旅游活动过程中。

第四，旅游纠纷的涉及面广，内容复杂。

二、旅游纠纷的类型

旅游纠纷复杂多样，我们可从下面几方面对其进行分类：

(一)从纠纷的争议内容来分，旅游纠纷可以分为导游业务纠纷、旅游交通纠纷、旅游住宿纠纷、旅游饮食纠纷、旅游购物纠纷、游览观光纠纷等。

(二)从旅行社的业务经营范围来分，旅游纠纷可分为入境旅游纠纷、国内旅游纠纷和出境旅游纠纷等。

(三)从旅游法规的调整对象来分，旅游纠纷可分为旅游游览行为纠纷、旅游经营行为纠纷和旅游管理行为纠纷等。

(四)从是否存在合同来分，旅游纠纷可分为旅游合同纠纷和非旅游合同纠纷等。

旅游纠纷的主体虽然很多，但大多数旅游纠纷都发生在游客和旅游经营者之间。由于旅行社在旅游业中处于核心和纽带地位，多数旅游纠纷又发生在游客和旅行社之间。

三、旅游纠纷的解决方式

目前旅游纠纷的解决方式主要有协商、调解、投诉、仲裁和诉讼五种。这五种方式各有特点，旅游者可以根据实际情况选择最合适的方式。在选择时既要考虑纠纷的切实解决，又要考虑到解决纠纷的成本。毫无疑问，在这五种方式中，协商是最简便、成本最低的方式，多数旅游纠纷其实是在双方协商中得到缓解或解决的。

第二节　旅游纠纷的调解和仲裁

一、旅游纠纷的调解

(一)旅游纠纷调解的概念

旅游纠纷调解是指旅游纠纷当事人在第三方主持和协商下，就旅游纠纷进行协商，从而解决旅游纠纷所进行的活动。调解的主持人可以是人民调解委员会、消费者协会、仲裁机构、法院，可以是行政机关，也可以是双方当事人所信赖的公民个人。

根据《人民调解委员会组织条例》(国务院 1989 年 6 月 17 日颁布实施)，人民调解委员会是村民委员会和居民委员会下设的调解民间纠纷的群众性组织，在基层人民政府和基层人民法院的指导下进行工作。人民调解委员会由 3～9 名委员组成，人民调解委员会委员除由村民委员会成员或者居民委员会成员兼任的以外，由群众选举产生，每三年改选一次，可以连选连任。人民调解委员会的任务为调解民间纠纷，并通过调解工作宣传法律、法规、规章和政策，教育公民遵纪守法，尊重社会公德。人民调解委员会调解民间纠纷不收费。

调解与协商有很多共同点，如都是自愿基础上进行的，都需要双方当事人的协商同意并达成协议。但调解是在第三方主持下进行的，而协商不要求第三人介入，这是调解和协商最大的不同点。

(二)旅游纠纷调解的特点

以调解的方式解决纠纷具有协商类似的积极作用，较之仲裁和诉讼有很多的优点：

1. 程序灵活简便，能提高纠纷解决的效率。

2. 成本低廉，最大限度地避免损失。

3. 有利于当事人权利义务的实现。因为调解的结果是基于当事人的意愿，因而更易于被双方所接受，在履行调解协议时相对而言也较为顺利。

4. 有利于促进双方当事人的团结。调解是在双方信任的第三方主持下进行的，气氛较为宽松，双方可以在较为友好的氛围中达成互谅互让的协议，有利于当事人的团结。

调解也有一定的局限性。这就是调解成功与否必须依赖于双方的诚意和善意。当纠纷涉及利益重大，双方意见分歧严重时，这种诚意和善意的前提一般是难以存在的。因此，在这种情况下，调解不一定是最终解决纠纷的有效手段。

(三)旅游纠纷调解的原则

1. 当事人自愿原则

该原则包括两层含义：一是在程序上是否以调解方式解决旅游纠纷应尊重当事人的意愿；二是在实体上是否达成调解协议，是否同意调解协议的内容，也应当尊重当事人的意愿。

2. 合法原则

该原则也包括两层含义：一是程序上是否合法，不应强迫或变相强迫当事人进行调解，调解不成，不应久拖不决，而应谋求别的解决纠纷的途径；二是实体上要合法，调解的结果不能违反国家法律、行政法规的强制性规定，也不能损害国家利益、社会利益和第三方利益。

3. 查明事实、分清是非原则

调解并不是无原则的调和，调解应是在事实清楚、责任明确的前提下，引导双方各自做出适当让步来谋求纠纷的解决，而不能片面地维护某一方的利益。

(四)旅游纠纷调解的方式

根据旅游纠纷调解主持人的身份不同，旅游纠纷调解可以分为民间调解、仲裁调解和法院调解三种。

1. 民间调解

民间调解是指由当事人临时选任的不具备专门调解职能的单位或个人进行的调解。经过调解，当事人就纠纷的解决达成协议，制作并签署调解协议书。

2. 仲裁调解

仲裁调解是指在仲裁主持下进行的调解。根据我国仲裁法的规定，仲裁庭在做出裁决前，可以先行调解。当事人自愿调解的，仲裁庭应当调解。调解不成的，应当及时做出裁决。

3. 法院调解

法院调解又称诉讼中调解，是指民事诉讼中双方当事人在法院审判人员的主持和协调下进行的调解。法院调解在诉讼的各阶段、各审级中均可进行。调解可由当事人提出申请，法院也可依职权主动提出建议，在征得当事人同意后开始调解。调解未达成协议或当事人一方拒绝签收调解书的，调解书不发生法律效力，人民法院应当及时判决。

《最高人民法院关于审理旅游纠纷案件适用法律若干问题的规定》已于 2010 年 9 月 13 日由最高人民法院审判委员会第 1496 次会议通过，自 2010 年 11 月 1 日起施行。

二、旅游纠纷的仲裁

根据《中华人民共和国仲裁法》(1995 年 9 月 1 日起施行)的规定，平等主体的公民、法人和其他组织之间发生的合同纠纷和其他财产权益纠纷，可以仲裁。下列纠纷不能仲裁：第一，婚姻、收养、监护、抚养、继承纠纷；第二，依法应当由行政机关处理的行政争议。由此可见，一般情况下旅游纠纷都可以提交仲裁。

(一)旅游纠纷仲裁的特点

旅游纠纷仲裁是指旅游纠纷当事人在自愿基础上达成协议，将纠纷提交选定的仲裁委员会，由仲裁委员会做出对纠纷双方都有约束力的裁决的一种解决纠纷的制度或方式。

作为一种民间性的裁判制度，仲裁是一种替代诉讼的重要的解决纠纷的方式。与其他的旅游纠纷解决方式相比，旅游纠纷仲裁也有其自身特点。

1. 自愿性

仲裁以当事人的自愿为前提，即一项纠纷是否提交仲裁，交予谁仲裁，仲裁庭如何组成，由谁组成，仲裁的审理方式、开庭方式等，都是在当事人自愿的基础上由双方协商确定的。因此，仲裁充分体现了当事人意思自愿的原则。

2. 专业性

旅游纠纷往往涉及法律、经济以及旅游专业知识，而仲裁委员会一般都备有分专业的、由专家组成的仲裁员名册供当事人选择，能充分满足旅游仲裁的专业性需求。因此，这种有针对性的选择仲裁员的方式保证了仲裁的专业性和权威性。

3. 灵活性

仲裁在程序上没有诉讼那么严格的规定，在最大程度上尊重当事人的意愿。其中的诸多具体程序都可由当事人选择，因此，仲裁程序更加灵活，更具弹性。如：当事人可以选择 1 名仲裁员独任审理，也可以由 3 名以上仲裁员组成仲裁庭审理，还可以选择开庭审理或书面审理的方式。

4. 保密性

与诉讼相反，仲裁以不公开审理为原则，有关的仲裁法律和仲裁规则同时规定了仲裁员的保密义务，可以满足希望保密的当事人的要求。

5. 快捷性

仲裁实行一裁终局制，裁决一经做出即发生法律效力。而且，仲裁庭仲裁纠纷时，其中一部分事实已经清楚，可以就该部分先行裁决。这使得旅游纠纷能迅速得到解决。

(二)旅游纠纷仲裁协议

仲裁协议是指双方当事人自愿把他们之间已经发生或将来可能发生的财产性权益纠纷提交仲裁机构解决的协议。当事人采用仲裁方式解决纠纷，应当双方自愿，达成仲裁协议。没有仲裁协议，一方申请仲裁的，仲裁委员会将不予受理。

旅游仲裁协议必须以书面形式订立，有三种主要的表现形式。

1. 仲裁条款

指当事人在签合同时就订立的，将可能的纠纷提交仲裁的条款。这属于纠纷发生前事先性的约定。

2. 仲裁协议书

指当事人在纠纷发生前或发生后订立的，同意将纠纷提交仲裁的一种独立的协议。仲裁协议不依附于任何契约而独立存在。

3. 其他书面文件表现的仲裁协议

如当事人之间往来的信函、电报、传真、电子邮件等材料包含了同意将纠纷提交仲裁的内容，也可以构成仲裁协议。

(三)旅游纠纷仲裁的法律效力

裁决书自做出之日起发生法律效力。当事人应当履行裁决。一方当事人不履行的，另一方可以依照民事诉讼法的有关规定向人民法院申请执行。如果仲裁裁决不存在可撤销的事由，受理申请的人民法院应当执行。

第三节　旅游纠纷的诉讼

在解决旅游纠纷的众多方式中，诉讼方式是程序最复杂的一种。虽然这不是纠纷解决的必经方式，但在其他方式都无效而又想解决纠纷的情况下，诉讼就是不得不采用的最终方式。当事人也可不经其他方式而直接采取诉讼方式解决旅游纠纷。

一、旅游纠纷诉讼的概念

旅游纠纷诉讼是指法院在当事人和其他诉讼参与人的参加下，以审理、判决、执行等方式解决旅游纠纷的活动，以及由这些活动产生的各种诉讼关系的总和。旅游纠纷诉讼既包括法院的审理活动，如案件审理、调查取证，又包括诉讼参与人的诉讼活动，如原告起诉、被告提出答辩或反诉等。

二、旅游纠纷诉讼的特征

我国并没有专门的规范旅游纠纷诉讼的法律，由于我们所探讨的旅游纠纷为民事纠纷，所以，旅游纠纷诉讼可参照我国《民事诉讼法》(1991 年 4 月 9 日公布施行)的相关规定。同样，旅游纠纷诉讼的特征也可以参照民事诉讼的特征。与调解、仲裁这些诉讼外的解决民事纠纷的方式相比，民事诉讼有三个突出特征。

(一)公权性

民事诉讼是以司法途径解决平等主体之间纠纷的方式，法院代表国家行使审判权来解决民事争议，因此，民事诉讼具有公权性的特点。

(二)强制性

调解、仲裁均建立在当事人自愿的基础上，只要一方不愿意，调解、仲裁将无从进行。而在民事诉讼中，只要原告起诉符合民事诉讼法规定的条件，无论被告是否愿意，诉讼均将发生。而且，法院的裁判有直接的强制执行力，当事人若不履行生效的裁判确定的义务，法院可依法强制执行。

(三)程序性

民事诉讼有严格的程序，无论是法院、当事人还是其他诉讼参与人，都应按照民事诉讼法设定的程序实施诉讼行为。而调解和仲裁在程序方面较为灵活。

三、旅游纠纷诉讼的管辖

管辖，是指各级法院之间和同级法院之间受理第一审案件的分工和权限。我国的法院有四级，分别是基层人民法院、中级人民法院、高级人民法院和最高人民法院。除了最高人民法院以外，其他各级人民法院均为多个并存，一项纠纷，当事人该向哪一级法院起诉，哪一级法院有权受理，这是首先要解决的问题。民事诉讼法对案件的管辖有许多具体规定，就旅游纠纷而言，四点内容尤其要掌握。

1. 每一级法院都可受理第一审旅游纠纷案件

一般的旅游纠纷案件由基层人民法院管辖，性质重大、案情复杂、影响范围大、涉及金额多的旅游纠纷案件由级别较高的法院管辖。

2.“原告就被告”的原则

旅游纠纷诉讼的管辖法院一般实行“原告就被告”的原则，即以被告所在地确定管辖的法院。如果被告是公民，被告所在地即为被告住所地(户籍所在地)，被告住所地与经常居住地(公民离开住所连续居住满1年的地方)不一致的，被告所在地为被告经常居住地。如果被告是法人或其他组织，被告所在地为法人或其他组织的主要办事机构所在地或主要营业地，没有办事机构的，被告所在地为其注册地。

3. 几种特殊的旅游纠纷案件管辖

(1)因旅游合同纠纷提起的诉讼，可由被告住所地或者合同履行地人民法院管辖。

(2)因铁路、公路、水上、航空运输和联合运输合同纠纷提起的旅游诉讼，可由运输始发地、目的地或者被告住所地人民法院管辖。

(3)因侵权行为提起的旅游纠纷诉讼，可由侵权行为地或者被告住所地人民法院管辖。

(4)因铁路、公路、水上和航空事故请求损害赔偿提起的旅游诉讼，可由事故发生地或车辆、船舶最先到达地、航空器最先降落地或者被告住所地人民法院管辖。

4. 起诉与管辖

当出现两个以上人民法院都有管辖权的旅游纠纷诉讼时，原告可以向其中一个人民法院起诉；原告向两个以上有管辖权的人民法院起诉的，由最先立案的人民法院管辖。

四、旅游纠纷诉讼的时效

进行旅游纠纷诉讼时还要注意诉讼时效。诉讼时效是指民事权利受到侵害的权利人在法定的时效期间内不行使权利，当时效期间届满时，即丧失了请求人民法院依诉讼程序强制义务人履行义务权利的制度。

(一)诉讼时效期间

我国《民法通则》规定，普通民事诉讼的诉讼时效期间为两年，下列情况下诉讼时效期间为1年：

1. 身体受到伤害要求赔偿的。
2. 出售质量不合格的商品未声明的。
3. 延付或拒付租金的。
4. 寄存财物被丢失或者损毁的。

(二)诉讼时效的起算

诉讼时效期间从知道或者应当知道权利被侵害时起计算。但是，从权利被侵害之日起超过20年的，人民法院不予保护。

(三)诉讼时效的中止、中断、延长

1. 在诉讼时效期间的最后6个月内，因不可抗力或者其他障碍不能行使请求权的，诉讼时效中止。从中止时效的原因消除之日起，诉讼时效期间继续计算。

2. 诉讼时效因提前诉讼、当事人一方提出要求或者同意履行义务而中断。从中断时起，诉讼时效期间重新计算。

3. 有特殊情况的，人民法院可以延长诉讼时效期间。

（四）超过诉讼时效的法律后果

超过诉讼时效后，权利人仍可以向法院起诉。法院经调查确认诉讼时效已完成，且权利人无正当理由，将驳回权利人的诉讼请求。但是，这时若义务人自愿履行义务，权利人可受领其履行，义务人不能因为权利人超过诉讼时效而要求权利人返还其所受履行。也就是说，当事人自愿履行的，不受诉讼时效限制。

第四节　旅游投诉

旅游投诉也是解决旅游纠纷的方式之一。目前涉及旅游投诉的法规主要有《旅行社条例》及其实施规则等。1991 年 6 月 1 日，国家旅游局制定颁布《旅游投诉暂行规定》，目的是为了保护旅游者、旅游经营者的合法权益，及时、公正的处理旅游投诉，维护国家旅游声誉。

一、旅游投诉的概念和特征

旅游投诉是指旅游者、海外旅行商、国内旅游经营者为维护自身和他人的旅游合法权益，对损害合法权益的旅游经营者和有关服务单位，以书面或者口头形式向旅游行政管理部门提出投诉，请求处理的行为。由于实践中旅游投诉主要集中在游客和旅行社之间，为此，本章所说的旅游投诉主要指的是旅游者对损害其合法权益的旅行社，以书面或口头形式向有关部门提出投诉，请求赔偿的行为。

旅游投诉具有下列特征：

第一，旅游投诉的主体限定为旅游者、海外旅行商、国内旅游经营者；

第二，旅游投诉的目的是为了维护旅游者自身和他人的旅游合法权益；

第三，旅游投诉的对象是损害旅游者或他人合法权益的旅游经营者和有关服务单位；

第四，旅游投诉的形式是书面或口头行书；

第五，旅游投诉的管理机关是旅游行政管理部门设置的投诉机构；

第六，旅游投诉的性质是旅游行政管理机关的具体行政行为。

二、旅游投诉的范围

旅游者认为旅行社损害了其合法权益的，都可以向有关部门投诉。因下列情形之一，给旅游者的合法权益造成损害的，旅游者有权向县级以上旅游行政管理部门投诉：

（一）旅行社违反《旅行社条例》及其实施细则规定的。

（二）旅行社提供的服务未达到旅游合同约定的服务标准或档次的。

（三）旅行社破产或其他原因造成旅游者预交旅游费用损失的。

三、旅游投诉的管理机构

根据《旅行社条例》的规定，不仅旅游行政管理部门有权处理旅游者的投诉，工商行政管理部门、价格主管部门、商务主管部门和外汇管理部门等都可以依据其职责权限处理旅游者的投诉。

四、旅游投诉的受理和处理

(一)旅游投诉者与被投诉者

旅游投诉者：以自己名义请求旅游行政管理机关维护自身和他人合法权益的人，主要指旅游者、海外旅行商、国内旅游经营者等。

被投诉者：相对的一方，主要指旅游者、海外旅行商、国内旅游经营者、旅游从业人员等。

投诉者应当向旅游投诉管理机关递交投诉状，并按被投诉者提出副本，如有困难可以口述，本人签字，应当载明投诉者的国籍、职业、年龄、单位名称及地址；以及被投诉者的姓名、所在地，投诉的事实与理由。(有效期为60天)

(二)旅游投诉的受理

旅游投诉受理：指有管辖权的旅游投诉管理机关接到旅游投诉者的投诉后，经审查符合受理条件的予以立案的行政行为。

投诉必须符合下列条件：

第一，投诉者是与本案有直接利害关系的旅游者、海外旅行商、国内旅游经营者和从业人员。

第二，有明确的被投诉者、具体的投诉请求和事实根据。

第三，属于本规定所列的旅游投诉范围。

旅游投诉的内容分为两大类：

一类是侵权纠纷，即被投诉者的侵权行为，使投诉者遭受人身或财产损害而引起的投诉。

二类是违约纠纷，即被投诉者违反合同约定的行为，使投诉者遭受人身或财产损害而引起的投诉。

旅游投诉处理机关在7日内通知投诉者是否受理并说明理由。

(三)旅游投诉的处理程序

1. 及时将受理决定通知被投诉者，被投诉者在规定期限内作出书面答复；
2. 进行调解；
3. 作出处理决定，制作处理决定书；
4. 被投诉者在30日内给予答复。

投诉的解决以事实为根据，以法律、法规为准绳。旅游投诉管理机关作出的处理决定，应当用旅游投诉处理决定书的书面形式，在15日内通知投诉者和被投诉者。

【资料链接】 **最高人民法院关于审理旅游纠纷适用法律若干问题的规定**

《最高人民法院关于审理旅游纠纷案件适用法律若干问题的规定》已于2010年9月13日由最高人民法院审判委员会第1 496次会议通过，现予公布，自2010年11月1日起施行。

二〇一〇年十月二十六日

最高人民法院关于审理旅游纠纷案件适用法律若干问题的规定

(2010年9月13日最高人民法院审判委员会第1 496次会议通过)

为正确审理旅游纠纷案件，依法保护当事人合法权益，根据《中华人民共和国民法通则》、《中华人民共和国合同法》、《中华人民共和国消费者权益保护法》、《中华人民共和国侵权责任法》和《中华人民共和国民事诉讼法》等有关法律规定，结合民事审判实践，制定本规定。

第一条，本规定所称的旅游纠纷，是指旅游者与旅游经营者、旅游辅助服务者之间因旅游发生的合同纠纷或者侵权纠纷。

“旅游经营者”是指以自己的名义经营旅游业务，向公众提供旅游服务的人。

“旅游辅助服务者”是指与旅游经营者存在合同关系，协助旅游经营者履行旅游合同义务，实际提供交通、游览、住宿、餐饮、娱乐等旅游服务的人。

旅游者在自行旅游过程中与旅游景点经营者因旅游发生的纠纷，参照适用本规定。

第二条，以单位、家庭等集体形式与旅游经营者订立旅游合同，在履行过程中发生纠纷，除集体以合同一方当事人名义起诉外，旅游者个人提起旅游合同纠纷诉讼的，人民法院应予受理。

第三条，因旅游经营者方面的同一原因造成旅游者人身损害、财产损失，旅游者选择要求旅游经营者承担违约责任或者侵权责任的，人民法院应当根据当事人选择的案由进行审理。

第四条，因旅游辅助服务者的原因导致旅游经营者违约，旅游者仅起诉旅游经营者的，人民法院可以将旅游辅助服务者追加为第三人。

第五条，旅游经营者已投保责任险，旅游者因保险责任事故仅起诉旅游经营者的，人民法院可以应当事人的请求将保险公司列为第三人。

第六条，旅游经营者以格式合同、通知、声明、告示等方式作出对旅游者不公平、不合理的规定，或者减轻、免除其损害旅游者合法权益的责任，旅游者请求依据消费者权益保护法第二十四条的规定认定该内容无效的，人民法院应予支持。

第七条，旅游经营者、旅游辅助服务者未尽到安全保障义务，造成旅游者人身损害、财产损失，旅游者请求旅游经营者、旅游辅助服务者承担责任的，人民法院应予支持。

因第三人的行为造成旅游者人身损害、财产损失，由第三人承担责任；旅游经营者、旅游辅助服务者未尽安全保障义务，旅游者请求其承担相应补充责任的，人民法院应予支持。

第八条，旅游经营者、旅游辅助服务者对可能危及旅游者人身、财产安全的旅游项目未履行告知、警示义务，造成旅游者人身损害、财产损失，旅游者请求旅游经营者、旅游辅助服务者承担责任的，人民法院应予支持。

旅游者未按旅游经营者、旅游辅助服务者的要求提供与旅游活动相关的个人健康信息并履行如实告知义务，或者不听从旅游经营者、旅游辅助服务者的告知、警示，参加不适合自身条件的旅游活动，导致旅游过程中出现人身损害、财产损失，旅游者请求旅游经营者、旅游辅助服务者承担责任的，人民法院不予支持。

第九条，旅游经营者、旅游辅助服务者泄露旅游者个人信息或者未经旅游者同意公开其个人信息，旅游者请求其承担相应责任的，人民法院应予支持。

第十条，旅游经营者将旅游业务转让给其他旅游经营者，旅游者不同意转让，请求解除旅游合同、追究旅游经营者违约责任的，人民法院应予支持。

旅游经营者擅自将其旅游业务转让给其他旅游经营者，旅游者在旅游过程中遭受损害，请求与其签订旅游合同的旅游经营者和实际提供旅游服务的旅游经营者承担连带责任的，人民法院应予支持。

第十一条，除合同性质不宜转让或者合同另有约定之外，在旅游行程开始前的合理期间内，旅游者将其在旅游合同中的权利义务转让给第三人，请求确认转让合同效力的，人民法院应予支持。

因前款所述原因，旅游经营者请求旅游者、第三人给付增加的费用或者旅游者请求旅游经营者退还减少的费用的，人民法院应予支持。

第十二条，旅游行程开始前或者进行中，因旅游者单方解除合同，旅游者请求旅游经营者退还尚未实际发生的费用，或者旅游经营者请求旅游者支付合理费用的，人民法院应予支持。

第十三条，因不可抗力等不可归责于旅游经营者、旅游辅助服务者的客观原因导致旅游合同无法履行，旅游经营者、旅游者请求解除旅游合同的，人民法院应予支持。旅游经营者、旅游者请求对方承担违约责任的，人民法院不予支持。旅游者请求旅游经营者退还尚未实际发生的费用的，人民法院应予支持。

因不可抗力等不可归责于旅游经营者、旅游辅助服务者的客观原因变更旅游行程，在征得旅游者同意后，旅游经营者请求旅游者分担因此增加的旅游费用或旅游者请求旅游经营者退还因此减少的旅游费用的，人民法院应予支持。

第十四条，因旅游辅助服务者的原因造成旅游者人身损害、财产损失，旅游者选择请求旅游辅助服务者承担侵权责任的，人民法院应予支持。

旅游经营者对旅游辅助服务者未尽谨慎选择义务，旅游者请求旅游经营者承担相应补充责任的，人民法院应予支持。

第十五条，签订旅游合同的旅游经营者将其部分旅游业务委托旅游目的地的旅游经营者，因受托方未尽旅游合同义务，旅游者在旅游过程中受到损害，要求作出委托的旅游经营者承担赔偿责任的，人民法院应予支持。

旅游经营者委托除前款规定以外的人从事旅游业务，发生旅游纠纷，旅游者起诉旅游经营者的，人民法院应予受理。

第十六条，旅游经营者准许他人挂靠其名下从事旅游业务，造成旅游者人身损害、财产损失，旅游者请求旅游经营者与挂靠人承担连带责任的，人民法院应予支持。

第十七条，旅游经营者违反合同约定，有擅自改变旅游行程、遗漏旅游景点、减少旅游服务项目、降低旅游服务标准等行为，旅游者请求旅游经营者赔偿未完成约定旅游服务项目等合理费用的，人民法院应予支持。

旅游经营者提供服务时有欺诈行为，旅游者请求旅游经营者双倍赔偿其遭受的损失的，人民法院应予支持。

第十八条，因飞机、火车、班轮、城际客运班车等公共客运交通工具延误，导致合同不能按照约定履行，旅游者请求旅游经营者退还未实际发生的费用的，人民法院应予支持。合同另有约定的除外。

第十九条，旅游者在自行安排活动期间遭受人身损害、财产损失，旅游经营者未尽到必要的提示义务、救助义务，旅游者请求旅游经营者承担相应责任的，人民法院应予支持。

前款规定的自行安排活动期间，包括旅游经营者安排的在旅游行程中独立的自由活动期间、旅游者不参加旅游行程的活动期间以及旅游者经导游或者领队同意暂时离队的个人活动期间等。

第二十条，旅游者在旅游行程中未经导游或者领队许可，故意脱离团队，遭受人身损害、财产损失，请求旅游经营者赔偿损失的，人民法院不予支持。

第二十一条，旅游者提起违约之诉，主张精神损害赔偿的，人民法院应告知其变更为侵权之诉；旅游者仍坚持提起违约之诉的，对于其精神损害赔偿的主张，人民法院不予支持。

第二十二条，旅游经营者或者旅游辅助服务者为旅游者代管的行李物品损毁、灭失，旅游者请求赔偿损失的，人民法院应予支持，但下列情形除外：

(一)损失是由于旅游者未听从旅游经营者或者旅游辅助服务者的事先声明或者提示，未将现金、有价证券、贵重物品由其随身携带而造成的；

(二)损失是由于不可抗力、意外事件造成的；

(三)损失是由于旅游者的过错造成的；

(四)损失是由于物品的自然属性造成的。

第二十三条，旅游者要求旅游经营者返还下列费用的，人民法院应予支持：

(一)因拒绝旅游经营者安排的购物活动或者另行付费的项目被增收的费用；

(二)在同一旅游行程中，旅游经营者提供相同服务，因旅游者的年龄、职业等差异而增收的费用。

第二十四条，旅游经营者因过错致其代办的手续、证件存在瑕疵，或者未尽妥善保管义务而遗失、毁损，旅游者请求旅游经营者补办或者协助补办相关手续、证件并承担相应费用的，人民法院应予支持。

因上述行为影响旅游行程，旅游者请求旅游经营者退还尚未发生的费用、赔偿损失的，人民法院应予支持。

第二十五条，旅游经营者事先设计，并以确定的总价提供交通、住宿、游览等一项或者多项服务，不提供导游和领队服务，由旅游者自行安排游览行程的旅游过程中，旅游经营者提供的服务不符合合同约定，侵害旅游者合法权益，旅游者请求旅游经营者承担相应责任的，人民法院应予支持。

旅游者在自行安排的旅游活动中合法权益受到侵害，请求旅游经营者、旅游辅助服务者承担责任的，人民法院不予支持。

第二十六条，本规定施行前已经终审，本规定施行后当事人申请再审或者按照审判监督程序决定再审的案件，不适用本规定。

【解析】

最高人民法院发布《最高人民法院关于审理旅游纠纷适用法律若干问题的规定》，该规定支持旅游者主张霸王条款无效，并第一次提出对消费者个人信息进行保护。

据介绍，全国近年来旅游人数快速增长，2009 年国内旅游人数达到 19.2 亿人次，2010 年有望超过 21 亿人次。旅游纠纷案件在增加，涉及环节多，加大了旅行社与旅游者的纠纷解决难度，因此出台此司法解释。

1. 旅游经营者霸王条款无效

根据规定，旅游经营者以格式合同、通知、声明、告示等方式作为对旅游者不公平、不合理的规定，或者减轻、免除其损害旅游者合法权利的责任，如果旅游者遇到类似霸王条款，旅游者请求依据消费者权益保护法有关规定该内容无效的，人民法院应予支持。

2. 未尽保障义务旅游者受损要赔

因飞机、火车、班轮、城际客运班车等公共客运交通工具延误，旅游者要求赔偿，人民法院不予支持，但是如果由于交通工具延误导致合同不能按照约定履行，或者改变了旅游行程，产生了需要退费的情况，旅游者请求旅游经营者退还实际发生的费用，人民法院应予支持。

旅游经营者、旅游辅助服务者未尽到安全保障义务，造成旅游者人身损害、财产损失，旅游者请求旅游经营者、旅游辅助服务者承担责任的，人民法院应予支持。

因第三人的行为造成旅游者人身损害、财产损失，由第三人承担责任；旅游经营者、旅游辅助服务者未尽安全保障义务，旅游者请求其承担相应补充责任的，人民法院应予支持。

旅游经营者、旅游辅助服务者泄露旅游者个人信息或者未经旅游者同意公开其个人信息，旅游者请求其承担相应责任的，人民法院应予支持。

3. 违反合同减少旅游项目要赔偿

因不可抗力等不可归责于旅游经营者、旅游辅助服务者的客观原因变更旅游行程，在征得旅游者同意后，旅游经营者请求旅游者分担因此增加的旅游费用或旅游者请求旅游经营者退还因此减少的旅游费用的，人民法院应予支持。

旅游经营者违反合同约定，有擅自改变旅游行程、遗漏旅游景点、减少旅游服务项目、降低旅游服务标准等行为，旅游者请求旅游经营者赔偿未完成约定旅游服务项目等合理费用的，人民法院应予支持。

旅游经营者提供服务时有欺诈行为，旅游者请求旅游经营者双倍赔偿其遭受的损失的，人民法院应予支持。

如果旅游经营者向旅游者推荐购物场所，导致旅游者买到假货，且旅游者有证据证明旅游经营者与销售者有串通行为，旅游经营者需担责，如果没有证据证明这类串通行为的，只有销售者担责。

4. 代管行李等四种情况不赔偿

旅游经营者或者旅游辅助服务者为旅游者代管的行李物品损毁、灭失，旅游者请求赔偿损失的，人民法院应予支持，但下列情形除外：

(一)损失是由于旅游者未听从旅游经营者或者旅游辅助服务者的事先声明或者提示，未将现金、有价证券、贵重物品由其随身携带而造成的；

(二)损失是由于不可抗力、意外事件造成的；

(三)损失是由于旅游者的过错造成的；

(四)损失是由于物品的自然属性造成的。

拒绝购物增收费用应该退还。

规定明确，如果旅游者因拒绝旅游经营者安排的购物活动或者另行付费的项目，旅游经营者增收费用，旅游者可以要求旅游经营者返还；在同一旅游行程中，旅游经营者提供相同服务，因旅游者的年龄、职业等差异而增收的费用，旅游者也可以要求返还，这两类返还费用的请求，人民法院均予以支持。

规定还明确，旅游经营者事先设计，并以确定的总价提供交通、住宿、游览等一项或者多项服务，不提供导游和领队服务，由旅游者自行安排游览行程的旅游过程中，旅游经营者提供的服务不符合合同约定，侵害旅游者合法权益，旅游者请求旅游经营者承担相应责任的，人民法院应予支持。

旅游者在自行安排活动期间遭受人身损害、财产损失，旅游经营者未尽到必要的提示义务、救助义务，旅游者请求旅游经营者承担相应责任的，人民法院应予支持。

旅游者在旅游行程中未经导游或者领队许可，故意脱离团队，遭受人身损害、财产损失，请求旅游经营者赔偿损失的，人民法院不予支持。

最高法院明确旅游者个人诉讼权利。

在集体旅游中，除合同签字的当事人有权提起诉讼外，未在旅游合同上签字的个人，也可以提起合同之诉。

>>> 典型案例

1. 旅行社擅改行程——赔偿

梁某等 26 人参加了芜湖某旅行社组织的云南丽江 7 日游。行程的第二天早餐后，导游未征得游客同意，擅自增加了茶马古道旅游项目，收取每人 100 元。行程结束后，梁某等人向旅游质监部门投诉，要求旅行社退还增加的自费项目款。

【解读】安徽省旅游质监所程建新认为，导游的行为违反了游客与旅行社之间的约定，旅行社应承担违约责任，应全额退还梁某等人参加自费项目的款项。本次公布的司法解释规定，旅游经营者违反合同约定，有擅自改变旅游行程、遗漏旅游景点、减少旅游服务项目、降低旅游服务标准等行为，旅游者请求旅游经营者赔偿未完成约定旅游服务项目等合理费用的，人民法院应予支持。旅游经营者提供服务时有欺诈行为，旅游者请求旅游经营者双倍赔偿其遭受的损失的，人民法院应予支持。

2. 霸王条款——无效

省城某传媒集团员工小刘报团参加沿昆明、大理、丽江、香格里拉一线旅游。旅行社宣传资料上的“远眺苍山”、“车观三塔”、“远望虎跳峡”等条文让她感觉游览的景点很丰富，于是她就与旅行社签订了合同，但她没留心合同上的很多细节内容。等到了实地后才发现，浏览的不过是车窗外匆匆而过的风景，这让小刘大为失望，于是投诉到旅游质监部门要求旅行社赔偿。

【解读】律师认为，所谓“霸王条款”，主要是指一些经营者单方面制定的逃避法定义务、减免自身责任的不平等的格式合同。对“霸王条款”问题，已经公布的司法解释规定，旅游经营者以格式合同、通知、声明、告示等方式作出对旅游者不公平、不合理的规定，或者减轻、免除其损害旅游者合法权益的责任，旅游者请求依据消费者权益保护法第二十四条的规定认定该内容无效的，人民法院应予支持。

>>> 复习思考题

1. 旅游纠纷的概念和特征。
2. 旅游纠纷包括哪些类型？
3. 旅游纠纷调解的概念和调解方式。
4. 什么是旅游纠纷的仲裁？旅游纠纷仲裁的特点是什么？
5. 旅游纠纷诉讼的管辖内容有哪些？
6. 旅游纠纷诉讼的时效包括哪几种情况？
7. 什么是旅游投诉？投诉的范围包括哪些？

第十章　旅游行业其他相关法规

>>> 课前导读

本章主要介绍了消费者权益保护法和食品安全法的相关内容，通过本章的学习要求学生熟悉消费者的权利和经营者的义务，掌握国家和社会对消费者合法权益的保护，以及食品安全的基本要求，食品生产经营过程中的安全要求，禁止生产经营的食品，食品安全事故的处理等内容。通过本章的学习学生了解关于消费者权益保护、食品安全和食品卫生方面的基本法律规定，为将来从事旅游工作奠定相应的法律基础。

>>> 学习目标

熟悉消费者的权利和经营者的义务，掌握国家和社会对消费者合法权益的保护。同时了解食品，食品安全的基本要求，食品生产经营过程中的安全要求，食品安全事故的应急预案，掌握食品安全事故的处理方法。

第一节　旅游消费者权益保护法规

一、旅游消费者的权利和经营者的义务

(一)旅游消费者的权利

1. 旅游消费者权利的含义

旅游消费者权利是指旅游消费者在旅游消费领域中所具有的权能，即在法律的保障下，旅游消费者有权做出一定的行为或者要求他人做出一定的行为。

2. 旅游消费者权利的内容

旅游消费者权利的内容主要包括以下 9 项：

(1)安全权保障。

消费者在购买、使用商品和接受服务时享有人身、财产安全不受损害的权利。消费者有权要求经营者提供的商品和服务，符合保障人身、财产安全的要求。安全权是消费者最重要的一项权利，包括人身安全权和财产安全权。

(2)知悉真情权。

消费者享有知悉其购买、使用的商品或者接受的服务的真实情况的权利。消费者有权根据商品或者服务的不同情况，要求经营者提供商品的价格、产地、生产者、用途、性能、规格、等级、主要成份、生产日期、有效期限、检验合格证明、使用方法说明书、售后服务，或者服务的内容、规格、费用等有关情况。

(3)自主选择权。

消费者享有自主选择商品或者服务的权利。消费者有权自主选择提供商品或者服务的经营者，自主选择商品品种或者服务方式，自主决定购买或者不购买任何一种商

品、接受或者不接受任何一项服务。消费者在自主选择商品或者服务时，有权进行比较、鉴别和挑选。

(4)公平交易权。

消费者享有公平交易的权利。消费者在购买商品或者接受服务时，有权获得质量保障、价格合理、计量正确等公平交易条件，有权拒绝经营者的强制交易行为。

(5)依法求偿权。

消费者因购买、使用商品或者接受服务受到人身、财产损害的，享有依法获得赔偿的权利。这里人身权既包括消费者的生命健康权，也包括消费者其他人格方面的权利。财产损害主要是指财产损失，包括直接损失和间接损失。

(6)依法结社权。

消费者享有依法成立维护自身合法权益的社会团体的权利。这是宪法规定在本法中的具体化，也是国家鼓励全社会共同保护消费者合法权益的体现。赋予消费者结社权，使消费者通过有组织的活动，维护自身合法权益。

(7)求教获知权。

消费者享有获得有关消费和消费者权益保护方面的知识的权利。消费者应当努力掌握所需商品或者服务的知识和使用技能，正确使用商品，提高自我保护意识。

(8)维护尊严权。

消费者在购买、使用商品和接受服务时，享有其人格尊严，民族风俗习惯得到尊重的权利

(9)监督批评权。

消费者享有对商品和服务以及保护消费者权利工作进行监督的权利。消费者有权检举、控告侵害消费者权益的行为和国家机关及其工作人员在保护消费者权益工作中的违法失职行为，有权对保护消费者权益工作提出批评、建议。

(二)旅游经营者的义务

1. 旅游经营者义务的含义

旅游经营者的义务是指旅游经营者在经营活动中应履行的责任，即旅游经营者依照法律规定做出一定行为和不得做出一定行为。

2. 旅游经营者义务的内容

旅游经营者义务的内容包括以下10个方面：

(1)保证产品质量和履行合同的义务。

经营者经营的商品要符合《中华人民共和国产品质量法》和其他有关法律、法规的规定。产品质量法规定了产品的质量标准，质量标准有国家标准和行业标准，对没有国家标准或行业标准的商品，必须符合保障人体健康，人身、财产安全的要求。

经营者与消费者之间有合同约定的义务，必须履行合同义务，按照双方约定的合同条款执行，不能随意违反约定。

(2)接受消费者的监督的义务。

在市场经济中，消费者就是“上帝”。所以，经营者应当听取消费者对其商品或者服务的意见，接受消费者的监督。消费者对商品或服务的监督有利于提高商品或服务的质量，改进技术，改善服务态度。同时，使经营者了解消费者的实际需要，以利于

进行市场竞争。监督的方式有检举、控告、曝光以及消费者组织的干预等，经营者应当欢迎消费者的监督。

(3)经营者对提供的商品或服务有保障安全的义务。

安全是消费者购买商品和接受服务时的第一需求。所以，法律规定经营者提供的商品或服务必须使消费者的人身、财产安全得到切实保障。对可能危及人身、财产安全的商品和服务，经营者应当向消费者说明真实情况，作出明确的警示，并且向消费者说明正确的使用方法，防止危害的发生。

经营者发现其提供的商品或服务有严重缺陷，即使正确使用商品或者接受服务仍然可能对消费者的人身、财产安全作出危害，应向有关部门报告，并且通知消费者，经营者应采取措施，停止销售，不能放任危害的发生。

(4)提供真实信息，不做误导宣传的义务。

经营者对消费者提出的有关商品或服务信息的咨询，必须如实答复，不能做引人误导的宣传，使消费者产生误解。由于消费者对商品或服务知识的缺乏，对充斥市场的各种商品的功能、作用不甚了解，经营者的介绍常会使消费者作出是否购买商品或服务的选择。如果经营者作出误导消费者的介绍，就会使消费者作出错误选择，实际上侵犯了消费者的合法权益。

(5)标明企业真实名称和标记的义务。

企业名称和标记标明企业的身份，是一个企业区分于其他企业的标志。对消费者来说，可能就是商品信誉的化身，对消费者选择商品或服务起着重要的作用。所以，企业有义务标明自己的企业名称和标记。

经营者租赁他人柜台，也要标明自己的身份，不能以出租者的名义进行经营活动。如在旅游饭店的经营中，饭店内设的商场、娱乐场所和某些特殊服务项目的经营，可以采取租赁经营的方式，但是经营者必须使用自己的真实名称。出租柜台的企业，也要注意这个问题，以免由于租赁者的行为给自己的企业造成不良影响，甚至代人受过，承担法律责任。

(6)出具购物凭证或服务单据的义务。

向消费者出具购物凭证和服务单据。经营者提供商品或服务时，应当按照国家有关规定或者商业惯例向消费者提供购物凭证和服务单据。消费者索要上述凭证和单据时，经营者必须出具。

购物凭证是消费者向经营者购物或者要求经营者提供服务的合同凭证。它的作用是证明消费者、经营者、服务者之间因购买商品、提供服务建立了某种合同关系，双方根据这种凭证确定各方的权利义务。同时凭证单据也是发生纠纷之后解决问题的依据。所以，消费者对购物凭证和服务单据在一定期限内应妥善保存，对不出具购物凭证和服务单据的经营者，有权要求其出具。

在实际生活中，有些行业必须给消费者开具正式的购物凭证和服务单据，如大宗买卖或运输，住宾馆、旅店等。但是一些小商小贩，流动摊贩，即时清结的小宗买卖或服务，消费者一般不要购物凭证或服务单据，经营者一般也不出具凭证或单据。在这种情况下，如果发生纠纷，则难以判断责任是非。

依据消费者权益保护法的规定，国家规定要出具有关购物凭证和服务单据的，经营者必须出具；根据商业惯例应当出具购物凭证和服务单据的，经营者必须出具；消费者要求出具购物凭证和服务单据的，经营者也必须出具。

(7)经营者应保证商品、服务应当具有的质量、性能、用途和有效期限的义务。

经营者应当保证在消费者正常使用商品或者接受服务的情况下，其所提供的商品或者服务应当具有的质量、性能、用途和有效期限。但是消费者在购买该商品或者接受服务前已经知道其存在瑕疵的除外。

经营者以广告、产品说明、实物样品或者其他方式表明商品或者服务的质量状况的，应当保证其提供的商品或者服务的实际质量与表明的质量状况相符。

经营者的上述义务称经营者的保证义务。即经营者有义务保证自己销售的商品或者提供的服务具有质量、性能、用途和有效期限的保证。

经营者在商品推销中常使用广告、产品说明、实物样品的推销方式，经营者在广告、实物样品和产品说明中，不能夸大宣传、自吹自擂，任何与实际商品不符的宣传方式，都可能导致消费者的索赔。经营者不能履行对商品或者服务的保证义务，也要承担相应的法律责任。

(8)对商品或服务承担“三包”的义务和其他责任。

经营者提供商品或者服务，按照国家规定或者与消费者的约定，承担包修、包退、包换或者其他责任的，应当按照国家规定或者与消费者的约定履行，不得故意拖延或者无理拒绝。

国家对商品“三包”的规定，主要指家用电器行业。经营者与消费者有商品“三包”协议或者对提供服务有约定的，应当按照双方的协议和约定履行。对国家规定或约定经营者承担其他责任的情况，可根据有关的法律、法规的规定划分责任，承担义务。

(9)保证交易公平合理的义务。

经营者不得以格式合同、通知、声明、店堂告示等方式作出对消费者不公平、不合理的规定，或者减轻、免除其损害消费者合法权益应当承担的民事责任。格式合同、通知、声明、店堂告示等含有前款所列内容的，其内容无效。

(10)不得侵犯消费者人身自由的义务。

经营者不得对消费者进行侮辱、诽谤，不得搜查消费者的身体及其携带的物品，不得侵犯消费者的人身自由。

二、旅游消费者权益的保护

《中华人民共和国消费者权益保护法》已由中华人民共和国第八届全国人民代表大会常务委员会第四次会议于1993年10月21日通过，自1994年1月1日起施行。在消费者权益的保护方面，不仅经营者负有直接的义务，而且国家、社会也都负有相应的义务。只有各类主体都有效地承担起相应的保护消费者权益的义务，消费者的各项权利才能得到有效的保障。为此，我国《消费者权益保护法》对于国家和社会在保护消费者权益方面的义务也都作出了规定。

(一)国家对消费者权益的保护

在消费者政策和消费者立法方面，国家应当保护消费者的合法权益不受侵害，并应采取具体措施，保障消费者依法行使权利，维护其合法利益。依据我国《消费者权益保护法》第4章的规定，国家对消费者合法权益的保护主要体现在以下几个方面：

1. 国家对消费者合法权益的立法保护

立法是国家充分有效保护消费者合法权益的基础和依据，国家应当加强保护消费者的合法权益的立法。《消费者权益保护法》明确规定，国家制定有关消费者权益的法律、法规和政策时，应当听取消费者的意见和要求。

2. 国家对消费者合法权益的行政保护

各级人民政府应当加强领导，组织、协调、监督有关部门做好保护消费者合法权益的工作，应当加强监督，预防危害消费者人身、财产安全行为的发生，以及制止危害消费者人身、财产安全的行为。

工商行政管理部门及其他有关行政执法机关，应当按照法律、法规的规定，在各自的职责范围内，采取措施，保障消费者合法权益不受损害。

行业主管部门，应当加强对经营者的管理，防止损害消费者权益行为的发生，对已出现的问题积极进行调查处理，并强化有关消费者权益的服务职能。

3. 国家对消费者合法权益的司法保护

国家公安机关、检察机关、审判机关承担国家对消费者权益进行司法保护的职责，其职责主要有惩处侵犯消费者合法权益的违法犯罪行为，审判机关应采取措施，方便消费者提起诉讼，并依法及时审理消费者权益争议案件。

(二)社会对消费者权益的保护

保护消费者权益，不仅是国家的责任，也是企事业单位、社会团体以及消费者自身的责任。对此，我国《消费者权益保护法》第六条规定，“保护消费者的合法权益是全社会的共同责任，国家鼓励、支持一切组织和个人对损害消费者合法权益的行为进行社会监督。”社会保护是国家保护的必要补充。只有建立起全社会共同保护消费者权益的保护机制，才能使消费者的合法权益得到最充分、最有效的保护。

1. 大众传播媒介的保护

我国《消费者权益保护法》第六条规定：大众传播媒介应当做好维护消费者合法权益的宣传，对损害消费者合法权益的行为进行舆论监督。大众传播媒介的宣传，可能针对关于商品或服务的知识，也可能针对消费者权益保护的知识，并应对侵害消费者合法权益的行为进行报道，实行监督。

2. 消费者组织的保护

我国《消费者权益保护法》第十三条规定，“消费者组织是指依法成立的，对商品和服务进行社会监督，保护消费者合法权益的社会团体。”消费者组织是保护消费者合法权益体系中的一个重要组成部分，其主要特征就是以保护消费者利益为宗旨的社会团体。

我国从1983年开始，消费者组织发展迅速，不仅于1984年建立了全国性的消费者组织——中国消费者协会，而且全国各地都普遍建立了各级消费者协会。

我国的消费者组织分两种，一种是消费者协会，是指中国消费者协会和各地设立的消费者协会(有的成为消费者委员会或消费者监督联合会等)。

一种是其他消费者组织，是指除消费者协会系统之外，由消费者依法成立的旨在维护自身合法权益的社会团体。

第二节 食品安全管理法规

一、食品安全概述

饮食是生活的第一需要。在旅游业的食、住、行、游、购、娱六要素中，“食”居首位，其重要性毋庸置疑。随着人们生活水平的提高，人们对食品的第一要求则是安全卫生。在旅游领域，食品的安全卫生已经成为旅游者权益保护的一个重要方面。作为旅游业的从业人员，有必要了解我国有关食品安全的法律法规。目前，我国这方面的法律法规主要有《中华人民共和国食品安全法》(2009 年 2 月 28 日第十一届全国人民代表大会常务委员会第七次会议通过，自 2009 年 6 月 1 日起施行)、《国务院关于进一步加强食品安全工作的决定》(国务院 2004 年 9 月 1 日颁布)、《超市食品安全操作规范(试行)》(商务部 2006 年 12 月 8 日发布实施)等。

(一)食品的概念

食品是在指各种供人食用或饮用的成品和原料以及按照传统既是食品又是药品的物品，但是不包括以治疗为目的的物品。这里说的既是食品又是药品的物品主要是保健、滋补食品，如红枣、罗汉果、薄荷、茯苓等中药材、作为调料的花椒等、作为营养强化剂的多种维生素等。

食品安全是指食品无毒、无害，符合应当有的营养要求，对人体健康不造成任何急性、亚急性或者慢性危害。

(二)食品安全的基本要求

食品是人们生活的必需品，但如果处置不当，食品也可能给人带来危害。食品对人身的危害分为两种情况，一种情况是食品本身含有毒素，另一种情况是食品在生长、制造、储存、运输及销售等过程中，被有害物质所污染。这些有毒的或被污染的食品被人食用后，将会造成不良后果甚至是难以挽回的后果。旅游从业人员应当认真做好食品安全工作，切实保障旅游者的饮食健康，维护我国旅游业的声誉。

根据我国《食品安全法》的规定，食品安全的基本要求是：

1. 无毒无害。即食用该食品后不会造成人的急性、亚急性或者慢性危害；或食物中虽含有极少量有毒有害物质，但在正常食用的情况下，不致危害人的健康。

2. 符合应当有的营养要求。首先，各种食品都应具备一定的营养成分，如蛋白质、碳水化合物、脂肪、维生素、矿物质和其他可供代谢的有机物；其次，食品所含营养成分的消化吸收率和维护人体正常生理功能的作用必须达到一定的标准。

3. 食品中不得加入药物，但是按照传统既是食品又是药品的作为原料、调料或营养强化剂加入的除外。按照传统既是食品又是中药材的物质的目录由国务院卫生行政部门制定、公布。

4. 对人体健康不造成急性、亚急性或者慢性危害。

二、食品生产经营

(一)食品生产经营的概念

食品生产经营，是指一切食品的生产、采集、收购、加工、储存、运输、陈列、供应、销售等活动。

(二)食品生产经营的安全要求

食品生产经营过程必须符合下列安全要求：

1. 具有与生产经营的食品品种、数量相适应的食品原料处理和食品加工、包装、储存等场所，保持该场所环境整洁，并与有毒、有害场所以及其他污染源保持规定的距离。

2. 具有与生产经营的食品品种、数量相适应的生产设备或者设施，有相应的消毒、更衣、盥洗、采光、照明、通风、防腐、防尘、防蝇、防鼠、防虫、洗涤以及处理废水、存放垃圾和废弃物的设备或者设施。

3. 有食品安全专业技术人员、管理人员和保证食品安全的规章制度。

4. 具有合理的设备布局和工艺流程，防止待加工食品与直接入口食品、原料与成品交叉污染，避免食品接触有毒物、不洁物。

5. 餐具、饮具和盛放直接入口食品的容器，使用前应当洗净、消毒，饮具、用具用后应当洗净，保持清洁。

6. 储存、运输和装卸食品的容器、工具和设备应当安全、无害，保持清洁，防止食品污染，并符合保证食品安全所需的温度等特殊要求，不得将食品与有毒、有害物品一同运输。

7. 直接入口的食品应当有小包装或者使用无毒、清洁的包装材料、餐具。

8. 食品生产经营人员应当保持个人卫生，在生产经营食品时，应当将手洗净，穿戴清洁的工作服、帽；销售无包装的直接入口食品时，应当使用无毒、清洁的售货工具。

9. 用水应当符合国家规定的生活饮用水卫生标准。

10. 使用的洗涤剂、消毒剂应当对人体安全、无害。

11. 法律、法规规定的其他要求。

(三)禁止生产经营的食品

根据我国《食品安全法》的规定，下列食品禁止生产经营：

1. 用非食品原料生产的食品或者添加食品添加剂以外的化学物质和其他可能危害人体健康物质的食品，或者用回收食品为原料生产的食品。

2. 致病性微生物、农药残留、兽药残留、重金属、污染物质以及其他危害人体健康的物质含量超过食品安全标准限量的食品。

3. 营养成分不符合食品安全标准的专供婴幼儿和其他特定人群的主辅食品。

4. 腐败变质、油脂酸败、霉变生虫、污秽不洁、混有异物、掺假掺杂或者感官性状不合格的肉类制品。

5. 病死、毒死或者死因不明的禽、畜、售、水产动物肉类及其制品。

6. 未经动物卫生监督机构检疫或者检疫不合格的肉类，或者未经检验或者检验不合格的肉类制品。

7. 被包装材料、容器、运输工具等污染的食品。

8. 超过保质期的食品。

9. 无标签的预包装食品。

10. 国家为防病等特殊需要明令禁止生产经营的食品。

11. 其他不符合食品安全标准或者要求的食品。

三、食品安全事故处置

(一)食品安全事故应急预案

1. 国务院组织制定国家食品安全事故应急预案。

2. 县级以上地方人民政府应当根据有关法律、法规的规定和上级人民政府的食品安全事故应急预案以及本地区的实际情况，制定本行政区域的食品安全事故应急预案，并报上一级人民政府备案。

3. 食品生产经营企业应当制定食品安全事故处置方案，定期检查本企业各项食品安全防范措施的落实情况，及时消除食品安全事故隐患。

(二)食品安全事故的处置

1. 食品安全事故的概念

食品安全事故，是指食物中毒、食源性疾病、食品污染等源于食品，对人体健康有危害或者可能有危害的事故。

食物中毒是指食用了被有毒有害物质污染的食品，或者食用了含有有毒有害物质的食品后出现的急性、亚急性疾病。

食源性疾病是指食品中致病因素进入人体引起的感染性、中毒性等疾病。

2. 食品安全事故的报告

(1)对发生食品安全事故的单位，应当立即予以处置，防止事故扩大。事故发生单位和接受病人进行治疗的单位应当及时向事故发生地县级卫生行政部门报告。

(2)农业行政、质量监督、工商行政管理、食品药品监督管理部门在日常监督管理中发现食品安全事故，或者接到有关食品安全事故的举报，应当立即向卫生行政部门通报。

(3)发生重大食品安全事故的，接到报告的县级卫生行政部门应当按照规定向本级人民政府和上级人民政府卫生行政部门报告。县级人民政府和上级人民政府卫生行政部门应当按照规定上报。

(4)任何单位和个人不得对食品安全事故隐瞒、谎报、缓报，不得毁灭有关证据。

3. 食品安全事故的处理

(1)县级以上卫生行政部门接到食品安全事故的报告后，应当立即会同有关农业行政、质量监督、工商行政管理、食品药品监督管理部门进行调查处理，并采取下列措施，防止或者减轻社会危害：

①开展应急救援工作，对因食品安全事故导致人身伤害的人员，卫生行政部门应当立即组织救治；

②封存可能导致食品安全事故的食品及其原料，并立即进行检验；对确属于被污染的食品及其原料，责令食品生产经营者依照《食品安全法》第五十三条的规定予以召回、停止经营并销毁；

③封存被污染的工具及用具，并责令进行清洗消毒；

④做好信息发布工作，依法对食品安全事故及其处理情况进行发布，并对可能产

生的危害加以解释、说明。

(2)发生重大食品安全事故的，县级以上人民政府应当立即成立食品安全事故处置指挥机构，启动应急预案，依照前款规定进行处置。

(3)发生重大食品安全事故，设区的市级以上人民政府卫生行政部门应当立即会同有关部门进行事故责任调查，督促有关部门履行职责，向本级人民政府提出事故责任调查处理报告。

(4)重大食品安全事故涉及两个以上省、自治区、直辖市的，由国务院卫生行政部门依照前款规定组织事故责任调查。

(5)如发生食品安全事故，县级以上疾病预防控制机构应当协助卫生行政部门和有关部门对事故现场进行卫生处理，并对与食品安全事故有关的因素开展流行病学调查。

(6)调查食品安全事故，除了查明事故单位的责任，还应当查明负有监督管理和认证职责的监督管理部门、认证机构的工作人员失职、渎职情况。

【资料链接】 **中华人民共和国食品安全法实施条例**

2010年09月19日

第一章　总则

第一条，根据《中华人民共和国食品安全法》(以下简称食品安全法)，制定本条例。

第二条，县级以上地方人民政府应当履行食品安全法规定的职责；加强食品安全监督管理能力建设，为食品安全监督管理工作提供保障；建立健全食品安全监督管理部门的协调配合机制，整合、完善食品安全信息网络，实现食品安全信息共享和食品检验等技术资源的共享。

第三条，食品生产经营者应当依照法律、法规和食品安全标准从事生产经营活动，建立健全食品安全管理制度，采取有效管理措施，保证食品安全。

食品生产经营者对其生产经营的食品安全负责，对社会和公众负责，承担社会责任。

第四条，食品安全监督管理部门应当依照食品安全法和本条例的规定公布食品安全信息，为公众咨询、投诉、举报提供方便；任何组织和个人有权向有关部门了解食品安全信息。

第二章　食品安全风险监测和评估

第五条，食品安全法第十一条规定的国家食品安全风险监测计划，由国务院卫生行政部门会同国务院质量监督、工商行政管理和国家食品药品监督管理以及国务院商务、工业和信息化等部门，根据食品安全风险评估、食品安全标准制定与修订、食品安全监督管理等工作的需要制定。

第六条，省、自治区、直辖市人民政府卫生行政部门应当组织同级质量监督、工商行政管理、食品药品监督管理、商务、工业和信息化等部门，依照食品安全法第十一条的规定，制定本行政区域的食品安全风险监测方案，报国务院卫生行政部门备案。

国务院卫生行政部门应当将备案情况向国务院质量监督、工商行政管理和国家食品药品监督管理以及国务院商务、工业和信息化等部门通报。

第七条，国务院卫生行政部门会同有关部门除依照食品安全法第十二条的规定对国家食品安全风险监测计划作出调整外，必要时，还应当依据医疗机构报告的有关疾病信息调整国家食品安全风险监测计划。

国家食品安全风险监测计划作出调整后，省、自治区、直辖市人民政府卫生行政部门应当结合本行政区域的具体情况，对本行政区域的食品安全风险监测方案作出相应调整。

第八条，医疗机构发现其接收的病人属于食源性疾病病人、食物中毒病人，或者疑似食源性疾病病人、疑似食物中毒病人的，应当及时向所在地县级人民政府卫生行政部门报告有关疾病信息。

接到报告的卫生行政部门应当汇总、分析有关疾病信息，及时向本级人民政府报告，同时报告上级卫生行政部门；必要时，可以直接向国务院卫生行政部门报告，同时报告本级人民政府和上级卫生行政部门。

第九条，食品安全风险监测工作由省级以上人民政府卫生行政部门会同同级质量监督、工商行政管理、食品药品监督管理等部门确定的技术机构承担。

承担食品安全风险监测工作的技术机构应当根据食品安全风险监测计划和监测方案开展监测工作，保证监测数据真实、准确，并按照食品安全风险监测计划和监测方案的要求，将监测数据和分析结果报送省级以上人民政府卫生行政部门和下达监测任务的部门。

食品安全风险监测工作人员采集样品、收集相关数据，可以进入相关食用农产品种植养殖、食品生产、食品流通或者餐饮服务场所。采集样品，应当按照市场价格支付费用。

第十条，食品安全风险监测分析结果表明可能存在食品安全隐患的，省、自治区、直辖市人民政府卫生行政部门应当及时将相关信息通报本行政区域设区的市级和县级人民政府及其卫生行政部门。

第十一条，国务院卫生行政部门应当收集、汇总食品安全风险监测数据和分析结果，并向国务院质量监督、工商行政管理和国家食品药品监督管理以及国务院商务、工业和信息化等部门通报。

第十二条，有下列情形之一的，国务院卫生行政部门应当组织食品安全风险评估工作：

(一)为制定或者修订食品安全国家标准提供科学依据需要进行风险评估的；

(二)为确定监督管理的重点领域、重点品种需要进行风险评估的；

(三)发现新的可能危害食品安全的因素的；

(四)需要判断某一因素是否构成食品安全隐患的；

(五)国务院卫生行政部门认为需要进行风险评估的其他情形。

第十三条，国务院农业行政、质量监督、工商行政管理和国家食品药品监督管理等有关部门依照食品安全法第十五条规定向国务院卫生行政部门提出食品安全风险评估建议，应当提供下列信息和资料：

(一)风险的来源和性质；

(二)相关检验数据和结论；

(三)风险涉及范围；

（四）其他有关信息和资料。

县级以上地方农业行政、质量监督、工商行政管理、食品药品监督管理等有关部门应当协助收集前款规定的食品安全风险评估信息和资料。

第十四条，省级以上人民政府卫生行政、农业行政部门应当及时相互通报食品安全风险监测和食用农产品质量安全风险监测的相关信息。

国务院卫生行政、农业行政部门应当及时相互通报食品安全风险评估结果和食用农产品质量安全风险评估结果等相关信息。

第三章　食品安全标准

第十五条，国务院卫生行政部门会同国务院农业行政、质量监督、工商行政管理和国家食品药品监督管理以及国务院商务、工业和信息化等部门制定食品安全国家标准规划及其实施计划。制定食品安全国家标准规划及其实施计划，应当公开征求意见。

第十六条，国务院卫生行政部门应当选择具备相应技术能力的单位起草食品安全国家标准草案。提倡由研究机构、教育机构、学术团体、行业协会等单位，共同起草食品安全国家标准草案。

国务院卫生行政部门应当将食品安全国家标准草案向社会公布，公开征求意见。

第十七条，食品安全法第二十三条规定的食品安全国家标准审评委员会由国务院卫生行政部门负责组织。

食品安全国家标准审评委员会负责审查食品安全国家标准草案的科学性和实用性等内容。

第十八条，省、自治区、直辖市人民政府卫生行政部门应当将企业依照食品安全法第二十五条规定报送备案的企业标准，向同级农业行政、质量监督、工商行政管理、食品药品监督管理、商务、工业和信息化等部门通报。

第十九条，国务院卫生行政部门和省、自治区、直辖市人民政府卫生行政部门应当会同同级农业行政、质量监督、工商行政管理、食品药品监督管理、商务、工业和信息化等部门，对食品安全国家标准和食品安全地方标准的执行情况分别进行跟踪评价，并应当根据评价结果适时组织修订食品安全标准。

国务院和省、自治区、直辖市人民政府的农业行政、质量监督、工商行政管理、食品药品监督管理、商务、工业和信息化等部门应当收集、汇总食品安全标准在执行过程中存在的问题，并及时向同级卫生行政部门通报。

食品生产经营者、食品行业协会发现食品安全标准在执行过程中存在问题的，应当立即向食品安全监督管理部门报告。

第四章　食品生产经营

第二十条，设立食品生产企业，应当预先核准企业名称，依照食品安全法的规定取得食品生产许可后，办理工商登记。县级以上质量监督管理部门依照有关法律、行政法规规定审核相关资料、核查生产场所、检验相关产品；对相关资料、场所符合规定要求以及相关产品符合食品安全标准或者要求的，应当作出准予许可的决定。

其他食品生产经营者应当在依法取得相应的食品生产许可、食品流通许可、餐饮服务许可后，办理工商登记。法律、法规对食品生产加工小作坊和食品摊贩另有规定的，依照其规定。

食品生产许可、食品流通许可和餐饮服务许可的有效期为3年。

第二十一条，食品生产经营者的生产经营条件发生变化，不符合食品生产经营要求的，食品生产经营者应当立即采取整改措施；有发生食品安全事故的潜在风险的，应当立即停止食品生产经营活动，并向所在地县级质量监督、工商行政管理或者食品药品监督管理部门报告；需要重新办理许可手续的，应当依法办理。

县级以上质量监督、工商行政管理、食品药品监督管理部门应当加强对食品生产经营者生产经营活动的日常监督检查；发现不符合食品生产经营要求情形的，应当责令立即纠正，并依法予以处理；不再符合生产经营许可条件的，应当依法撤销相关许可。

第二十二条，食品生产经营企业应当依照食品安全法第三十二条的规定组织职工参加食品安全知识培训，学习食品安全法律、法规、规章、标准和其他食品安全知识，并建立培训档案。

第二十三条，食品生产经营者应当依照食品安全法第三十四条的规定建立并执行从业人员健康检查制度和健康档案制度。从事接触直接入口食品工作的人员患有痢疾、伤寒、甲型病毒性肝炎、戊型病毒性肝炎等消化道传染病，以及患有活动性肺结核、化脓性或者渗出性皮肤病等有碍食品安全的疾病的，食品生产经营者应当将其调整到其他不影响食品安全的工作岗位。

食品生产经营人员依照食品安全法第三十四条第二款规定进行健康检查，其检查项目等事项应当符合所在地省、自治区、直辖市的规定。

第二十四条，食品生产经营企业应当依照食品安全法第三十六条第二款、第三十七条第一款、第三十九条第二款的规定建立进货查验记录制度、食品出厂检验记录制度，如实记录法律规定记录的事项，或者保留载有相关信息的进货或者销售票据。记录、票据的保存期限不得少于2年。

第二十五条，实行集中统一采购原料的集团性食品生产企业，可以由企业总部统一查验供货者的许可证和产品合格证明文件，进行进货查验记录；对无法提供合格证明文件的食品原料，应当依照食品安全标准进行检验。

第二十六条，食品生产企业应当建立并执行原料验收、生产过程安全管理、贮存管理、设备管理、不合格产品管理等食品安全管理制度，不断完善食品安全保障体系，保证食品安全。

第二十七条，食品生产企业应当就下列事项制定并实施控制要求，保证出厂的食品符合食品安全标准：

(一)原料采购、原料验收、投料等原料控制；

(二)生产工序、设备、贮存、包装等生产关键环节控制；

(三)原料检验、半成品检验、成品出厂检验等检验控制；

(四)运输、交付控制。

食品生产过程中有不符合控制要求情形的，食品生产企业应当立即查明原因并采取整改措施。

第二十八条，食品生产企业除依照食品安全法第三十六条、第三十七条规定进行进货查验记录和食品出厂检验记录外，还应当如实记录食品生产过程的安全管理情况。

记录的保存期限不得少于2年。

第二十九条，从事食品批发业务的经营企业销售食品，应当如实记录批发食品的名称、规格、数量、生产批号、保质期、购货者名称及联系方式、销售日期等内容，或者保留载有相关信息的销售票据。记录、票据的保存期限不得少于2年。

第三十条，国家鼓励食品生产经营者采用先进技术手段，记录食品安全法和本条例要求记录的事项。

第三十一条，餐饮服务提供者应当制定并实施原料采购控制要求，确保所购原料符合食品安全标准。

餐饮服务提供者在制作加工过程中应当检查待加工的食品及原料，发现有腐败变质或者其他感官性状异常的，不得加工或者使用。

第三十二条，餐饮服务提供企业应当定期维护食品加工、贮存、陈列等设施、设备；定期清洗、校验保温设施及冷藏、冷冻设施。

餐饮服务提供者应当按照要求对餐具、饮具进行清洗、消毒，不得使用未经清洗和消毒的餐具、饮具。

第三十三条，对依照食品安全法第五十三条规定被召回的食品，食品生产者应当进行无害化处理或者予以销毁，防止其再次流入市场。对因标签、标识或者说明书不符合食品安全标准而被召回的食品，食品生产者在采取补救措施且能保证食品安全的情况下可以继续销售；销售时应当向消费者明示补救措施。

县级以上质量监督、工商行政管理、食品药品监督管理部门应当将食品生产者召回不符合食品安全标准的食品的情况，以及食品经营者停止经营不符合食品安全标准的食品的情况，记入食品生产经营者食品安全信用档案。

第五章　食品检验

第三十四条，申请人依照食品安全法第六十条第三款规定向承担复检工作的食品检验机构(以下称复检机构)申请复检，应当说明理由。

复检机构名录由国务院认证认可监督管理、卫生行政、农业行政等部门共同公布。复检机构出具的复检结论为最终检验结论。

复检机构由复检申请人自行选择。复检机构与初检机构不得为同一机构。

第三十五条，食品生产经营者对依照食品安全法第六十条规定进行的抽样检验结论有异议申请复检，复检结论表明食品合格的，复检费用由抽样检验的部门承担；复检结论表明食品不合格的，复检费用由食品生产经营者承担。

第六章　食品进出口

第三十六条，进口食品的进口商应当持合同、发票、装箱单、提单等必要的凭证和相关批准文件，向海关报关地的出入境检验检疫机构报检。进口食品应当经出入境检验检疫机构检验合格。海关凭出入境检验检疫机构签发的通关证明放行。

第三十七条，进口尚无食品安全国家标准的食品，或者首次进口食品添加剂新品种、食品相关产品新品种，进口商应当向出入境检验检疫机构提交依照食品安全法第六十三条规定取得的许可证明文件，出入境检验检疫机构应当按照国务院卫生行政部门的要求进行检验。

第三十八条，国家出入境检验检疫部门在进口食品中发现食品安全国家标准未规定且可能危害人体健康的物质，应当按照食品安全法第十二条的规定向国务院卫生行政部门通报。

第三十九条，向我国境内出口食品的境外食品生产企业依照食品安全法第六十五条规定进行注册，其注册有效期为4年。已经注册的境外食品生产企业提供虚假材料，或者因境外食品生产企业的原因致使相关进口食品发生重大食品安全事故的，国家出入境检验检疫部门应当撤销注册，并予以公告。

第四十条，进口的食品添加剂应当有中文标签、中文说明书。标签、说明书应当符合食品安全法和我国其他有关法律、行政法规的规定以及食品安全国家标准的要求，载明食品添加剂的原产地和境内代理商的名称、地址、联系方式。食品添加剂没有中文标签、中文说明书或者标签、说明书不符合本条规定的，不得进口。

第四十一条，出入境检验检疫机构依照食品安全法第六十二条规定对进口食品实施检验，依照食品安全法第六十八条规定对出口食品实施监督、抽检，具体办法由国家出入境检验检疫部门制定。

第四十二条，国家出入境检验检疫部门应当建立信息收集网络，依照食品安全法第六十九条的规定，收集、汇总、通报下列信息：

(一)出入境检验检疫机构对进出口食品实施检验检疫发现的食品安全信息；

(二)行业协会、消费者反映的进口食品安全信息；

(三)国际组织、境外政府机构发布的食品安全信息、风险预警信息，以及境外行业协会等组织、消费者反映的食品安全信息；

(四)其他食品安全信息。

接到通报的部门必要时应当采取相应处理措施。

食品安全监督管理部门应当及时将获知的涉及进出口食品安全的信息向国家出入境检验检疫部门通报。

第七章　食品安全事故处置

第四十三条，发生食品安全事故的单位对导致或者可能导致食品安全事故的食品及原料、工具、设备等，应当立即采取封存等控制措施，并自事故发生之时起2小时内向所在地县级人民政府卫生行政部门报告。

第四十四条，调查食品安全事故，应当坚持实事求是、尊重科学的原则，及时、准确查清事故性质和原因，认定事故责任，提出整改措施。

参与食品安全事故调查的部门应当在卫生行政部门的统一组织协调下分工协作、相互配合，提高事故调查处理的工作效率。

食品安全事故的调查处理办法由国务院卫生行政部门会同国务院有关部门制定。

第四十五条，参与食品安全事故调查的部门有权向有关单位和个人了解与事故有关的情况，并要求提供相关资料和样品。

有关单位和个人应当配合食品安全事故调查处理工作，按照要求提供相关资料和样品，不得拒绝。

第四十六条，任何单位或者个人不得阻挠、干涉食品安全事故的调查处理。

第八章　监督管理

第四十七条，县级以上地方人民政府依照食品安全法第七十六条规定制定的食品安全年度监督管理计划，应当包含食品抽样检验的内容。对专供婴幼儿、老年人、病人等特定人群的主辅食品，应当重点加强抽样检验。

县级以上农业行政、质量监督、工商行政管理、食品药品监督管理部门应当按照食品安全年度监督管理计划进行抽样检验。抽样检验购买样品所需费用和检验费等，由同级财政列支。

第四十八条，县级人民政府应当统一组织、协调本级卫生行政、农业行政、质量监督、工商行政管理、食品药品监督管理部门，依法对本行政区域内的食品生产经营者进行监督管理；对发生食品安全事故风险较高的食品生产经营者，应当重点加强监督管理。

在国务院卫生行政部门公布食品安全风险警示信息，或者接到所在地省、自治区、直辖市人民政府卫生行政部门依照本条例第十条规定通报的食品安全风险监测信息后，设区的市级和县级人民政府应当立即组织本级卫生行政、农业行政、质量监督、工商行政管理、食品药品监督管理部门采取有针对性的措施，防止发生食品安全事故。

第四十九条，国务院卫生行政部门应当根据疾病信息和监督管理信息等，对发现的添加或者可能添加到食品中的非食品用化学物质和其他可能危害人体健康的物质的名录及检测方法予以公布；国务院质量监督、工商行政管理和国家食品药品监督管理部门应当采取相应的监督管理措施。

第五十条，质量监督、工商行政管理、食品药品监督管理部门在食品安全监督管理工作中可以采用国务院质量监督、工商行政管理和国家食品药品监督管理部门认定的快速检测方法对食品进行初步筛查；对初步筛查结果表明可能不符合食品安全标准的食品，应当依照食品安全法第六十条第三款的规定进行检验。初步筛查结果不得作为执法依据。

第五十一条，食品安全法第八十二条第二款规定的食品安全日常监督管理信息包括：

(一)依照食品安全法实施行政许可的情况；

(二)责令停止生产经营的食品、食品添加剂、食品相关产品的名录；

(三)查处食品生产经营违法行为的情况；

(四)专项检查整治工作情况；

(五)法律、行政法规规定的其他食品安全日常监督管理信息。

前款规定的信息涉及两个以上食品安全监督管理部门职责的，由相关部门联合公布。

第五十二条，食品安全监督管理部门依照食品安全法第八十二条规定公布信息，应当同时对有关食品可能产生的危害进行解释、说明。

第五十三条，卫生行政、农业行政、质量监督、工商行政管理、食品药品监督管理等部门应当公布本单位的电子邮件地址或者电话，接受咨询、投诉、举报；对接到的咨询、投诉、举报，应当依照食品安全法第八十条的规定进行答复、核实、处理，并对咨询、投诉、举报和答复、核实、处理的情况予以记录、保存。

第五十四条，国务院工业和信息化、商务等部门依据职责制定食品行业的发展规划和产业政策，采取措施推进产业结构优化，加强对食品行业诚信体系建设的指导，促进食品行业健康发展。

第九章　法律责任

第五十五条，食品生产经营者的生产经营条件发生变化，未依照本条例第二十一条规定处理的，由有关主管部门责令改正，给予警告；造成严重后果的，依照食品安全法第八十五条的规定给予处罚。

第五十六条，餐饮服务提供者未依照本条例第三十一条第一款规定制定、实施原料采购控制要求的，依照食品安全法第八十六条的规定给予处罚。

餐饮服务提供者未依照本条例第三十一条第二款规定检查待加工的食品及原料，或者发现有腐败变质或者其他感官性状异常仍加工、使用的，依照食品安全法第八十五条的规定给予处罚。

第五十七条，有下列情形之一的，依照食品安全法第八十七条的规定给予处罚：

(一)食品生产企业未依照本条例第二十六条规定建立、执行食品安全管理制度的；

(二)食品生产企业未依照本条例第二十七条规定制定、实施生产过程控制要求，或者食品生产过程中有不符合控制要求的情形未依照规定采取整改措施的；

(三)食品生产企业未依照本条例第二十八条规定记录食品生产过程的安全管理情况并保存相关记录的；

(四)从事食品批发业务的经营企业未依照本条例第二十九条规定记录、保存销售信息或者保留销售票据的；

(五)餐饮服务提供企业未依照本条例第三十二条第一款规定定期维护、清洗、校验设施、设备的；

(六)餐饮服务提供者未依照本条例第三十二条第二款规定对餐具、饮具进行清洗、消毒，或者使用未经清洗和消毒的餐具、饮具的。

第五十八条，进口不符合本条例第四十条规定的食品添加剂的，由出入境检验检疫机构没收违法进口的食品添加剂；违法进口的食品添加剂货值金额不足1万元的，并处2000元以上5万元以下罚款；货值金额1万元以上的，并处货值金额2倍以上5倍以下罚款。

第五十九条，医疗机构未依照本条例第八条规定报告有关疾病信息的，由卫生行政部门责令改正，给予警告。

第六十条，发生食品安全事故的单位未依照本条例第四十三条规定采取措施并报告的，依照食品安全法第八十八条的规定给予处罚。

第六十一条，县级以上地方人民政府不履行食品安全监督管理法定职责，本行政区域出现重大食品安全事故、造成严重社会影响的，依法对直接负责的主管人员和其他直接责任人员给予记大过、降级、撤职或者开除的处分。

县级以上卫生行政、农业行政、质量监督、工商行政管理、食品药品监督管理部门或者其他有关行政部门不履行食品安全监督管理法定职责、日常监督检查不到位或者滥用职权、玩忽职守、徇私舞弊的，依法对直接负责的主管人员和其他直接责任人员给予记大过或者降级的处分；造成严重后果的，给予撤职或者开除的处分；其主要负责人应当引咎辞职。

第十章　附则

第六十二条，本条例下列用语的含义：

食品安全风险评估，指对食品、食品添加剂中生物性、化学性和物理性危害对人体健康可能造成的不良影响所进行的科学评估，包括危害识别、危害特征描述、暴露评估、风险特征描述等。

餐饮服务，指通过即时制作加工、商业销售和服务性劳动等，向消费者提供食品和消费场所及设施的服务活动。

第六十三条，食用农产品质量安全风险监测和风险评估由县级以上人民政府农业行政部门依照《中华人民共和国农产品质量安全法》的规定进行。

国境口岸食品的监督管理由出入境检验检疫机构依照食品安全法和本条例以及有关法律、行政法规的规定实施。

食品药品监督管理部门对声称具有特定保健功能的食品实行严格监管，具体办法由国务院另行制定。

第六十四条，本条例自公布之日起施行。

>>> 典型案例

旅游住宿酒店滑倒　无人担责诉至法院

2008 年 11 月 17 日，原告王二英参与被告安福春秋旅行社组团华东五市单飞六日旅游。并与安福春秋旅行社签订《江西省国内旅游合同》，旅行责任险为 80000 元/人，2008 年 11 月 23 日晚，旅行团一行 8 人由被告方导游带领入住上海东家瀛大酒店，原告在洗漱时，因穿酒店提供的一次性拖鞋在卫生间摔倒受伤，当即送往上海红和医院救治。

次日凌晨，上海东家瀛大酒店与原告协商，一次性支付 4000 元医药费，原告被诊断为右手腕，腰部脊骨裂，即日返回安福入院治疗，并评定为九级伤残，原告的各种损失为 60265.78 元，扣除上海东家瀛大酒店已支付 4000 元，余款 56265.78 元，原告向安福春秋旅行社索要，被拒绝，原告将被告安福春秋旅行社及具体负责人彭庆诉到法庭，法院立案后，追加上海东家瀛大酒店，中国人民财产保险股份有限公司吉州支公司为本案的第三方。

安福县法院一审审理后认为，原告参加组团旅游，与被告安福春秋旅行社签订的合同合法有效，原告在旅游中入住第三方上海东家瀛大酒店，在洗脚时意外摔倒受伤，是发生在旅游合同履行期间，被告春秋旅行社、第三方上海东家瀛大酒店应承担相应的责任，上海东家瀛大酒店征得原告同意，自愿赔偿 4000 元，符合相关法律规定，予以认可。原告对余款 56265.78 元选择要求被告安福春秋旅行社承担，其请求依法有据，但本案被告安福春秋旅行社与第三方中国人民财产保险股份有限公司吉州支公司所订立的旅行责任险为第三方利益而订立的合同，对本案原告发生效力，第三方中国人民财产保险股份有限公司吉州支公司应负有向第三方履行的义务，故作上述判决。

>>> 复习思考题

1. 旅游消费者的权利的含义和内容。
2. 旅游经营者的义务的含义和内容。
3. 国家和社会对消费者合法权益是如何保护的?
4. 食品安全的概念和食品安全的基本要求。
5. 食品生产经营的概念和其基本要求。
6. 如何处理食品安全事故?

第十一章　旅游产业政策

>>> 课前导读

产业政策是政府为改变产业间的资源分配和各种企业的某种经营活动而采取的政策，是政府为了实现特定时期内特定的经济和社会目标而制定的针对旅游产业的各种政策的总和。不同的历史时期，政府对旅游产业的经济发展目标不同，决定了产业政策不同。本章主要为学生了解我国的旅游产业政策，对旅游产业政策的含义、特点、作用、目标、内容、制定原则及必要性与我国旅游产业政策的演变进行了阐述。

>>> 学习目标

1. 了解旅游产业政策的含义、特点、作用、目标、制定原则和我国旅游产业政策的演变。

2. 理解旅游产业政策的内容以及制定和实施的必要性。

3. 通过本章的学习，让学生从旅游产业的高度了解旅游政策，从而更好地、更全面掌握旅游政策和法规。

第一节　旅游产业政策概述

我国旅游产业经过 30 年的发展，不仅在产业规模上实现了较大的扩张，而且产业结构、运行的条件环境和产业组织化程度、产业布局也发生了重大改变。我国旅游产业在国民经济结构中的地位在不断提升。按照 2009 年 11 月国务院《关于加快发展旅游业的意见》，旅游业的发展要“坚持以国内旅游为重点，积极发展入境旅游，有序发展出境旅游；坚持因地制宜，突出优势，推动各地旅游业特色化发展；坚持节能环保，合理利用资源，实现旅游业可持续发展。”旅游产业进入一个稳定的良性发展阶段。

一、旅游产业政策的含义

政府对旅游经济进行某种程度的干预是通过制定产业政策来进行的。产业政策是政府为改变产业间的资源分配和各种企业的某种经营活动而采取的政策，是政府为了实现特定时期内特定的经济和社会目标而制定的针对旅游产业的各种政策的总和。不同的历史时期，政府对旅游产业的经济发展目标不同，决定了产业政策不同。

我国旅游业发展初期的主要目标是为国家多创收外汇，体现在产业政策上就是国际入境旅游优先，在旅游业的布局上倾向于七个重点旅游区。由于当初旅游住宿设施极度紧张，所以在旅游产业组织方面积极鼓励各方力量的进入，形成了至今为止最为重要的一项旅游产业政策——国家、地方、部门、集体和个人一起上，自力更生和利用外资一起上的“五个一起上”的政策。在旅游产业发展的现阶段，旅游业的主要目标是刺激消费、促进国民经济增长和提高旅游产业的国际竞争力，体现在产业政策上就是大力发展国内旅游，在旅游产业布局上讲究多点齐动、全面发展。由于全球旅游产业竞争十分激烈，旅游设施结构矛盾较为严重，所以在旅游产业组织政策方面就要在一定程度上进行限制，强调进行旅游企业的集团化、网络化发展，最大限度地增强国内旅游企业的国际竞争力。由此可见，旅游产业政策是政府根据一定时期内旅游发展的目标以及旅游发展所存在的问题而制定的，以市场机制为基础，规划、干预和引导产业形成和发展的政策。

二、旅游产业政策的特点

旅游产业政策是国家发展旅游业的一个政策体系，其特点主要包括5个方面：

1. 导向性

旅游产业政策有具体的、明确的产业发展目标、重点、实施步骤和保障措施，以便于引导地方和旅游企业的经济活动符合旅游产业发展的规律和宏观调控的要求。

2. 阶段性

我国旅游经济的发展是分阶段进行的，不同的阶段有不同的战略目标和要求。国家旅游产业政策应根据不同阶段的目标任务来提出具有发展阶段性的内容要求。

3. 稳定性

旅游产业政策的具体内容虽然要随经济发展而改变，但作为具有一定导向功能的旅游经济政策，在一定旅游经济发展阶段，必然要保持相对的稳定性。

4. 整体性

国民经济是一个复杂的系统，而旅游业又是一个关联性较强的行业，因此旅游产业政策本身必须具有较强的整体性、系统性和配套性。

5. 探索性

旅游产业政策具有很强的改革探索性。我国的经济体制改革是一个不断变革探索的过程，这一阶段的旅游产业政策也必然具有探索性。

三、旅游产业政策的作用

旅游产业政策主要有5个方面的作用：

1. 明确旅游产业的定位，解决依据和支撑问题

产业定位是具体措施的根本和主要依据，近年来，全国多数省区市都对旅游业有了明确的定位，如国民经济支柱产业、先导产业、第三产业的支柱产业等。

2. 明确旅游产业的发展导向

旅游业发展所应坚持的原则和导向，是产业政策中应明确解决的问题。当前旅游产业发展中应当解决的导向性问题主要集中在旅游资源的保护与合理开发、防止旅游资源的破坏和破坏性开发、旅游业在未来经济社会发展中的综合功能的发挥等方面。

3. 推动旅游产业发展

通过具体领域的鼓励和优惠政策，推动旅游产业的大发展。产业政策的出台将为旅游业发展提供良好的发展环境。

4. 协调处理旅游部门与政府其他职能部门、旅游产业与其他产业之间的关系

5. 完善旅游市场机制，维护旅游市场秩序

第二节 旅游产业政策的制定

一、旅游产业政策制定与实施的必要性

据世界旅游组织(WTO)的统计，1990—2004 年间世界范围内的国际过夜旅游者每年平均增加 3.7%。国际旅游收益(包括国际运输)平均每年增加 5.3%(截至 2003 年)。仅以经济数据作为衡量指标来看，旅游经济的地位也是不容小视的。旅游业正在成为国民经济发展的重要产业之一。旅游业作为经济发展的重要产业在整个世界的重要性意味着它将成为任何政府都不愿意放弃的投资机会。因此，作为规律，旅游对一国经济越重要，公共部门的介入程度和政府为吸引对内投资而提供的激励也就越多。旅游经济的影响已被越来越多的国家和政府所重视，并为之制定了符合本国国情的旅游产业政策，以提升旅游业的国际竞争力并促进旅游业的可持续性发展。其次，由于政府的最高管理层需要对旅游发展的模式进行选择，并制定合理的公共政策，因此，旅游业越来越需要一个具有系统的产业政策体系与之相配套。

1. 旅游产业发展中的市场失灵

宏观经济学的假设之一是市场失灵的存在。事实如此，市场在自发运行过程中难以避免垄断，而垄断不利于市场的正常运转；市场中个人或企业的某些活动会给他人带来损失，受损一方又无法以交易的方式从肇事一方得到补偿；市场不会自动提供个人和社会所需的公共产品，市场无法避免不完全信息对交易的破坏，以及由此给个人或企业带来的损失；宏观经济的不稳定也是市场自发运行的一个消极后果。市场的这些缺点不利于经济的正常运转，而市场自身又无法克服这些缺陷。在旅游产业的发展过程中，市场作为配置旅游资源的基础性手段，通过供求机制和相应的价格机制对促进旅游产业的发展起到了积极的作用，但是市场机制不是万能的，尤其是对于旅游产业这个特殊的行业来说，市场在促进旅游业发展的过程中存在着明显的失灵现象，主要表现在以下三个方面：

(1)旅游业中存在的公共产品现象限制了旅游产业的发展。在一定的政治地理范围内，同一旅游资源具有共享性和非排他性，因此是无法阻止“免费搭便车”现象出现的。在发展旅游产业的过程中所遇到的公共产品问题主要体现在两个方面：一是旅游目的地的整体形象推广，二是旅游基础设施的建设。目的地推广和旅游基础设施的建设(如交通、通信等)会大大增强旅游目的地的吸引力，使目的地获得巨大收益，但是，个别旅游企业可以不支付任何费用从别人的投资中获得收益，因为这些公共产品是具有非排他性质的。因此，市场机制在提供旅游地形象推广和基础设施建设等公共产品的过程中就失效了，由市场提供的供给量将大大小于产业发展需要的最优数量，这极大地限制了旅游产业的发展。

(2)旅游业的外部不经济增加了旅游外部成本。外部效应(Externality)亦称外在性、外部化或外在效应，它是与公共物品密切相关的一种经济现象。当一种经济交易的结果对除交易双方之外的第三者发生了影响，而其又未参与该项交易的任何决策时，即存在外部效应。由此可见，外部效应的关键是相互影响而又没有相应的补偿，某些个

人或厂商的行为影响了他人或厂商，却没有为之承担应有的成本或没有获得应有的报酬。随着旅游业发展大众化倾向日益明显，旅游业的外在影响也在不断加强。主要表现为：其一是外部经济性。发展旅游业可以提高目的地的知名度，增加就业岗位，推动目的地的经济发展，恢复风俗民情等。其二是外部不经济性。主要表现在对目的地环境和旅游形象的破坏上。由于市场经济中追求利润的刺激，旅游企业对旅游资源的过度开发，对旅游目的地环境和文化遗产的破坏，削弱了旅游产业可持续发展的空间。旅游企业对旅游资源的滥用所带来的成本很大一部分由下代人来承担，从而在本代人和下代人之间形成了代际外部成本。另外，个别旅游企业和游客对旅游目的地环境的破坏，损害了旅游目的地的整体形象和价值，其所带来的成本由所有的旅游企业和游客承担，而造成污染和破坏的企业和游客往往不必为这种破坏负责，从而在旅游企业之间、在旅游企业和游客之间形成了外部成本。

(3)旅游业中的信息不对称使旅游市场秩序混乱。旅游业的外向性决定了旅游市场的信息不对称极为严重。现代旅游是一种跨地区、跨国界的广泛的人际交往活动，就是这种跨地区、跨国界的空间距离产生了信息的不对称。旅游业中的信息不对称广泛存在于旅游目的地之间、旅游企业之间以及旅游企业和旅游者之间。这种信息的不对称使旅游企业之间的不正当竞争加剧，使旅游市场的竞争秩序混乱，从而破坏了目的地旅游经济的发展。例如，某些游客由于缺乏对旅游目的地的认知，或对目的地存在认知上的差异，影响了游客的选择意向；目的地旅游企业利用信息的不对称，以欺诈隐瞒等违法手段进行不正当经营，破坏了目的地的形象；又或者某些旅游企业利用游客信息收集的困难，以次充好，故意抬高旅游产品价格等。总之，在目前环境下，信息不对称的现象普遍存在于旅游业的各个方面。

2. 旅游产业发展中的政府调节

宏观经济学的另一假设是政府有能力调节经济，纠正市场机制的缺点。政府可以根据产业发展规律的客观要求，综合运用经济手段、法律手段以及必要的行政手段对社会资源进行优化配置，调整产业经济活动。通过政府的调节，可以弥补市场失灵的缺陷，有效配置资源。旅游业中，政府调节主要表现为以下三个方面：

第一，对于目的地整体形象的推广和旅游基础设施建设等属于公共物品的，政府要担负起一定的责任，给予必要的财政投入，同时，建立相应的产业协调机制协调政府职能与企业运作之间的关系，在投入与协调两方面来解决旅游业发展过程中遇到的公共物品问题。

第二，针对旅游业中存在的外部不经济，为了消除或弱化旅游业的外部不经济性，减少外部成本，有必要使旅游资源或产品产权明晰化。由于市场机制不能调节旅游业的外部性，因此，政府有必要借助市场以外的力量进行干预，如通过法律法规等规制措施强制对旅游产业中出现的外部不经济进行扼制，从而保护旅游产业有序、合理、良性的发展。

第三，旅游业是一个综合性、依托性很强的产业，旅游信息的传递过程较为复杂，仅靠市场机制难以保证旅游信息传递的有效性。完善旅游市场的信息传递机制，促进旅游市场的公平竞争，维护目的地的良好形象与游客的正当权益需要政府通过行政干预给予保障。

综上所述，旅游业的发展离不开一个行之有效的产业政策扶持，在旅游经济的运行中，政府的干预能够减少或避免市场失灵对旅游业发展的影响，使旅游市场的信息沟通更加合理与对称，通过政府的调节，资源得到了有效的配置，既保护了旅游企业的经济利益，同时也维护了整个市场的发展秩序，形成了企业、政府、消费者三方共赢的局面。

二、制定旅游产业政策的原则

在制定旅游产业政策的过程中，要符合如下要求：一是应符合旅游产业发展的客观规律；二是应符合我国旅游业的发展现状；三是应具有前瞻性；四是应具有必要的保障措施。

制定旅游产业政策还要遵循以下几个原则：

1. 政府主导与市场调节相结合原则

即政府有限主导原则。在推动我国旅游业发展的过程中，应避免政府管得多、管得细，微观层面的事项由市场来决定，政府应侧重处理旅游产业宏观层面的问题。

2. 利益相关者原则

利益相关者是指因某一事件而受到影响的任何组织与个人。因不同的利益相关者有着不同的观点与目标，彼此相互冲突，需要通过政策进行激励、调节和引导。

3. 原则性与灵活性相结合原则

我国存在城乡经济二元性、区域经济发展不平衡的特点，导致宏观经济政策具有区域差别性。在沿海经济发达地区，旅游产业政策主要是引导旅游市场发展；在经济发展滞后的中西部地区，旅游产业政策主要是主导旅游市场发展。这就要求国家层面的旅游产业政策应当原则性与灵活性并重。

4. 目标取向多元化原则

由于旅游业发展既有经济功能，又有社会价值，还有环境效益，因此旅游产业政策的制定与评估也要多元化，不仅要考虑旅游业发展带来的经济贡献，更要考虑对生态、社会带来的社会贡献。

5. 阶段性原则

旅游业发展目标具有阶段性，在导入期，我国的发展目标主要是增加外汇收入，而在发展期和成熟期，则分别是经济收入与促进社会发展。现阶段，我国旅游正处在全面发展阶段，产业政策应当按照关于加快发展旅游业的意见中确定的“以国内旅游为重点，积极发展入境旅游，有序发展出境旅游”来制定。

三、旅游产业政策的目标

1. 经济目标

注重旅游资源配置的优化和分配的公平化，提高旅游产业的竞争力，通过旅游业的发展，带动社会经济结构的全面改善和国家经济的全面发展。

2. 社会目标

缩小城乡经济差距和区域经济差距，促进全国经济和谐发展。

促进社会主义新农村建设，提高农村城镇化程度和农民收入。

推动和谐社会建设，即促进人与人的交流与信任、实现人与自然的和谐。

充分就业，创造更多的工作机会。

完善社会保障功能，为落后区域和贫困人群提供更多的发展机会。

3. 环境目标

注重旅游产业的可持续发展，积极推进低碳经济，通过旅游业的“绿色”发展，良性改善和优化区域生态环境质量。

第三节　旅游产业政策的内容

政府对于旅游产业地位的认识或许可以从其产业政策上反映出来。虽然在许多地区社会经济发展报告中，都把旅游业列为地区经济的支柱产业或重点产业。但这往往仅是对于旅游业所处地位的一种空泛的概念化表述。关键在于对于旅游产业有无实质性的、可操作性的“利好政策”，也就是有无旅游产业政策的支持。旅游产业政策的实质就是通过政府对产业活动的干预影响资源在产业中的分配，从而实现政府的政策目标。

这里所提及的旅游产业政策的主要内容是广义的，包括旅游产业结构政策、旅游产业布局政策、旅游产业组织政策、旅游产业市场政策、旅游产业技术政策和旅游产业保障政策六大内容。

一、旅游产业结构政策

产业结构政策，从根本意义上说，可以定义为那些通过有意识地影响或改变现有产业结构格局，旨在提高经济资源的配置效率的经济政策。“结构”是事物的一种属性，不仅各种不同事物有其不同的结构，而且同类事物的不同个体也各有其不同的结构特点。这种结构上的特点对于事物的意义是重大的，它影响着事物运动变化的方式和方向，甚至决定着事物的性质。可以推断，产业结构作为一种事实的存在，它对于一国的经济运行和发展是具有重要意义的。旅游产业的结构问题基本包括三个层次：第一，产业定位问题，即旅游产业在国民经济产业体系中的位置。近年来，各地发展旅游产业的积极性都很高，对旅游产业一般都有明确的产业定位，如国民经济的支柱产业、先导产业、第三产业的支柱产业、龙头产业等。第二，产业宏观问题，即国际旅游与国内旅游以及出境旅游的相互关系和政策协调。现在，我国旅游产业已基本上形成了国际旅游、国内旅游和出境旅游三种层次、互补互促的发展格局，而且这种格局必将得到进一步地发展。第三，产业配套问题，即旅游产业内各单项结构的合理化。因为旅游产业是包括食、住、行、游、购、娱六大要素在内的综合性产业，其持续、健康、快速地发展，离不开各环节的配套，离不开各部门的配合与支持，要制定相关政策，防止各要素之间结构错位、重复建设，比如旅游饭店、旅行社的供求结构严重错位将会导致削价竞争，旅游景点、旅游设施的开发建设不足又可能导致游程单调。以上三个层次之间又存在各种纵向的相互关系，从而形成一个较为完整复杂的旅游产业结构；三个层次的政策的综合，形成一个完整的旅游产业结构政策体系。

二、旅游产业布局政策

旅游产业由于受资源分布、区位、交通条件、旅游行程等因素的影响，表现在旅游产业的布局上就与农业、工业等其他产业有所区别，既有产业分布的区域性问题，也有产业分布的点线结合、点面结合的问题。由于我国旅游发展道路和发展战略的特殊性，客观上形成了旅游地区格局的“重东部，轻中西”的局面。这固然有旅游市场距离、旅游者圈层辐射性扩散等正常因素的影响和作用，但是各类地区又随着形势发展而变化，这就要求在新的形势面前作出相应的调整。就大范围的调整而言，在承认旅游产业发展的地区性差异的前提下，为了配合国家开发西部战略的实施，保证我国旅游产业的持续发展有新的增长点，在继续发展好东部沿海地区的旅游业的同时，应该加强中西部地区的旅游业的发展，并在政策上给予适当的倾斜。近几年，由于国家在各方面的政策都向中西部倾斜，支持力度越来越大，再加上西南、西北地区在地质地貌、历史文化、民族风情等方面具有很大的优势，所以我们有足够的理由相信，西南、西北地区是我国最具发展潜力和前景的旅游区。各地的资源禀赋并不完全一致，因此客观上就存在不同的比较优势。并不是每个地区都需要将旅游产业的发展作为地区发展的唯一法宝，也并不是说，每一个地区旅游业的发展都要面面俱到。在旅游产业政策中，管理与协调，可应根据旅游资源分布的特殊性，强调形成旅游区域的专业化分工，比如海南的海滨度假、黑龙江的冰雪旅游、云南的民俗风情旅游等等。此外，还要根据各地的区位优势，如沿海、沿边、沿路、沿江等，形成各自有相对优势的旅游产品分布。根据资源的互补性、产品的相关性和交通的便利状况等条件，加强旅游产品的点线、点面之间的联系，形成独具优势和具有较强竞争力的产品系列。在政策上要照顾旅游发展历史上自然形成的温点和冷点，确定“热点带动温点、刺激冷点”的思想，以带动旅游产业的全面发展。

三、旅游产业组织政策

产业组织政策是政府在一定时期为调节产业组织而制定的各种政策的总和。这方面的政策是对旅游企业实际运行的深层次的分析，其政策出发点是通过协调竞争与规模经济的关系，既缓解垄断对市场经济运行造成的弊病，又维护一定的规模经济水平。政策涉及旅游企业的市场进入、经济规模经营等一系列问题，包括旅游市场结构控制政策、旅游市场行为调整政策和一些直接改善旅游产业内不合理的资源配置政策。国家应鼓励大中型旅游企业建立现代企业制度，小型旅游企业实行适应市场经济需要的灵活体制；应鼓励发展跨地区、跨行业、跨所有制的旅游企业集团，打破地区封锁和行业垄断，形成由大型企业主导和规范市场的格局；鼓励企业通过合并、兼并、相互持股等方式，进行自主联合改组和资产运营；鼓励旅游企业的网络化发展，推动建立区域性、全国性甚至国际性的营销网络。

四、旅游产业市场政策

明确和强调市场导向的观念是市场经济对产业政策的基本要求之一。旅游产业的市场政策应该明确体现出，在现实的状况下，应该支持哪些方面，又应该限制哪些方面。比如对旅游景点景区的开发，要考虑客源市场近距离的雷同和重复建设，尤其是在全国出现人造景观热、旅游支柱产业热时，要有相应的政策措施加以引导、规范和限制。在旅游接待设施建设方面，要考虑市场饱和度、区域分布、档次高低。在旅游产品开发方面，要以市场需求为导向，开发有市场前景、生命力持久和竞争力强的产品。尽管在我国旅游产业的收入构成中，国内旅游占据着绝对的地位，但是旅游产业的创汇功能依然是发展旅游业的主要功能。因此，旅游产业的外向性依然是旅游产业的重要特征。另一方面，由于旅游产业对国民经济的特殊作用，世界各国尤其是各发展中国家不断加大对旅游业发展的支持力度，致力于旅游客源的争夺，旅游客源市场的开拓也就不断由表层性开发向深层性开发转变，开发的难度也不断加大。旅游产业的外向性、国际竞争激烈性和市场开发艰巨性使得旅游产业市场开发政策理所当然地成了旅游产业政策的组成部分。在旅游产业政策中必须由相关的政策措施来刺激各旅游企业的市场开拓积极性，因为毕竟旅游企业才是旅游产业的真正主体。

五、旅游产业技术政策

在现代经济的发展中，科学技术的含量越来越高，高技术与高生产力、强竞争力之间存在着直接的线性关系。因此，在旅游产业中，电脑预订、电子信函、卫星通信、先进交通工具、新型建材等的运用就成了提高产业素质的重要条件。政府应该制定相应的用以引导和干预旅游产业技术进步的政策，包括旅游产业技术进步的指导性政策、旅游产业技术进步的组织政策、旅游产业技术进步的激励性政策等。为了尽快增加旅游产业发展中的科学技术含量，适应经济和社会发展的大趋势，促使旅游产业更快地发展，在制定旅游产业技术政策时应考虑：加快推进标准化工作进程，提倡采用国际标准和国外先进标准；支持引进和消化国外的先进技术，提高我国旅游设施的技术性能，提高产业技术水平；鼓励产学研的结合，鼓励和支持对引进先进技术的消化吸收和创新，促进应用技术的开发，加速科技成果的推广；以法规的形式定期公布淘汰落后的运载设备和科技含量低的人造景点。

六、旅游产业保障政策

旅游产业政策的实施必须有一套手段和政策相配套的体系。产业政策的研究是实证性研究，产业政策制定的是针对性的政策，产业政策的实施就必然要有相应的政策和手段来保障，这些保障政策是综合性的、成体系的。总之，旅游产业政策的有效实施，在很大程度上取决于保障手段。推行产业政策的手段不同，甚至可能改变产业政策的属性。因此，在旅游产业保障政策中要考虑：要求相关职能部门把旅游产业政策作为今后旅游产业发展，作为今后部署、检查、评比旅游工作的重要标准，以督促旅游主管部门对产业政策的落实；要求旅游产业的相关部门发挥各自的职责，支持旅游部门贯彻实施好旅游产业政策；要求以法律、法规等形式保证旅游产业政策的实施。

第四节　我国旅游产业政策的演变

旅游产业政策的实质就是通过政府对产业活动的干预影响资源在产业中的分配，从而实现政府的政策目标。而政府制定和操作得当与否将直接影响到旅游产业的发展前途，这对我国要建设一个旅游强国的战略目标来说是一个基础性的问题。因此，政策支持普遍成为当今世界各国加快旅游业发展的重要手段。我国公共政策的主体随着政治体制改革的逐步推进而有所变化。在改革开放的初期，由于党政不分，许多公共政策是以党的决议或政策性文件形式颁发的，还有部分是由党中央领导人讲话直接阐述的。从上世纪90年代开始，党政分工明确化，关于旅游的公共政策主要由国务院及其旅游主管部门国家旅游局制定颁发。本章所讨论的旅游政策仅限于中共会议决议或国务院及旅游管理部门颁布的行政法规和部门规章，以及行政措施等，调整旅游活动领域中各种社会关系的各种法律规范则没有涉及。从改革开放三十年来的旅游政策资料进行分析，我们可以看出，中国的旅游产业政策的变化和调整基本经历了以下几个方面的转变：

一、我国旅游产业政策经历了从强制性的计划安排到规制和引导自愿的转变

在市场经济中，政府的产业经济政策的主要作用是为了弥补市场的不足。中国自从1978年提出改革开放的国策以来，经历了一个从完全的计划经济向市场经济转轨的渐进过程，时至今日，这一转轨过程仍在进行中。相应地，政府的产业经济政策也经历了一个从政府直接经营到政府实施干预的演变过程。依照豪利特和拉什米提出的政策工具图谱，中国的产业经济政策经历了从强制性政策工具到混合型政策工具和自愿性政策工具的演变。具体来说，政府的旅游政策经历了这样一个转变：从改革开放初期的旅游行政部门直接管理，鼓励旅游产业的发展，到开放旅游企业所有制，旅游经营单位由事业单位转变为企业化经营，原国有和集体所有旅游企业的产权拍卖，以法律的手段对旅游的经济活动进行计划、协调和监督；再到政府从整体宏观把握大体发展方向，旅游行业协会和行业组织的自我管理和自我监督，以及市场经济对旅游发展的引导和调节作用。

二、从政出多门到集中到主管部门国家旅游局的转变

我国旅游产业政策的制定者随着政治和经济体制改革的逐步推进而有所变化。在改革开放的初期，由于党政不分，许多公共政策是以党的决议或政策性文件形式颁发的，还有部分是由党中央领导人讲话直接阐述的。从上世纪90年代开始，党政分工明确化，党的十七大报告明确指出：应加快行政管理体制改革，建设廉洁、高效的服务型政府。关于旅游的公共政策主要由国务院及其旅游主管部门国家旅游局制定颁发。制定旅游管理体制改革方案，妥善处理政府主导与发挥市场作用的关系，把旅游主管部门的主要职能转移到对外推介旅游产品、对内服务旅游企业两大功能上来，强化旅游法规建设和市场监管，维护旅游者和经营者的合法权益，以保证旅游业的正常运行和持续发展。通过对我国旅游产业政策的分析我们可以看出，从1990年2月20日国家旅游局第一号令颁布的《旅游安全管理暂行办法》开始，旅游政策颁布的主体由国务院变成了国家旅游局。

三、从单一的注重经济效益向综合经济效益、文化发展和生态环境保护转变

良好的环境是旅游业建立和发展的前提，是一个国家或地区旅游业赖以存在和发展的最基本条件。随着旅游业的规模越来越大，旅游活动所涉及的范围越来越广，旅游业对环境、生态的负面影响日益凸现出来。在我国旅游业发展的初期，曾经因为过分追求经济效益导致出现了很多的问题，其中最主要的问题莫过于环境污染和人文、自然景观的极大破坏，在风景优美的地区，垃圾随处可见，在自然和谐的景观中一座座高楼拔地而起，这不仅仅破坏了人们的审美观，更是对当地的自然生态系统造成了极大的损害，也大大地损害了我们的生存空间。因此在旅游开发过程中要充分考虑生

态环境的承载能力，即生态阙值。在 2005 年，国家旅游局、国家环保总局颁布了《关于进一步加强旅游生态环境保护工作的通知》，进一步保护旅游生态环境。而早在 1987 年，联合国世界环境与发展委员会就发表名为《我们共同的未来》报告，第一次将环境问题与发展联系起来，报告明确指出：目前严重的环境问题产生的根本原因就在于人类的发展方式和发展道路。为了扭转这种局面，中央政府和国家旅游局做了极大的努力，从根本上着手制定和颁布大量的政策维护旅游行业的可持续发展。在“十一五”规划纲要中，根据资源环境承载能力，将我国国土资源空间进行主题功能区分类：优化开发、重点开发、限制开发和禁止开发四类主题功能区。

四、从大范围的政策调整至小范围区域性的政策，重视旅游产品系列活动，带动旅游相关产业发展

在旅游业发展的初期，政府对旅游业的定义比较模糊，如 1978 年 3 月中共中央批转外交部党组《关于发展旅游事业的请示报告》里提出的调动一切积极因素，在短时期内使我国旅游事业出现一个崭新的面貌，从中我们可以看出国家对旅游业的发展是给予大力支持和厚望的，但是刚开始可能由于经验不足，颁布的多是大范围的政策。然而随着经济的增长和我国旅游业的日益成熟，这种大而笼统的旅游政策已经不适合旅游经济的发展，国家旅游相关部门颁布的政策也越来越趋向于具体和清晰，如 1998 年 12 月中央经济工作会议上颁布的将房地产业、信息业和旅游业确定为国民经济新的增长点和 2000 年国务院办公厅转发国家旅游局的《关于进一步发展假日旅游若干意见的通知》，促进黄金周等假日经济的凸显，大大加快了旅游业的发展。还有从上世纪 90 年代开始的旅游主题年活动更是极大的深化了我国旅游特色，促进了单项旅游的深度和精度发展。旅游产品更加丰富多彩，旅游促销形成系列工程。

五、旅游管理工作趋向行业的标准化

我国旅游标准化发展规划的目标是：通过努力在旅游基础、旅游质量、旅游资质、旅游设施、旅游信息、旅游安全和卫生、旅游环境保护等方面构建起一个完整的旅游标准化体系。从 1995 开始经国务院标准化主管部门批复，国家旅游局成立全国旅游标准化技术委员会(负责旅游业的标准化技术归口工作)以来，我国制定和颁布了大量的旅游行业标准以维护旅游产业的持续发展、提高产业素质和促进旅游行业的标准化和产业化发展。以 1995 年至 1997 年的三年间为例，国家旅游局相继制定了《内河旅游船星级的划分与评定》、《导游服务质量》、《旅游服务基础术语》、《游乐园(场)安全和服务质量》4 个国家标准和《旅游饭店用公共信息图形符号》、《旅游汽车服务质量》、《星级饭店客房客用品质量与配备要求》、《旅行社国内旅游服务质量要求》4 个行业标准。到 2006 年为止，我国总共颁布与已经发布的旅游标准达到 18 个(其中国家标准 11 个、行业标准 7 个)，已立项和正在申报立项的标准 33 个，标准数量在我国服务行业中处在领先地位。

六、旅游产业政策随国民经济的增长而变化

在旅游业开发发展的初期阶段，在国家生产力水平落后，经济条件差的条件下，单纯的为了追求经济效益，实行粗放型的旅游产业政策是我国旅游产业的自然选择。在国内经济水平不高、国民收入低的情况下，我国采取的是大力发展入境旅游，大力

建设旅游基础设施的旅游方针。如1981年国务院颁布的《关于加强旅游工作的决定》(主要解决三个问题：1.基础设施问题。2.国内旅行社问题。3.开发和保护景点问题)奠定了旅游业发展的基本政策思路。然而，随着我国综合国力的提高，旅游产业市场的成熟与完善，以往的政策并不适合现阶段的发展，于是政府有关旅游部门与时俱进地颁布了很多符合经济增长方式的政策。按照"资源节约型，环境友好型"的要求建设绿色产业体系，大力促进旅游业的发展。为了使我国更好的迈向旅游强国，旅游政策的制定偏向于保护自然生态环境，注重公民文化素质的提高以及对旅游景观的保护和维护，对许多开发过度的自然景观内的人为建筑进行拆除，尽量恢复景观的原址原貌。

七、对我国旅游产业政策发展的展望

根据对中国旅游业演变趋势的分析，也可以看出我国旅游产业政策制定不够严谨，存在多变的问题。旅游产业促进政策基本上属于规章或规范性文件，有制定比较方便、内容比较具体的一方面，但也存在贯彻不力、政策多变的问题。随着加入WTO以后对政策透明度、公平竞争环境的要求，不宜再去制定行业的非常具体的促进政策；另外，由于国家对政策管理权限的不断收紧，省一级也很难再出台有"创新"的实质性政策。不同阶段的旅游政策都充分反映了本阶段的旅游特点，但是也都具有本阶段旅游的局限性，需要在以后的过程中得到更好的完善与充实，以便更好地指导我国旅游产业的快速健康发展。然而不可否认的是，旅游产业政策在一定时期内确实很大程度地促进了旅游行业的发展，也带来了很多的社会效益，但是其并不是完美的，存在很多局限性同时也带来了一些不利的影响：(1)在旅游发展过程中，政府制定旅游产业政策时较少的考虑当地环境的承受能力，对旅游资源的开发超过其旅游环境的承受能力，在发展旅游时往往以牺牲环境为代价，影响了旅游业的可持续发展等；(2)在旅游政策实施过程中，政府大包大揽现象比较严重，很多地方完全是由政府主宰，政府主干和政府主财，忽视了市场经济这只看不见的手的作用。

因此，我们应该考虑如何向更加宏观一些的产业政策转变，要尽量发挥市场配置资源的基础性作用，政府的政策只是发挥好宏观发展导向的作用。随着我国政治体制与经济体制改革的深入，随着我国旅游业的发展壮大，随着我国旅游管理走上法制化、行业化的轨道，政府主导型势必会产生转化，演变为政府指导型、政府协调型；今天对政府主导型的强化，正是要为明天政府主导型的弱化创造条件。在新的世纪，我国旅游业的政府主导型发展战略仍将一如既往地发挥巨大作用，但其工作重心应有所转移。具体来说有以下几点：(1)在宏观层面上，应尽快调整旅游业利用外资的相关政策，在维护我国国家利益的基础上，使有关政策真正与国际惯例接轨，扩大旅游业利用外资的规模，同时杜绝外商投资欺诈行为的出现，提升外资利用的质量；(2)在微观层面上，国民待遇不仅应给予外资企业，同时将更多的权利下放给地方政府部分，充分发挥其主动性，在开发的过程中注意好环境保护的问题。在21世纪，我们更应该抓住机遇，大力促进我国旅游产业的发展，解决目前存在的问题，发挥我们的优势，努力开拓旅游市场，只有这样中国旅游才能持续健康稳定的发展，才能又好又快地迈进世界旅游强国之列。

>>> 典型案例

关于加快发展旅游业的意见

国务院意见：

国务院常务会议2009年11月25日讨论并原则通过了《关于加快发展旅游业的意见》。国家旅游局有关负责人表示，国务院常务会议提出把旅游业培育成国民经济的战略性支柱产业和人民群众更加满意的现代服务业，为不断增进在旅游休闲方面的国民福利，为我国旅游业新一轮腾飞确定了方向。

国发〔2009〕41号

各省、自治区、直辖市人民政府，国务院各部委、各直属机构：

旅游业是战略性产业，资源消耗低，带动系数大，就业机会多，综合效益好。改革开放以来，我国旅游业快速发展，产业规模不断扩大，产业体系日趋完善。当前我国正处于工业化、城镇化快速发展时期，日益增长的大众化、多样化消费需求为旅游业发展提供了新的机遇。为充分发挥旅游业在保增长、扩内需、调结构等方面的积极作用，现就加快发展旅游业提出如下意见：

一、总体要求

(一)指导思想。以邓小平理论和“三个代表”重要思想为指导，深入贯彻落实科学发展观，进一步解放思想，深化改革开放，加强统筹协调，转变发展方式，提升发展质量，把旅游业培育成国民经济的战略性支柱产业和人民群众更加满意的现代服务业。

(二)基本原则。坚持改革开放，破除体制机制性障碍，充分发挥市场配置资源的基础性作用，走内涵式发展道路，实现速度、结构、质量、效益相统一；坚持以人为本，安全第一，寓管理于服务之中，不断满足人民群众日益增长的旅游消费需求；坚持以国内旅游为重点，积极发展入境旅游，有序发展出境旅游；坚持因地制宜，突出优势，推动各地旅游业特色化发展；坚持节能环保，合理利用资源，实现旅游业可持续发展。

(三)发展目标。到2015年，旅游市场规模进一步扩大，国内旅游人数达33亿人次，年均增长10%；入境过夜游客人数达9 000万人次，年均增长8%；出境旅游人数达8 300万人次，年均增长9%。旅游消费稳步增长，城乡居民年均出游超过2次，旅游消费相当于居民消费总量的10%。经济社会效益更加明显，旅游业总收入年均增长12%以上，旅游业增加值占全国GDP的比重提高到4.5%，占服务业增加值的比重达到12%。每年新增旅游就业50万人。旅游服务质量明显提高，市场秩序明显好转，可持续发展能力明显增强，力争到2020年我国旅游产业规模、质量、效益基本达到世界旅游强国水平。

二、主要任务

(一)深化旅游业改革开放。放宽旅游市场准入，打破行业、地区壁垒，简化审批手续，鼓励社会资本公平参与旅游业发展，鼓励各种所有制企业依法投资旅游产业。推进国有旅游企业改组改制，支持民营和中小旅游企业发展，支持各类企业跨行业、跨地区、跨所有制兼并重组，培育一批具有竞争力的大型旅游企业集团。积极引进外资旅游企业。在试点的基础上，逐步对外商投资旅行社开放经营中国公民出境旅游业务。支持有条件的旅游企业“走出去”。要按照统筹协调、形成合力的要求，创新体制机制，推进旅游管理体制改革。支持各地开展旅游综合改革和专项改革试点，鼓励有条件的地方探索旅游资源一体化管理。旅游行政管理及相关部门要加快职能转变，把应当由企业、行业协会和中介组织承担的职能和机构转移出去。五年内，各级各类旅游行业协会的人员和财务关系要与旅游行政管理等部门脱钩。

（二）优化旅游消费环境。逐步建立以游客评价为主的旅游目的地评价机制。景区门票价格调整要提前半年向社会公布，所有旅游收费均应按规定向社会公示。全面落实旅游景区对老年人和学生等特殊人群门票优惠政策。增加旅游目的地与主要客源地间的航线航班、旅游列车，完善旅客列车车票的预售和异地购票办法。城市公交服务网络要逐步延伸到周边主要景区和乡村旅游点，公路服务区要拓展旅游服务功能。进一步完善自驾车旅游服务体系。规范引导自发性旅游活动。博物馆、金融服务网点、邮政服务网点等在旅游旺季应适当延长开放和服务时间。各类经营场所的公用厕所要对游客开放。建立健全旅游信息服务平台，促进旅游信息资源共享。广播、电视、报刊、网站等公共媒体要积极开设旅游栏目，加大旅游公益宣传力度。

（三）倡导文明健康的旅游方式。在全社会大力倡导健康旅游、文明旅游、绿色旅游，使城乡居民在旅游活动中增长知识、开阔视野、陶冶情操。景区景点、宾馆饭店和旅行社等旅游企业要通过多种形式，引导每一位旅游者自觉按照《中国公民国内旅游文明行为公约》和《中国公民出境旅游文明行为指南》文明出行、文明消费。旅游者要尊重自然，尊重当地文化，尊重服务者，抵制不良风气，摒弃不文明行为。出境旅游者要维护良好的对外形象，做传播中华文明的使者。

（四）加快旅游基础设施建设。重点建设旅游道路、景区停车场、游客服务中心、旅游安全以及资源环境保护等基础设施。实施旅游厕所改扩建工程。加强主要景区连接交通干线的旅游公路建设。规划建设水路客运码头要充分考虑旅游业发展需求。加快推进中西部支线机场建设，完善旅游航线网络。确保景区和交通沿线通信顺畅。加强重点城市游客集散中心建设。力争通过五年努力，全国所有A级景区旅游交通基本畅通，旅游标识系统基本完善，旅游厕所基本达标，景区停车场基本满足需要。

（五）推动旅游产品多样化发展。实施乡村旅游富民工程。开展各具特色的农业观光和体验性旅游活动。在妥善保护自然生态、原居环境和历史文化遗存的前提下，合理利用民族村寨、古村古镇，建设特色景观旅游村镇，规范发展“农家乐”、休闲农庄等旅游产品。依托国家级文化、自然遗产地，打造有代表性的精品景区。积极发展休闲度假旅游，引导城市周边休闲度假带建设。有序推进国家旅游度假区发展。规范发展高尔夫球场、大型主题公园等。继续发展红色旅游。

（六）培育新的旅游消费热点。大力推进旅游与文化、体育、农业、工业、林业、商业、水利、地质、海洋、环保、气象等相关产业和行业的融合发展。支持有条件的地区发展生态旅游、森林旅游、商务旅游、体育旅游、工业旅游、医疗健康旅游、邮轮游艇旅游。把旅游房车、邮轮游艇、景区索道、游乐设施和数字导览设施等旅游装备制造业纳入国家鼓励类产业目录，大力培育发展具有自主知识产权的休闲、登山、滑雪、潜水、露营、探险、高尔夫等各类户外活动用品及宾馆饭店专用产品。大力发展旅游购物，提高旅游商品、旅游纪念品在旅游消费中的比重。以大型国际展会、重要文化活动和体育赛事为平台，培育新的旅游消费热点，特别要抓住举办2010年上海世界博览会的机遇，扩大旅游消费。

（七）提高旅游服务水平。以游客满意度为基准，全面实施《旅游服务质量提升纲要》。以人性化服务为方向，提升从业人员服务意识和服务水平。以品牌化为导向，鼓励专业化旅游管理公司推进品牌连锁，促进旅游服务创新。以标准化为手段，健全旅游标准体系，抓紧制定并实施旅游环境卫生、旅游安全、节能环保等标准，重点保障餐饮、住宿、厕所的卫生质量。以信息化为主要途径，提高旅游服务效率。积极开展旅游在线服务、网络营销、网络预订和网上支付，充分利用社会资源构建旅游数据中心、呼叫中心，全面提升旅游企业、景区和重点旅游城市的旅游信息化服务水平。

（八）丰富旅游文化内涵。把提升文化内涵贯穿到吃住行游购娱各环节和旅游业发展全过程。旅游开发建设要加强自然文化遗产保护，深挖文化内涵，普及科学知识。旅游商品要提高文化创意水平，旅游餐饮要突出文化特色，旅游经营服务要体现人文特质。要发挥文化资源优势，推出具有地方特色和民族特色的演艺、节庆等文化旅游产品。充分利用博物馆、纪念馆、体育场馆等设施，开展多种形式的文体旅游活动。集中力量塑造中国国家旅游整体形象，提升文化软实力。

（九）推进节能环保。实施旅游节能节水减排工程。支持宾馆饭店、景区景点、乡村旅游经营户和其他旅游经营单位积极利用新能源新材料，广泛运用节能节水减排技术，实行合同能源管理，实施高效照明改造，减少温室气体排放，积极发展循环经济，创建绿色环保企业。五年内将星级饭店、A级景区用水用电量降低20%。合理确定景区游客容量，严格执行旅游项目环境影响评价制度，加强水资源保护和水土保持。倡导低碳旅游方式。

（十）促进区域旅游协调发展。中西部和边疆民族地区要利用自然、人文旅游资源，培育特色优势产业。东部发达地区、东北等老工业基地要通过经济结构调整，提升旅游发展水平。有序推进香格里拉、丝绸之路、长江三峡、青藏铁路沿线和东北老工业基地、环渤海地区、长江中下游地区、黄河中下游地区、泛珠三角地区、海峡西岸、北部湾地区等区域旅游业发展，完善旅游交通、信息和服务网络。积极推动海南国际旅游岛建设。继续促进内地居民赴香港、澳门旅游。加强海峡两岸旅游交流与合作。

三、保障措施

（一）加强规划和法制建设。制定全国旅游业发展规划。旅游基础设施和重点旅游项目建设要纳入国民经济和社会发展规划。编制和调整城市总体规划、土地利用规划、海洋功能区划、基础设施规划、村镇规划要充分考虑旅游业发展需要。制定国民旅游休闲纲要。设立“中国旅游日”。落实带薪休假制度。抓紧旅游综合立法，加快制定旅游市场监管、资源保护、从业规范等专项法规，不断完善相关法律法规。

（二）加强旅游市场监管和诚信建设。落实地方政府、经营主体、相关部门的监管责任。健全旅游监管体系，完善旅游质量监管机构，加强旅游服务质量监督管理和旅游投诉处理。旅游、工商、公安、商务、卫生、质检、价格等部门要加强联合执法，开展打击非法从事旅游经营活动，整治“零负团费”、虚假广告、强迫或变相强迫消费等欺诈行为，维护游客合法权益。加强旅游诚信体系建设，开展诚信旅游创建活动，制订旅游从业人员诚信服务准则，建立旅行社、旅游购物店信用等级制度。发挥旅游行业协会的作用，提高行业自律水平。

（三）加强旅游从业人员素质建设。整合旅游教育资源，加强学科建设，优化专业设置，深化专业教学改革，大力发展旅游职业教育，提高旅游教育水平。建立和完善旅游职业资格和职称制度，健全职业技能鉴定体系，培育职业经理人市场。抓紧改革完善导游等级制度，提高导游人员专业素质和能力，鼓励专业技术人员特别是离退休老专家、老教师从事导游工作。实施全国旅游培训计划，加强对红色旅游、乡村旅游和文化遗产旅游从业人员培训，五年内完成对旅游企业全部中高级管理人员和导游人员的分级分类培训。

（四）加强旅游安全保障体系建设。以旅游交通、旅游设施、旅游餐饮安全为重点，严格安全标准，完善安全设施，加强安全检查，落实安全责任，消除安全隐患，建立健全旅游安全保障机制。严格执行安全事故报告制度和重大责任追究制度。完善旅游安全提示预警制度，重点旅游地区要建立旅游专业气象、地质灾害、生态环境等监测和预报预警系统。防止重大突发疫情通过旅行途径扩散。推动建立旅游紧急救援体系，完善应急处置机制，健全出境游客紧急救助机制，增强应急处置能力。搞好旅游保险服务，增加保险品种，扩大投保范围，提高理赔效率。

（五）加大政府投入。地方各级政府要加大对旅游基础设施建设的投入。各级财政要加大对旅游宣传推广、人才培训、公共服务的支持力度。中央政府投资重点支持中西部地区重点景区、红色旅游、乡村旅游等的基础设施建设。国家旅游发展基金重点用于国家旅游形象宣传、规划编制、人才培训、旅游公共服务体系建设等。安排中央财政促进服务业发展专项资金、扶持中小企业发展专项资金、外贸发展基金以及节能减排专项资金时，要对符合条件的旅游企业给予支持。要把旅游促进就业纳入就业发展规划和职业培训计划，落实好相关扶持政策。完善“家电下乡”政策，支持从事“农家乐”等乡村旅游的农民批量购买家电产品和汽车摩托车。

（六）加大金融支持。对符合旅游市场准入条件和信贷原则的旅游企业和旅游项目，要加大多种形式的融资授信支持，合理确定贷款期限和贷款利率。符合条件的旅游企业可享受中小企业贷款优惠政策。对有资源优势和市场潜力但暂时经营困难的旅游企业，金融机构要按规定积极给予信贷支持。进一步完善旅游企业融资担保等信用增强体系，加大各类信用担保机构对旅游企业和旅游项目的担保力度。拓宽旅游企业融资渠道，金融机构对商业性开发景区可以开办依托景区经营权和门票收入等质押贷款业务。鼓励中小旅游企业和乡村旅游经营户以互助联保方式实现小额融资。支持符合条件的旅游企业发行短期融资券、企业债券和中期票据，积极鼓励符合条件的旅游企业在中小企业板和创业板上市融资。鼓励消费金融公司在试点过程中积极提供旅游消费信贷服务。积极推进金融机构和旅游企业开展多种方式的业务合作，探索开发适合旅游消费需要的金融产品，增强银行卡的旅游服务功能。

（七）完善配套政策和措施。落实宾馆饭店与一般工业企业同等的用水、用电、用气价格政策。允许旅行社参与政府采购和服务外包。旅行社按营业收入缴纳的各种收费，计征基数应扣除各类代收服务费。排放污染物达到国家标准或地方标准并已进入城市污水处理管网的旅游企业，缴纳污水处理费后，免征排污费。旅游企业用于宣传促销的费用依法纳入企业经营成本。鼓励银行卡收费对旅行社、景区售票商户参照超市和加油站档次进行计费，进一步研究适当降低对宾馆饭店的收费标准。年度土地供应要适当增加旅游业发展用地。积极支持利用荒地、荒坡、荒滩、垃圾场、废弃矿山、边远海岛和可以开发利用的石漠化土地等开发旅游项目。支持企事业单位利用存量房产、土地资源兴办旅游业。

各地区、各有关部门要提高对加快发展旅游业重要意义的认识，强化大旅游和综合性产业观念，把旅游业作为新兴产业和新的经济增长点加以培育、重点扶持，切实抓好本意见的贯彻落实。国家发展改革委负责综合协调，国家旅游局会同有关部门进行业务指导并对本意见的贯彻执行情况开展督促检查。各级旅游行政管理及相关部门要充分发挥职能优势，加强协调配合，推动旅游业又好又快发展。（来源：新华社）

>>> 复习思考题

1. 旅游产业政策的内容包括哪些方面？

2. 我国旅游产业政策是如何演变的？

附录一　旅行社条例

自2009年5月1日起施行

旅行社条例

第一章　总　则

第一条，为了加强对旅行社的管理，保障旅游者和旅行社的合法权益，维护旅游市场秩序，促进旅游业的健康发展，制定本条例。

第二条，本条例适用于中华人民共和国境内旅行社的设立及经营活动。

本条例所称旅行社，是指从事招徕、组织、接待旅游者等活动，为旅游者提供相关旅游服务，开展国内旅游业务、入境旅游业务或者出境旅游业务的企业法人。

第三条，国务院旅游行政主管部门负责全国旅行社的监督管理工作。

县级以上地方人民政府管理旅游工作的部门按照职责负责本行政区域内旅行社的监督管理工作。

县级以上各级人民政府工商、价格、商务、外汇等有关部门，应当按照职责分工，依法对旅行社进行监督管理。

第四条，旅行社在经营活动中应当遵循自愿、平等、公平、诚信的原则，提高服务质量，维护旅游者的合法权益。

第五条，旅行社行业组织应当按照章程为旅行社提供服务，发挥协调和自律作用，引导旅行社合法、公平竞争和诚信经营。

第二章　旅行社的设立

第六条，申请设立旅行社，经营国内旅游业务和入境旅游业务的，应当具备下列条件：

(一)有固定的经营场所；

(二)有必要的营业设施；

(三)有不少于30万元的注册资本。

第七条，申请设立旅行社，经营国内旅游业务和入境旅游业务的，应当向所在地省、自治区、直辖市旅游行政管理部门或者其委托的设区的市级旅游行政管理部门提出申请，并提交符合本条例第六条规定的相关证明文件。受理申请的旅游行政管理部门应当自受理申请之日起20个工作日内作出许可或者不予许可的决定。予以许可的，向申请人颁发旅行社业务经营许可证，申请人持旅行社业务经营许可证向工商行政管理部门办理设立登记；不予许可的，书面通知申请人并说明理由。

第八条，旅行社取得经营许可满两年，且未因侵害旅游者合法权益受到行政机关罚款以上处罚的，可以申请经营出境旅游业务。

第九条，申请经营出境旅游业务的，应当向国务院旅游行政主管部门或者其委托的省、自治区、直辖市旅游行政管理部门提出申请，受理申请的旅游行政管理部门应当自受理申请之日起20个工作日内作出许可或者不予许可的决定。予以许可的，向申请人换发旅行社业务经营许可证，旅行社应当持换发的旅行社业务经营许可证到工商行政管理部门办理变更登记；不予许可的，书面通知申请人并说明理由。

第十条，旅行社设立分社的，应当持旅行社业务经营许可证副本向分社所在地的工商行政管理部门办理设立登记，并自设立登记之日起 3 个工作日内向分社所在地的旅游行政管理部门备案。

旅行社分社的设立不受地域限制。分社的经营范围不得超出设立分社的旅行社的经营范围。

第十一条，旅行社设立专门招徕旅游者、提供旅游咨询的服务网点(以下简称旅行社服务网点)应当依法向工商行政管理部门办理设立登记手续，并向所在地的旅游行政管理部门备案。

旅行社服务网点应当接受旅行社的统一管理，不得从事招徕、咨询以外的活动。

第十二条，旅行社变更名称、经营场所、法定代表人等登记事项或者终止经营的，应当到工商行政管理部门办理相应的变更登记或者注销登记，并在登记办理完毕之日起 10 个工作日内，向原许可的旅游行政管理部门备案，换领或者交回旅行社业务经营许可证。

第十三条，旅行社应当自取得旅行社业务经营许可证之日起 3 个工作日内，在国务院旅游行政主管部门指定的银行开设专门的质量保证金账户，存入质量保证金，或者向作出许可的旅游行政管理部门提交依法取得的担保额度不低于相应质量保证金数额的银行担保。

经营国内旅游业务和入境旅游业务的旅行社，应当存入质量保证金 20 万元；经营出境旅游业务的旅行社，应当增存质量保证金 120 万元。

质量保证金的利息属于旅行社所有。

第十四条，旅行社每设立一个经营国内旅游业务和入境旅游业务的分社，应当向其质量保证金账户增存 5 万元；每设立一个经营出境旅游业务的分社，应当向其质量保证金账户增存 30 万元。

第十五条，有下列情形之一的，旅游行政管理部门可以使用旅行社的质量保证金：

(一)旅行社违反旅游合同约定，侵害旅游者合法权益，经旅游行政管理部门查证属实的；

(二)旅行社因解散、破产或者其他原因造成旅游者预交旅游费用损失的。

第十六条，人民法院判决、裁定及其他生效法律文书认定旅行社损害旅游者合法权益，旅行社拒绝或者无力赔偿的，人民法院可以从旅行社的质量保证金账户上划拨赔偿款。

第十七条，旅行社自交纳或者补足质量保证金之日起三年内未因侵害旅游者合法权益受到行政机关罚款以上处罚的，旅游行政管理部门应当将旅行社质量保证金的交存数额降低 50%，并向社会公告。旅行社可凭省、自治区、直辖市旅游行政管理部门出具的凭证减少其质量保证金。

第十八条，旅行社在旅游行政管理部门使用质量保证金赔偿旅游者的损失，或者依法减少质量保证金后，因侵害旅游者合法权益受到行政机关罚款以上处罚的，应当在收到旅游行政管理部门补交质量保证金的通知之日起 5 个工作日内补足质量保证金。

第十九条，旅行社不再从事旅游业务的，凭旅游行政管理部门出具的凭证，向银行取回质量保证金。

第二十条，质量保证金存缴、使用的具体管理办法由国务院旅游行政主管部门和国务院财政部门会同有关部门另行制定。

第三章　外商投资旅行社

第二十一条，外商投资旅行社适用本章规定；本章没有规定的，适用本条例其他有关规定。

前款所称外商投资旅行社，包括中外合资经营旅行社、中外合作经营旅行社和外资旅行社。

第二十二条，设立外商投资旅行社，由投资者向国务院旅游行政主管部门提出申请，并提交符合本条例第六条规定条件的相关证明文件。国务院旅游行政主管部门应当自受理申请之日起 30 个工作日内审查完毕。同意设立的，出具外商投资旅行社业务许可审定意见书；不同意设立的，书面通知申请人并说明理由。

申请人持外商投资旅行社业务许可审定意见书、章程，合资、合作双方签订的合同向国务院商务主管部门提出设立外商投资企业的申请。国务院商务主管部门应当依照有关法律、法规的规定，作出批准或者不予批准的决定。予以批准的，颁发外商投资企业批准证书，并通知申请人向国务院旅游行政主管部门领取旅行社业务经营许可证，申请人持旅行社业务经营许可证和外商投资企业批准证书向工商行政管理部门办理设立登记；不予批准的，书面通知申请人并说明理由。

第二十三条，外商投资旅行社不得经营中国内地居民出国旅游业务以及赴香港特别行政区、澳门特别行政区和台湾地区旅游的业务，但是国务院决定或者我国签署的自由贸易协定和内地与香港、澳门关于建立更紧密经贸关系的安排另有规定的除外。

第四章　旅行社经营

第二十四条，旅行社向旅游者提供的旅游服务信息必须真实可靠，不得作虚假宣传。

第二十五条，经营出境旅游业务的旅行社不得组织旅游者到国务院旅游行政主管部门公布的中国公民出境旅游目的地之外的国家和地区旅游。

第二十六条，旅行社为旅游者安排或者介绍的旅游活动不得含有违反有关法律、法规规定的内容。

第二十七条，旅行社不得以低于旅游成本的报价招徕旅游者。未经旅游者同意，旅行社不得在旅游合同约定之外提供其他有偿服务。

第二十八条，旅行社为旅游者提供服务，应当与旅游者签订旅游合同并载明下列事项：

（一）旅行社的名称及其经营范围、地址、联系电话和旅行社业务经营许可证编号；

（二）旅行社经办人的姓名、联系电话；

（三）签约地点和日期；

（四）旅游行程的出发地、途经地和目的地；

（五）旅游行程中交通、住宿、餐饮服务安排及其标准；

（六）旅行社统一安排的游览项目的具体内容及时间；

（七）旅游者自由活动的时间和次数；

（八）旅游者应当交纳的旅游费用及交纳方式；

（九）旅行社安排的购物次数、停留时间及购物场所的名称；

（十）需要旅游者另行付费的游览项目及价格；

（十一）解除或者变更合同的条件和提前通知的期限；

（十二）违反合同的纠纷解决机制及应当承担的责任；

（十三）旅游服务监督、投诉电话；

（十四）双方协商一致的其他内容。

第二十九条，旅行社在与旅游者签订旅游合同时，应当对旅游合同的具体内容作出真实、准确、完整的说明。

旅行社和旅游者签订的旅游合同约定不明确或者对格式条款的理解发生争议的，应当按照通常理解予以解释；对格式条款有两种以上解释的，应当作出有利于旅游者的解释；格式条款和非格式条款不一致的，应当采用非格式条款。

第三十条，旅行社组织中国内地居民出境旅游的，应当为旅游团队安排领队全程陪同。

第三十一条，旅行社为接待旅游者委派的导游人员或者为组织旅游者出境旅游委派的领队人员，应当持有国家规定的导游证、领队证。

第三十二条，旅行社聘用导游人员、领队人员应当依法签订劳动合同，并向其支付不低于当地最低工资标准的报酬。

第三十三条，旅行社及其委派的导游人员和领队人员不得有下列行为：

（一）拒绝履行旅游合同约定的义务；

（二）非因不可抗力改变旅游合同安排的行程；

（三）欺骗、胁迫旅游者购物或者参加需要另行付费的游览项目。

第三十四条，旅行社不得要求导游人员和领队人员接待不支付接待和服务费用或者支付的费用低于接待和服务成本的旅游团队，不得要求导游人员和领队人员承担接待旅游团队的相关费用。

第三十五条，旅行社违反旅游合同约定，造成旅游者合法权益受到损害的，应当采取必要的补救措施，并及时报告旅游行政管理部门。

第三十六条，旅行社需要对旅游业务作出委托的，应当委托给具有相应资质的旅行社，征得旅游者的同意，并与接受委托的旅行社就接待旅游者的事宜签订委托合同，确定接待旅游者的各项服务安排及其标准，约定双方的权利、义务。

第三十七条，旅行社将旅游业务委托给其他旅行社的，应当向接受委托的旅行社支付不低于接待和服务成本的费用；接受委托的旅行社不得接待不支付或者不足额支付接待和服务费用的旅游团队。

接受委托的旅行社违约，造成旅游者合法权益受到损害的，作出委托的旅行社应当承担相应的赔偿责任。作出委托的旅行社赔偿后，可以向接受委托的旅行社追偿。

接受委托的旅行社故意或者重大过失造成旅游者合法权益损害的，应当承担连带责任。

第三十八条，旅行社应当投保旅行社责任险。旅行社责任险的具体方案由国务院旅游行政主管部门会同国务院保险监督管理机构另行制定。

第三十九条，旅行社对可能危及旅游者人身、财产安全的事项，应当向旅游者作出真实的说明和明确的警示，并采取防止危害发生的必要措施。

发生危及旅游者人身安全的情形的，旅行社及其委派的导游人员、领队人员应当采取必要的处置措施并及时报告旅游行政管理部门；在境外发生的，还应当及时报告中华人民共和国驻该国使领馆、相关驻外机构、当地警方。

第四十条，旅游者在境外滞留不归的，旅行社委派的领队人员应当及时向旅行社和中华人民共和国驻该国使领馆、相关驻外机构报告。旅行社接到报告后应当及时向旅游行政管理部门和公安机关报告，并协助提供非法滞留者的信息。

旅行社接待入境旅游发生旅游者非法滞留我国境内的，应当及时向旅游行政管理部门、公安机关和外事部门报告，并协助提供非法滞留者的信息。

第五章　监督检查

第四十一条，旅游、工商、价格、商务、外汇等有关部门应当依法加强对旅行社的监督管理，发现违法行为，应当及时予以处理。

第四十二条，旅游、工商、价格等行政管理部门应当及时向社会公告监督检查的情况。公告的内容包括旅行社业务经营许可证的颁发、变更、吊销、注销情况，旅行社的违法经营行为以及旅行社的诚信记录、旅游者投诉信息等。

第四十三条，旅行社损害旅游者合法权益的，旅游者可以向旅游行政管理部门、工商行政管理部门、价格主管部门、商务主管部门或者外汇管理部门投诉，接到投诉的部门应当按照其职责权限及时调查处理，并将调查处理的有关情况告知旅游者。

第四十四条，旅行社及其分社应当接受旅游行政管理部门对其旅游合同、服务质量、旅游安全、财务账簿等情况的监督检查，并按照国家有关规定向旅游行政管理部门报送经营和财务信息等统计资料。

第四十五条，旅游、工商、价格、商务、外汇等有关部门工作人员不得接受旅行社的任何馈赠，不得参加由旅行社支付费用的购物活动或者游览项目，不得通过旅行社为自己、亲友或者其他个人、组织牟取私利。

第六章　法律责任

第四十六条，违反本条例的规定，有下列情形之一的，由旅游行政管理部门或者工商行政管理部门责令改正，没收违法所得，违法所得10万元以上的，并处违法所得1倍以上5倍以下的罚款；违法所得不足10万元或者没有违法所得的，并处10万元以上50万元以下的罚款：

（一）未取得相应的旅行社业务经营许可，经营国内旅游业务、入境旅游业务、出境旅游业务的；

（二）分社的经营范围超出设立分社的旅行社的经营范围的；

（三）旅行社服务网点从事招徕、咨询以外的活动的。

第四十七条，旅行社转让、出租、出借旅行社业务经营许可证的，由旅游行政管理部门责令停业整顿1个月至3个月，并没收违法所得；情节严重的，吊销旅行社业务经营许可证。受让或者租借旅行社业务经营许可证的，由旅游行政管理部门或者工商行政管理部门责令停止非法经营，没收违法所得，并处10万元以上50万元以下的罚款。

第四十八条，违反本条例的规定，旅行社未在规定期限内向其质量保证金账户存入、增存、补足质量保证金或者提交相应的银行担保的，由旅游行政管理部门责令改正；拒不改正的，吊销旅行社业务经营许可证。

第四十九条，违反本条例的规定，旅行社不投保旅行社责任险的，由旅游行政管理部门责令改正；拒不改正的，吊销旅行社业务经营许可证。

第五十条，违反本条例的规定，旅行社有下列情形之一的，由旅游行政管理部门责令改正；拒不改正的，处1万元以下的罚款：

(一)变更名称、经营场所、法定代表人等登记事项或者终止经营，未在规定期限内向原许可的旅游行政管理部门备案，换领或者交回旅行社业务经营许可证的；

(二)设立分社未在规定期限内向分社所在地旅游行政管理部门备案的；

(三)不按照国家有关规定向旅游行政管理部门报送经营和财务信息等统计资料的。

第五十一条，违反本条例的规定，外商投资旅行社经营中国内地居民出国旅游业务以及赴香港特别行政区、澳门特别行政区和台湾地区旅游业务，或者经营出境旅游业务的旅行社组织旅游者到国务院旅游行政主管部门公布的中国公民出境旅游目的地之外的国家和地区旅游的，由旅游行政管理部门责令改正，没收违法所得，违法所得10万元以上的，并处违法所得1倍以上5倍以下的罚款；违法所得不足10万元或者没有违法所得的，并处10万元以上50万元以下的罚款；情节严重的，吊销旅行社业务经营许可证。

第五十二条，违反本条例的规定，旅行社为旅游者安排或者介绍的旅游活动含有违反有关法律、法规规定的内容的，由旅游行政管理部门责令改正，没收违法所得，并处2万元以上10万元以下的罚款；情节严重的，吊销旅行社业务经营许可证。

第五十三条，违反本条例的规定，旅行社向旅游者提供的旅游服务信息含有虚假内容或者作虚假宣传的，由工商行政管理部门依法给予处罚。

违反本条例的规定，旅行社以低于旅游成本的报价招徕旅游者的，由价格主管部门依法给予处罚。

第五十四条，违反本条例的规定，旅行社未经旅游者同意在旅游合同约定之外提供其他有偿服务的，由旅游行政管理部门责令改正，处1万元以上5万元以下的罚款。

第五十五条，违反本条例的规定，旅行社有下列情形之一的，由旅游行政管理部门责令改正，处2万元以上10万元以下的罚款；情节严重的，责令停业整顿1个月至3个月：

(一)未与旅游者签订旅游合同；

(二)与旅游者签订的旅游合同未载明本条例第二十八条规定的事项；

(三)未取得旅游者同意，将旅游业务委托给其他旅行社；

(四)将旅游业务委托给不具有相应资质的旅行社；

(五)未与接受委托的旅行社就接待旅游者的事宜签订委托合同。

第五十六条，违反本条例的规定，旅行社组织中国内地居民出境旅游，不为旅游团队安排领队全程陪同的，由旅游行政管理部门责令改正，处1万元以上5万元以下的罚款；拒不改正的，责令停业整顿1个月至3个月。

第五十七条，违反本条例的规定，旅行社委派的导游人员和领队人员未持有国家规定的导游证或者领队证的，由旅游行政管理部门责令改正，对旅行社处2万元以上10万元以下的罚款。

第五十八条，违反本条例的规定，旅行社不向其聘用的导游人员、领队人员支付报酬，或者所支付的报酬低于当地最低工资标准的，按照《中华人民共和国劳动合同法》的有关规定处理。

第五十九条，违反本条例的规定，有下列情形之一的，对旅行社，由旅游行政管理部门或者工商行政管理部门责令改正，处10万元以上50万元以下的罚款；对导游人员、领队人员，由旅游行政管理部门责令改正，处1万元以上5万元以下的罚款；情节严重的，吊销旅行社业务经营许可证、导游证或者领队证：

(一)拒不履行旅游合同约定的义务的；

(二)非因不可抗力改变旅游合同安排的行程的；

(三)欺骗、胁迫旅游者购物或者参加需要另行付费的游览项目的。

第六十条，违反本条例的规定，旅行社要求导游人员和领队人员接待不支付接待和服务费用、支付的费用低于接待和服务成本的旅游团队，或者要求导游人员和领队人员承担接待旅游团队的相关费用的，由旅游行政管理部门责令改正，处2万元以上10万元以下的罚款。

第六十一条，旅行社违反旅游合同约定，造成旅游者合法权益受到损害，不采取必要的补救措施的，由旅游行政管理部门或者工商行政管理部门责令改正，处1万元以上5万元以下的罚款；情节严重的，由旅游行政管理部门吊销旅行社业务经营许可证。

第六十二条，违反本条例的规定，有下列情形之一的，由旅游行政管理部门责令改正，停业整顿1个月至3个月；情节严重的，吊销旅行社业务经营许可证：

(一)旅行社不向接受委托的旅行社支付接待和服务费用的；

(二)旅行社向接受委托的旅行社支付的费用低于接待和服务成本的；

(三)接受委托的旅行社接待不支付或者不足额支付接待和服务费用的旅游团队的。

第六十三条，违反本条例的规定，旅行社及其委派的导游人员、领队人员有下列情形之一的，由旅游行政管理部门责令改正，对旅行社处2万元以上10万元以下的罚款；对导游人员、领队人员处4000元以上2万元以下的罚款；情节严重的，责令旅行社停业整顿1个月至3个月，或者吊销旅行社业务经营许可证、导游证、领队证：

(一)发生危及旅游者人身安全的情形，未采取必要的处置措施并及时报告的；

(二)旅行社组织出境旅游的旅游者非法滞留境外，旅行社未及时报告并协助提供非法滞留者信息的；

(三)旅行社接待入境旅游的旅游者非法滞留境内，旅行社未及时报告并协助提供非法滞留者信息的。

第六十四条，因妨害国(边)境管理受到刑事处罚的，在刑罚执行完毕之日起五年内不得从事旅行社业务经营活动；旅行社被吊销旅行社业务经营许可的，其主要负责人在旅行社业务经营许可被吊销之日起五年内不得担任任何旅行社的主要负责人。

第六十五条，旅行社违反本条例的规定，损害旅游者合法权益的，应当承担相应的民事责任；构成犯罪的，依法追究刑事责任。

第六十六条，违反本条例的规定，旅游行政管理部门或者其他有关部门及其工作人员有下列情形之一的，对直接负责的主管人员和其他直接责任人员依法给予处分：

(一)发现违法行为不及时予以处理的；

(二)未及时公告对旅行社的监督检查情况的；

(三)未及时处理旅游者投诉并将调查处理的有关情况告知旅游者的；

(四)接受旅行社的馈赠的；

(五)参加由旅行社支付费用的购物活动或者游览项目的；

(六)通过旅行社为自己、亲友或者其他个人、组织牟取私利的。

第七章 附 则

第六十七条，香港特别行政区、澳门特别行政区和台湾地区的投资者在内地投资设立的旅行社，参照适用本条例。

第六十八条，本条例自 2009 年 5 月 1 日起施行。1996 年 10 月 15 日国务院发布的《旅行社管理条例》同时废止。

附录二　旅行社条例实施细则

自2009年5月3日起施行

旅行社条例实施细则

第一章　总　则

第一条，根据《旅行社条例》(以下简称《条例》)，制定本实施细则。

第二条，《条例》第二条所称招徕、组织、接待旅游者提供的相关旅游服务，主要包括：

(一)安排交通服务；

(二)安排住宿服务；

(三)安排餐饮服务；

(四)安排观光游览、休闲度假等服务；

(五)导游、领队服务；

(六)旅游咨询、旅游活动设计服务。

旅行社还可以接受委托，提供下列旅游服务：

(一)接受旅游者的委托，代订交通客票、代订住宿和代办出境、入境、签证手续等；

(二)接受机关、事业单位和社会团体的委托，为其差旅、考察、会议、展览等公务活动，代办交通、住宿、餐饮、会务等事务；

(三)接受企业委托，为其各类商务活动、奖励旅游等，代办交通、住宿、餐饮、会务、观光游览、休闲度假等事务；

(四)其他旅游服务。

前款所列出境、签证手续等服务，应当由具备出境旅游业务经营权的旅行社代办。

第三条，《条例》第二条所称国内旅游业务，是指旅行社招徕、组织和接待中国内地居民在境内旅游的业务。

《条例》第二条所称入境旅游业务，是指旅行社招徕、组织、接待外国旅游者来我国旅游，香港特别行政区、澳门特别行政区旅游者来内地旅游，台湾地区居民来大陆旅游，以及招徕、组织、接待在中国内地的外国人，在内地的香港特别行政区、澳门特别行政区居民和在大陆的台湾地区居民在境内旅游的业务。

《条例》第二条所称出境旅游业务，是指旅行社招徕、组织、接待中国内地居民出国旅游，赴香港特别行政区、澳门特别行政区和台湾地区旅游，以及招徕、组织、接待在中国内地的外国人、在内地的香港特别行政区、澳门特别行政区居民和在大陆的台湾地区居民出境旅游的业务。

第四条，对旅行社及其分支机构的监督管理，县级以上旅游行政管理部门应当按照《条例》、本细则的规定和职责，实行分级管理和属地管理。

第五条，鼓励旅行社实行服务质量等级制度；鼓励旅行社向专业化、网络化、品牌化发展。

第二章 旅行社的设立与变更

第六条，《条例》第六条第(一)项规定的经营场所应当符合下列要求：

(一)申请者拥有产权的营业用房，或者申请者租用的、租期不少于1年的营业用房；

(二)营业用房应当满足申请者业务经营的需要。

第七条《条例》第六条第(二)项规定营业设施应当至少包括下列设施、设备：

(一)2部以上的直线固定电话；

(二)传真机、复印机；

(三)具备与旅游行政管理部门及其他旅游经营者联网条件的计算机。

第八条，申请设立旅行社，应当向省、自治区、直辖市旅游行政管理部门(简称省级旅游行政管理部门，下同)提交下列文件：

(一)设立申请书。内容包括申请设立的旅行社的中英文名称及英文缩写，设立地址，企业形式、出资人、出资额和出资方式，申请人、受理申请部门的全称、申请书名称和申请的时间；

(二)法定代表人履历表及身份证明；

(三)企业章程；

(四)依法设立的验资机构出具的验资证明；

(五)经营场所的证明；

(六)营业设施、设备的证明或者说明；

(七)工商行政管理部门出具的《企业名称预先核准通知书》。

省级旅游行政管理部门可以委托设区的市(含州、盟，下同)级旅游行政管理部门，受理当事人的申请并作出许可或者不予许可的决定。

第九条，受理申请的旅游行政管理部门可以对申请人的经营场所、营业设施、设备进行现场检查，或者委托下级旅游行政管理部门检查。

第十条，旅行社申请出境旅游业务的，应当向国务院旅游行政主管部门提交原许可的旅游行政管理部门出具的，证明其经营旅行社业务满两年、且连续两年未因侵害旅游者合法权益受到行政机关罚款以上处罚的文件。

旅行社取得出境旅游经营业务许可的，由国务院旅游行政主管部门换发旅行社业务经营许可证。旅行社持旅行社业务经营许可证向工商行政管理部门办理经营范围变更登记。

国务院旅游行政主管部门可以委托省级旅游行政管理部门受理旅行社经营出境旅游业务的申请，并作出许可或者不予许可的决定。

旅行社申请经营边境旅游业务的，适用《边境旅游暂行管理办法》的规定。

旅行社申请经营赴台湾地区旅游业务的，适用《大陆居民赴台湾地区旅游管理办法》的规定。

第十一条，旅行社因业务经营需要，可以向原许可的旅游行政管理部门申请核发旅行社业务经营许可证副本。

旅行社业务经营许可证及副本，由国务院旅游行政主管部门制定统一样式，国务院旅游行政主管部门和省级旅游行政管理部门分别印制。

旅行社业务经营许可证及副本损毁或者遗失的，旅行社应当向原许可的旅游行政管理部门申请换发或者补发。

申请补发旅行社业务经营许可证及副本的，旅行社应当通过本省、自治区、直辖市范围内公开发行的报刊，或者省级以上旅游行政管理部门网站，刊登损毁或者遗失作废声明。

第十二条，旅行社名称、经营场所、出资人、法定代表人等登记事项变更的，应当在办理变更登记后，持已变更的《企业法人营业执照》向原许可的旅游行政管理部门备案。

旅行社终止经营的，应当在办理注销手续后，持工商行政管理部门出具的注销文件，向原许可的旅游行政管理部门备案。

外商投资旅行社的，适用《条例》第三章的规定。未经批准，旅行社不得引进外商投资。

第十三条，国务院旅游行政主管部门指定的作为旅行社存入质量保证金的商业银行，应当提交具有下列内容的书面承诺：

（一）同意与存入质量保证金的旅行社签订符合本实施细则第十五条规定的协议；

（二）当县级以上旅游行政管理部门或者人民法院依据《条例》规定，划拨质量保证金后3个工作日内，将划拨情况及其数额，通知旅行社所在地的省级旅游行政管理部门，并提供县级以上旅游行政管理部门出具的划拨文件或者人民法院生效法律文书的复印件；

（三）非因《条例》规定的情形，出现质量保证金减少时，承担补足义务。

旅行社应当在国务院旅游行政主管部门指定银行的范围内，选择存入质量保证金的银行。

第十四条，旅行社在银行存入质量保证金的，应当设立独立账户，存期由旅行社确定，但不得少于1年。账户存期届满，旅行社应当及时办理续存手续。

第十五条，旅行社存入、续存、增存质量保证金后7个工作日内，应当向作出许可的旅游行政管理部门提交存入、续存、增存质量保证金的证明文件，以及旅行社与银行达成的使用质量保证金的协议。

前款协议应当包含下列内容：

（一）旅行社与银行双方同意依照《条例》规定使用质量保证金；

（二）旅行社与银行双方承诺，除依照县级以上旅游行政管理部门出具的划拨质量保证金，或者省级以上旅游行政管理部门出具的降低、退还质量保证金的文件，以及人民法院作出的认定旅行社损害旅游者合法权益的生效法律文书外，任何单位和个人不得动用质量保证金。

第十六条，旅行社符合《条例》第十七条降低质量保证金数额规定条件的，原许可的旅游行政管理部门应当根据旅行社的要求，在10个工作日内向其出具降低质量保证金数额的文件。

第十七条，旅行社按照《条例》第十八条规定补足质量保证金后7个工作日内，应当向原许可的旅游行政管理部门提交补足的证明文件。

第三章 旅行社的分支机构

第十八条，旅行社分社(简称分社，下同)及旅行社服务网点(简称服务网点，下同)，不具有法人资格，以设立分社、服务网点的旅行社(简称设立社，下同)的名义从事《条例》规定的经营活动，其经营活动的责任和后果，由设立社承担。

第十九条，设立社向分社所在地工商行政管理部门办理分社设立登记后，应当持下列文件向分社所在地与工商登记同级的旅游行政管理部门备案：

(一)设立社的旅行社业务经营许可证副本和企业法人营业执照副本；

(二)分社的《营业执照》；

(三)分社经理的履历表和身份证明；

(四)增存质量保证金的证明文件。

没有同级的旅游行政管理部门的，向上一级旅游行政管理部门备案。

第二十条，分社的经营场所、营业设施、设备，应当符合《条例》第六条第(一)项、第(二)项及本实施细则第六条、第七条规定的要求。

分社的名称中应当包含设立社名称、分社所在地地名和“分社”或者“分公司”字样。

第二十一条，服务网点是指旅行社设立的，为旅行社招徕旅游者，并以旅行社的名义与旅游者签订旅游合同的门市部等机构。

设立社设立服务网点的区域范围，应当在设立社所在地的设区的市的行政区划内。

设立社不得在前款规定的区域范围外，设立服务网点。

第二十二条，服务网点应当设在方便旅游者认识和出入的公众场所。

服务网点的名称、标牌应当包括设立社名称、服务网点所在地地名等，不得含有使消费者误解为是旅行社或者分社的内容，也不得作易使消费者误解的简称。

服务网点应当在设立社的经营范围内，招徕旅游者、提供旅游咨询服务。

第二十三条，设立社向服务网点所在地工商行政管理部门办理服务网点设立登记后，应当在3个工作日内，持下列文件向服务网点所在地与工商登记同级的旅游行政管理部门备案：

(一)设立社的旅行社业务经营许可证副本和企业法人营业执照副本；

(二)服务网点的《营业执照》；

(三)服务网点经理的履历表和身份证明。

没有同级的旅游行政管理部门的，向上一级旅游行政管理部门备案。

第二十四条，分社、服务网点备案后，受理备案的旅游行政管理部门应当向旅行社颁发《旅行社分社备案登记证明》或者《旅行社服务网点备案登记证明》。

第二十五条，设立社应当与分社、服务网点的员工，订立劳动合同。

设立社应当加强对分社和服务网点的管理，对分社实行统一的人事、财务、招徕、接待制度规范，对服务网点实行统一管理、统一财务、统一招徕和统一咨询服务规范。

第四章 旅行社经营规范

第二十六条，旅行社及其分社、服务网点，应当将《旅行社业务经营许可证》、《旅行社分社备案登记证明》或者《旅行社服务网点备案登记证明》，与营业执照一起，悬挂在经营场所的显要位置。

第二十七条，旅行社业务经营许可证不得转让、出租或者出借。

旅行社的下列行为属于转让、出租或者出借旅行社业务经营许可证的行为：

(一)除招徕旅游者和符合本实施细则第三十四条第一款规定的接待旅游者的情形外，准许或者默许其他企业、团体或者个人，以自己的名义从事旅行社业务经营活动的；

(二)准许其他企业、团体或者个人，以部门或者个人承包、挂靠的形式经营旅行社业务的。

第二十八条，旅行社设立的办事处、代表处或者联络处等办事机构，不得从事旅行社业务经营活动。

第二十九条，旅行社以互联网形式经营旅行社业务的，除符合法律、法规规定外，其网站首页应当载明旅行社的名称、法定代表人、许可证编号和业务经营范围，以及原许可的旅游行政管理部门的投诉电话。

第三十条，《条例》第二十六条规定的旅行社不得安排的活动，主要包括：

(一)含有损害国家利益和民族尊严内容的；

(二)含有民族、种族、宗教歧视内容的；

(三)含有淫秽、赌博、涉毒内容的；

(四)其他含有违反法律、法规规定内容的。

第三十一条，《条例》第三十四条所规定的旅行社不得要求导游人员和领队人员承担接待旅游团队的相关费用，主要包括：

(一)垫付旅游接待费用；

(二)为接待旅游团队向旅行社支付费用；

(三)其他不合理费用。

第三十二条，旅行社招徕、组织、接待旅游者，其选择的交通、住宿、餐饮、景区等企业，应当符合具有合法经营资格和接待服务能力的要求。

第三十三条，在签订旅游合同时，旅行社不得要求旅游者必须参加旅行社安排的购物活动或者需要旅游者另行付费的旅游项目。

同一旅游团队中，旅行社不得由于下列因素，提出与其他旅游者不同的合同事项：

(一)旅游者拒绝参加旅行社安排的购物活动或者需要旅游者另行付费的旅游项目的；

(二)旅游者存在的年龄或者职业上的差异。但旅行社提供了与其他旅游者相比更多的服务，或者旅游者主动要求的除外。

第三十四条，旅行社需要将在旅游目的地接待旅游者的业务作出委托的，应当按照《条例》第三十六条的规定，委托给旅游目的地的旅行社并签订委托接待合同。

旅行社对接待旅游者的业务作出委托的，应当按照《条例》第三十六条的规定，将旅游目的地接受委托的旅行社的名称、地址、联系人和联系电话，告知旅游者。

第三十五条，旅游行程开始前，当发生约定的解除旅游合同的情形时，经征得旅游者的同意，旅行社可以将旅游者推荐给其他旅行社组织、接待，并由旅游者与被推荐的旅行社签订旅游合同。

未经旅游者同意的，旅行社不得将旅游者转交给其他旅行社组织、接待。

第三十六条，旅行社及其委派的导游人员和领队人员的下列行为，属于擅自改变旅游合同安排行程：

(一)减少游览项目或者缩短游览时间的；

(二)增加或者变更旅游项目的；

(三)增加购物次数或者延长购物时间的；

(四)其他擅自改变旅游合同安排的行为。

第三十七条，在旅游行程中，当发生不可抗力、危及旅游者人身、财产安全，或者非旅行社责任造成的意外情形，旅行社不得不调整或者变更旅游合同约定的行程安排时，应当在事前向旅游者作出说明；确因客观情况无法在事前说明的，应当在事后作出说明。

第三十八条，在旅游行程中，旅游者有权拒绝参加旅行社在旅游合同之外安排的购物活动或者需要旅游者另行付费的旅游项目。

旅行社及其委派的导游人员和领队人员不得因旅游者拒绝参加旅行社安排的购物活动或者需要旅游者另行付费的旅游项目等情形，以任何借口、理由，拒绝继续履行合同、提供服务，或者以拒绝继续履行合同、提供服务相威胁。

第三十九条，旅行社及其委派的导游人员、领队人员，应当对其提供的服务可能危及旅游者人身、财物安全的事项，向旅游者作出真实的说明和明确的警示。

在旅游行程中的自由活动时间，旅游者应当选择自己能够控制风险的活动项目，并在自己能够控制风险的范围内活动。

第四十条，为减少自然灾害等意外风险给旅游者带来的损害，旅行社在招徕、接待旅游者时，可以提示旅游者购买旅游意外保险。

鼓励旅行社依法取得保险代理资格，并接受保险公司的委托，为旅游者提供购买人身意外伤害保险的服务。

第四十一条，发生出境旅游者非法滞留境外或者入境旅游者非法滞留境内的，旅行社应当立即向所在地县级以上旅游行政管理部门、公安机关和外事部门报告。

第四十二条，在旅游行程中，旅行社及其委派的导游人员、领队人员应当提示旅游者遵守文明旅游公约和礼仪。

第四十三条，旅行社及其委派的导游人员、领队人员在经营、服务中享有下列权利：

(一)要求旅游者如实提供旅游所必需的个人信息，按时提交相关证明文件；

(二)要求旅游者遵守旅游合同约定的旅游行程安排，妥善保管随身物品；

(三)出现突发公共事件或者其他危急情形，以及旅行社因违反旅游合同约定采取补救措施时，要求旅游者配合处理防止扩大损失，以将损失降低到最低程度；

(四)拒绝旅游者提出的超出旅游合同约定的不合理要求；

(五)制止旅游者违背旅游目的地的法律、风俗习惯的言行。

第四十四条，旅行社应当妥善保存《条例》规定的招徕、组织、接待旅游者的各类合同及相关文件、资料，以备县级以上旅游行政管理部门核查。

前款所称的合同及文件、资料的保存期，应当不少于两年。

旅行社不得向其他经营者或者个人，泄露旅游者因签订旅游合同提供的个人信息；超过保存期限的旅游者个人信息资料，应当妥善销毁。

第五章　监督检查

第四十五条，根据《条例》和本实施细则规定，受理旅行社申请或者备案的旅游行政管理部门，可以要求申请人或者旅行社，对申请设立旅行社、办理《条例》规定的备案时提交的证明文件、材料的原件，提供复印件并盖章确认，交由旅游行政管理部门留存。

第四十六条，县级以上旅游行政管理部门对旅行社及其分支机构实施监督检查时，可以进入其经营场所，查阅招徕、组织、接待旅游者的各类合同、相关文件、资料，以及财务账簿、交易记录和业务单据等材料，旅行社及其分支机构应当给予配合。

县级以上旅游行政管理部门对旅行社及其分支机构监督检查时，应当由两名以上持有旅游行政执法证件的执法人员进行。

不符合前款规定要求的，旅行社及其分支机构有权拒绝检查。

第四十七条，旅行社应当按年度将下列经营和财务信息等统计资料，在次年3月底前，报送原许可的旅游行政管理部门：

(一)旅行社的基本情况，包括企业形式、出资人、员工人数、部门设置、分支机构、网络体系等；

(二)旅行社的经营情况，包括营业收入、利税等；

(三)旅行社组织接待情况，包括国内旅游、入境旅游、出境旅游的组织、接待人数等；

(四)旅行社安全、质量、信誉情况，包括投保旅行社责任保险、认证认可和奖惩等。

对前款资料中涉及旅行社商业秘密的内容，旅游行政管理部门应当予以保密。

第四十八条，《条例》第十七条、第四十二条规定的各项公告，县级以上旅游行政管理部门应当通过本部门或者上级旅游行政管理部门的政府网站向社会发布。

质量保证金存缴数额降低、旅行社业务经营许可证的颁发、变更和注销的，国务院旅游行政主管部门或者省级旅游行政管理部门应当在作出许可决定或者备案后20个工作日内向社会公告。

旅行社违法经营或者被吊销旅行社业务经营许可证的，由作出行政处罚决定的旅游行政管理部门，在处罚生效后10个工作日内向社会公告。

旅游者对旅行社的投诉信息，由处理投诉的旅游行政管理部门每季度向社会公告。

第四十九条，因下列情形之一，给旅游者的合法权益造成损害的，旅游者有权向县级以上旅游行政管理部门投诉：

(一)旅行社违反《条例》和本实施细则规定的；

(二)旅行社提供的服务，未达到旅游合同约定的服务标准或者档次的；

(三)旅行社破产或者其他原因造成旅游者预交旅游费用损失的。

划拨旅行社质量保证金的决定，应当由旅行社或者其分社所在地处理旅游者投诉的县级以上旅游行政管理部门作出。

第五十条，县级以上旅游行政管理部门，可以在其法定权限内，委托符合法定条件的同级旅游质监执法机构实施监督检查。

第六章　法律责任

第五十一条，违反本实施细则第十二条第三款、第二十三条、第二十六条的规定，擅自引进外商投资、设立服务网点未在规定期限内备案，或者旅行社及其分社、服务网点未悬挂旅行社业务经营许可证、备案登记证明的，由县级以上旅游行政管理部门责令改正，可以处1万元以下的罚款。

第五十二条，违反本实施细则第二十二条第三款、第二十八条的规定，服务网点超出设立社经营范围招徕旅游者、提供旅游咨询服务，或者旅行社的办事处、联络处、代表处等从事旅行社业务经营活动的，由县级以上旅游行政管理部门依照《条例》第四十六条的规定处罚。

第五十三条，违反本实施细则第三十二条的规定，旅行社为接待旅游者选择的交通、住宿、餐饮、景区等企业，不具有合法经营资格或者接待服务能力的，由县级以上旅游行政管理部门责令改正，没收违法所得，处违法所得3倍以下但最高不超过3万元的罚款，没有违法所得的，处1万元以下的罚款。

第五十四条，违反本实施细则第三十三条的规定，要求旅游者必须参加旅行社安排的购物活动、需要旅游者另行付费的旅游项目，或者对同一旅游团队的旅游者提出与其他旅游者不同合同事项的，由县级以上旅游行政管理部门责令改正，处1万元以下的罚款。

第五十五条，违反本实施细则第三十四条第二款的规定，旅行社未将旅游目的地接待旅行社的情况告知旅游者的，由县级以上旅游行政管理部门依照《条例》第五十五条的规定处罚。

第五十六条，违反本实施细则第三十五条第二款的规定，旅行社未经旅游者的同意，将旅游者转交给其他旅行社组织、接待的，由县级以上旅游行政管理部门依照《条例》第五十五条的规定处罚。

第五十七条，违反本实施细则第三十八条第二款的规定，旅行社及其导游人员和领队人员拒绝继续履行合同、提供服务，或者以拒绝继续履行合同、提供服务相威胁的，由县级以上旅游行政管理部门依照《条例》第五十九条的规定处罚。

第五十八条，违反本实施细则第四十四条的规定，未妥善保存各类旅游合同及相关文件、资料，保存期不够两年，或者泄露旅游者个人信息的，由县级以上旅游行政管理部门责令改正，没收违法所得，处违法所得3倍以下但最高不超过3万元的罚款；没有违法所得的，处1万元以下的罚款。

第五十九条，吊销旅行社业务经营许可证的行政处罚，由原许可的省级以上旅游行政管理部门作出。

对旅行社作出停业整顿行政处罚的，旅行社在停业整顿期间，不得招徕旅游者、签订旅游合同；停业整顿期间，不影响已签订的旅游合同的履行。

第七章　附　则

第六十条，本实施细则由国务院旅游行政主管部门负责解释。

第六十一条，本实施细则自2009年5月3日起施行。2001年12月27日国家旅游局公布的《旅行社管理条例实施细则》同时废止。

附录三　旅行社责任保险管理办法

自 2011 年 2 月 1 日起施行

旅行社责任保险管理办法

第一章　总　则

第一条，为保障旅游者的合法权益，根据《中华人民共和国保险法》和《旅行社条例》，制定本办法。

第二条，在中华人民共和国境内依法设立的旅行社，应当依照《旅行社条例》和本办法的规定，投保旅行社责任保险。

本办法所称旅行社责任保险，是指以旅行社因其组织的旅游活动对旅游者和受其委派并为旅游者提供服务的导游或者领队人员依法应当承担的赔偿责任为保险标的的保险。

第三条，投保旅行社责任保险的旅行社和承保旅行社责任保险的保险公司，应当遵守本办法。

第二章　投　保

第四条，旅行社责任保险的保险责任，应当包括旅行社在组织旅游活动中依法对旅游者的人身伤亡、财产损失承担的赔偿责任和依法对受旅行社委派并为旅游者提供服务的导游或者领队人员的人身伤亡承担的赔偿责任。

具体包括下列情形：

(一)因旅行社疏忽或过失应当承担赔偿责任的；

(二)因发生意外事故旅行社应当承担赔偿责任的；

(三)国家旅游局会同中国保险监督管理委员会(以下简称中国保监会)规定的其他情形。

第五条，中国保监会及其派出机构依法对旅行社责任保险的保险条款和保险费率进行管理。

第六条，旅行社责任保险的保险费率应当遵循市场化原则，并与旅行社经营风险相匹配。

第七条，旅行社投保旅行社责任保险的，应当与保险公司依法订立书面旅行社责任保险合同(以下简称保险合同)。

第八条，旅行社与保险公司订立保险合同时，双方应当依照《中华人民共和国保险法》的有关规定履行告知和说明义务。

第九条，订立保险合同时，保险公司不得强制旅行社投保其他商业保险。

第十条，保险合同成立后，旅行社按照约定交付保险费。保险公司应当及时向旅行社签发保险单或者其他保险凭证，并在保险单或者其他保险凭证中载明当事人双方约定的合同内容，同时按照约定的时间开始承担保险责任。

第十一条，保险合同成立后，除符合《中华人民共和国保险法》规定的情形外，保险公司不得解除保险合同。

第十二条，保险合同成立后，旅行社要解除保险合同的，应当同时订立新的保险合同，并书面通知所在地县级以上旅游行政管理部门，但因旅行社业务经营许可证被依法吊销或注销而解除合同的除外。

第十三条，保险合同解除的，保险公司应当收回保险单，并书面通知旅行社所在地县级以上旅游行政管理部门。

第十四条，旅行社的名称、法定代表人或者业务经营范围等重要事项变更时，应当及时通知保险公司。必要时应当依法办理保险合同变更手续。

第十五条，旅行社责任保险的保险期限为 1 年。

第十六条，旅行社应当在保险合同期满前及时续保。

第十七条，旅行社投保旅行社责任保险，可以依法自主投保，也可以有组织统一投保。

第三章　赔　偿

第十八条，旅行社在组织旅游活动中发生本办法第四条所列情形的，保险公司依法根据保险合同约定，在旅行社责任保险责任限额内予以赔偿。

责任限额可以根据旅行社业务经营范围、经营规模、风险管控能力、当地经济社会发展水平和旅行社自身需要，由旅行社与保险公司协商确定，但每人人身伤亡责任限额不得低于 20 万元人民币。

第十九条，旅行社组织的旅游活动中发生保险事故，旅行社或者受害的旅游者、导游、领队人员通知保险公司的，保险公司应当及时告知具体的赔偿程序等有关事项。

第二十条，保险事故发生后，旅行社按照保险合同请求保险公司赔偿保险金时，应当向保险公司提供其所能提供的与确认保险事故的性质、原因、损失程度等有关的证明和资料。

保险公司按照保险合同的约定，认为有关的证明和资料不完整的，应当及时一次性通知旅行社补充提供。

旅行社对旅游者、导游或者领队人员应负的赔偿责任确定的，根据旅行社的请求，保险公司应当直接向受害的旅游者、导游或者领队人员赔偿保险金。旅行社怠于请求的，受害的旅游者、导游或者领队人员有权就其应获赔偿部分直接向保险公司请求赔偿保险金。

第二十一条，保险公司收到赔偿保险金的请求和相关证明、资料后，应当及时做出核定；情形复杂的，应当在 30 日内作出核定，但合同另有约定的除外。保险公司应当将核定结果通知旅行社以及受害的旅游者、导游、领队人员；对属于保险责任的，在与旅行社达成赔偿保险金的协议后 10 日内，履行赔偿保险金义务。

第二十二条，因抢救受伤人员需要保险公司先行赔偿保险金用于支付抢救费用的，保险公司在接到旅行社或者受害的旅游者、导游、领队人员通知后，经核对属于保险责任的，可以在责任限额内先向医疗机构支付必要的费用。

第二十三条，因第三者损害而造成保险事故的，保险公司自直接赔偿保险金或者先行支付抢救费用之日起，在赔偿、支付金额范围内代位行使对第三者请求赔偿的权利。旅行社以及受害的旅游者、导游或者领队人员应当向保险公司提供必要的文件和所知道的有关情况。

第二十四条，旅行社与保险公司对赔偿有争议的，可以按照双方的约定申请仲裁，或者依法向人民法院提起诉讼。

第二十五条，保险公司的工作人员对当事人的个人隐私应当保密。

第四章　监督检查

第二十六条，县级以上旅游行政管理部门依法对旅行社投保旅行社责任保险情况实施监督检查。

第二十七条，中国保监会及其派出机构依法对保险公司开展旅行社责任保险业务实施监督管理。

第五章　罚　则

第二十八条，违反本办法第十二条、第十六条、第十八条的规定，旅行社解除保险合同但未同时订立新的保险合同，保险合同期满前未及时续保，或者人身伤亡责任限额低于20万元人民币的，由县级以上旅游行政管理部门依照《旅行社条例》第四十九条的规定处罚。

第二十九条，保险公司经营旅行社责任保险，违反有关保险条款和保险费率管理规定的，由中国保监会或者其派出机构依照《中华人民共和国保险法》和中国保监会的有关规定予以处罚。

第三十条，保险公司拒绝或者妨碍依法检查监督的，由中国保监会或者其派出机构依照《中华人民共和国保险法》的有关规定予以处罚。

第六章　附　则

第三十一条，本办法由国家旅游局和中国保监会负责解释。

第三十二条，本办法自2011年2月1日起施行。国家旅游局2001年5月15日发布的《旅行社投保旅行社责任保险规定》同时废止。

附录四　导游人员管理实施办法

自2002年1月1日起施行，2005年6月3日修订

国家旅游局导游人员管理实施办法

第一章　总　则

第一条，为了加强导游队伍建设，维护旅游市场秩序和旅游者的合法权益，依据《导游人员管理条例》和《旅行社管理条例》，制定本办法。

第二条，旅游行政管理部门对导游人员实行分级管理。

第三条，旅游行政管理部门对导游人员实行资格考试制度和等级考核制度。

第四条，旅游行政管理部门对导游人员实行计分管理制度和年度审核制度。

第二章　导游资格证和导游证

第五条，国家实行统一的导游人员资格考试制度。经考试合格者，方可取得导游资格证。

第六条，国务院旅游行政管理部门负责制定全国导游人员资格考试的政策、标准和对各地考试工作的监督管理。

省级旅游行政管理部门负责组织、实施本行政区域内导游人员资格考试工作。

直辖市、计划单列市、副省级城市负责本地区导游人员的考试工作。

第七条，坚持考试和培训分开、培训自愿的原则，不得强迫考生参加培训。

第八条，经考试合格的，由组织考试的旅游行政管理部门在考试结束之日起30个工作日内颁发《导游人员资格证》。

获得资格证3年未从业的，资格证自动失效。

第九条，获得导游人员资格证、并在一家旅行社或导游管理服务机构注册的，持劳动合同或导游管理服务机构登记证明材料向所在地旅游行政管理部门申请办理导游证。

所在地旅游行政管理部门是指直辖市、计划单列市、副省级旅游行政管理部门以及有相应的导游规模、有相应的导游管理服务机构、有稳定的执法队伍的地市级以上旅游行政管理部门。

第十条，取得《导游人员资格证》的人员申请办理导游证，须参加颁发导游证的旅游行政管理部门举办的岗前培训考核。

第十一条，《导游人员资格证》和导游证由国务院旅游行政管理部门统一印制，在中华人民共和国全国范围内使用。

任何单位不得另行颁发其他形式的导游证。

第三章　导游人员的计分管理

第十二条，国家对导游人员实行计分管理。

国务院旅游行政管理部门负责制定全国导游人员计分管理政策并组织实施、监督检查。

省级旅游行政管理部门负责本行政区域内导游人员计分管理的组织实施和监督

检查。

所在地旅游行政管理部门在本行政区域内负责导游人员计分管理的具体执行。

第十三条，导游人员计分办法实行年度10分制。

第十四条，导游人员在导游活动中有下列情形之一的，扣除10分：

(一)有损害国家利益和民族尊严的言行的；

(二)诱导或安排旅游者参加黄、赌、毒活动项目的；

(三)有殴打或谩骂旅游者行为的；

(四)欺骗、胁迫旅游者消费的；

(五)未通过年审继续从事导游业务的；

(六)因自身原因造成旅游团重大危害和损失的。

第十五条，导游人员在导游活动中有下列情形之一的，扣除8分：

(一)拒绝、逃避检查，或者欺骗检查人员的；

(二)擅自增加或者减少旅游项目的；

(三)擅自终止导游活动的；

(四)讲解中掺杂庸俗、下流、迷信内容的；

(五)未经旅行社委派私自承揽或者以其他任何方式直接承揽导游业务的。

第十六条，导游人员在导游活动中有下列情形之一的，扣除6分：

(一)向旅游者兜售物品或购买旅游者物品的；

(二)以明示或者暗示的方式向旅游者索要小费的；

(三)因自身原因漏接漏送或误接误送旅游团的；

(四)讲解质量差或不讲解的；

(五)私自转借导游证供他人使用的；

(六)发生重大安全事故不积极配合有关部门救助的。

第十七条，导游人员在导游活动中有下列情形之一的，扣除4分：

(一)私自带人随团游览的；

(二)无故不随团活动的；

(三)在导游活动中未佩带导游证或未携带计分卡；

(四)不尊重旅游者宗教信仰和民族风俗。

第十八条，导游人员在导游活动中有下列情形之一的，扣除2分：

(一)未按规定时间到岗的；

(二)10人以上团队未打接待社社旗的；

(三)未携带正规接待计划；

(四)接站未出示旅行社标识的；

(五)仪表、着装不整洁的；

(六)讲解中吸烟、吃东西的。

第十九条，导游人员10分分值被扣完后，由最后扣分的旅游行政执法单位暂时保留其导游证，并出具保留导游证证明，并于10日内通报导游人员所在地旅游行政管理部门和登记注册单位。正在带团过程中的导游人员，可持旅游执法单位出具的保留证明完成团队剩余行程。

第二十条，对导游人员的违法、违规行为除扣减其相应分值外，依法应予处罚的，依据有关法律给予处罚。

导游人员通过年审后，年审单位应核消其遗留分值，重新输入初始分值。

第二十一条，旅游行政执法人员玩忽职守、不按照规定随意进行扣分或处罚的，由上级旅游行政管理部门提出批评和通报，本级旅游行政管理部门给予行政处分。

第四章 导游人员的年审管理

第二十二条，国家对导游人员实行年度审核制度。导游人员必须参加年审。

国务院旅游行政管理部门负责制定全国导游人员年审工作政策，组织实施并监督检查。

省级旅游行政管理部门负责组织、指导本行政区域内导游人员年审工作并监督检查。

所在地旅游行政管理部门具体负责组织实施对导游人员的年审工作。

第二十三条，年审以考评为主，考评的内容应包括：当年从事导游业务情况、扣分情况、接受行政处罚情况、游客反映情况等。考评等级为通过年审、暂缓通过年审和不予通过年审三种。

第二十四条，一次扣分达到 10 分，不予通过年审。

累计扣分达到 10 分的，暂缓通过年审；

一次被扣 8 分的，全行业通报；

一次被扣 6 分的，警告批评；

暂缓通过年审的，通过培训和整改后，方可重新上岗。

第二十五条，导游人员必须参加所在地旅游行政管理部门举办的年审培训。培训时间应根据导游业务需要灵活安排。每年累计培训时间不得少于 56 小时。

第二十六条，旅行社或导游管理服务机构应为注册的导游人员建立档案，对导游人员进行工作培训和指导，建立对导游人员工作情况的检查、考核和奖惩的内部管理机制，接受并处理对导游人员的投诉，负责对导游人员年审的初评。

第五章 导游人员的等级考核

第二十七条，国家对导游人员实行等级考核制度。导游人员分为初级、中级、高级、特级四个等级。

第二十八条，初级导游和中级导游考核由省级旅游行政管理部门或其委托的地市级旅游行政管理部门组织评定；高级导游和特级导游由国务院旅游行政管理部门组织评定。

第二十九条，由省部级以上单位组织导游评比或竞赛获得最佳称号的导游人员，报国务院旅游行政管理部门批准后，可晋升一级导游等级。

导游等级评定标准和办法由国务院旅游行政管理部门另行制定。

第六章 附 则

第三十条，本办法自 2002 年 1 月 1 日起施行。

第三十一条，本办法由国家旅游局负责解释。

附：国家旅游局关于修订《导游人员管理实施办法》的决定

为了适应行政审批制度改革后有关导游人员等级考核评定的需要，促进导游员队伍建设，经国家旅游局局长办公会讨论通过，决定对《导游人员管理实施办法》作如下修订，自 2005 年 7 月 3 日起施行：

一、将第二十八条修改为：国家旅游局组织设立全国导游人员等级考核评定委员会。全国导游人员等级考核评定委员会负责全国导游人员等级考核评定工作的组织实施。

省、自治区、直辖市和新疆生产建设兵团旅游行政部门组织设立导游人员等级考核评定办公室，在全国导游人员等级考核评定委员会的授权和指导下开展相应的工作。

二、将第二十九条修改为：参加省部级以上单位组织的导游技能大赛获得最佳名次的导游人员，报全国导游人员等级考核评定委员会批准后，可晋升一级导游人员等级。一人多次获奖只能晋升一次，晋升的最高等级为高级。

国家旅游局局长　邵琪伟

二〇〇五年六月三日

附录五　旅游投诉处理办法

自 2010 年 7 月 1 日起施行

旅游投诉处理办法

第一章　总则

第一条，为了维护旅游者和旅游经营者的合法权益，依法公正处理旅游投诉，依据《中华人民共和国消费者权益保护法》、《旅行社条例》、《导游人员管理条例》和《中国公民出国旅游管理办法》等法律、法规，制定本办法。

第二条，本办法所称旅游投诉，是指旅游者认为旅游经营者损害其合法权益，请求旅游行政管理部门、旅游质量监督管理机构或者旅游执法机构(以下统称“旅游投诉处理机构”)，对双方发生的民事争议进行处理的行为。

第三条，旅游投诉处理机构应当在其职责范围内处理旅游投诉。

地方各级旅游行政主管部门应当在本级人民政府的领导下，建立、健全相关行政管理部门共同处理旅游投诉的工作机制。

第四条，旅游投诉处理机构在处理旅游投诉中，发现被投诉人或者其从业人员有违法或犯罪行为的，应当按照法律、法规和规章的规定，作出行政处罚、向有关行政管理部门提出行政处罚建议或者移送司法机关。

第二章　管辖

第五条，旅游投诉由旅游合同签订地或者被投诉人所在地县级以上地方旅游投诉处理机构管辖。

需要立即制止、纠正被投诉人的损害行为的，应当由损害行为发生地旅游投诉处理机构管辖。

第六条，上级旅游投诉处理机构有权处理下级旅游投诉处理机构管辖的投诉案件。

第七条，发生管辖争议的，旅游投诉处理机构可以协商确定，或者报请共同的上级旅游投诉处理机构指定管辖。

第三章　受理

第八条，投诉人可以就下列事项向旅游投诉处理机构投诉：

(一)认为旅游经营者违反合同约定的；

(二)因旅游经营者的责任致使投诉人人身、财产受到损害的；

(三)因不可抗力、意外事故致使旅游合同不能履行或者不能完全履行，投诉人与被投诉人发生争议的；

(四)其他损害旅游者合法权益的。

第九条，下列情形不予受理：

(一)人民法院、仲裁机构、其他行政管理部门或者社会调解机构已经受理或者处理的；

(二)旅游投诉处理机构已经作出处理，且没有新情况、新理由的；

(三)不属于旅游投诉处理机构职责范围或者管辖范围的；

(四)超过旅游合同结束之日 90 天的；

(五)不符合本办法第十条规定的旅游投诉条件的；

(六)本办法规定情形之外的其他经济纠纷。

属于前款第(三)项规定的情形的，旅游投诉处理机构应当及时告知投诉人向有管辖权的旅游投诉处理机构或者有关行政管理部门投诉。

第十条，旅游投诉应当符合下列条件：

(一)投诉人与投诉事项有直接利害关系；

(二)有明确的被投诉人、具体的投诉请求、事实和理由。

第十一条，旅游投诉一般应当采取书面形式，一式两份，并载明下列事项：

(一)投诉人的姓名、性别、国籍、通讯地址、邮政编码、联系电话及投诉日期；

(二)被投诉人的名称、所在地；

(三)投诉的要求、理由及相关的事实根据。

第十二条，投诉事项比较简单的，投诉人可以口头投诉，由旅游投诉处理机构进行记录或者登记，并告知被投诉人；对于不符合受理条件的投诉，旅游投诉处理机构可以口头告知投诉人不予受理及其理由，并进行记录或者登记。

第十三条，投诉人委托代理人进行投诉活动的，应当向旅游投诉处理机构提交授权委托书，并载明委托权限。

第十四条，投诉人 4 人以上，以同一事由投诉同一被投诉人的，为共同投诉。

共同投诉可以由投诉人推选 1 至 3 名代表进行投诉。代表人参加旅游投诉处理机构处理投诉过程的行为，对全体投诉人发生效力，但代表人变更、放弃投诉请求或者进行和解，应当经全体投诉人同意。

第十五条，旅游投诉处理机构接到投诉，应当在 5 个工作日内作出以下处理：

(一)投诉符合本办法的，予以受理；

(二)投诉不符合本办法的，应当向投诉人送达《旅游投诉不予受理通知书》，告知不予受理的理由；

(三)依照有关法律、法规和本办法规定，本机构无管辖权的，应当以《旅游投诉转办通知书》或者《旅游投诉转办函》，将投诉材料转交有管辖权的旅游投诉处理机构或者其他有关行政管理部门，并书面告知投诉人。

第四章　处理

第十六条，旅游投诉处理机构处理旅游投诉，除本办法另有规定外，实行调解制度。

旅游投诉处理机构应当在查明事实的基础上，遵循自愿、合法的原则进行调解，促使投诉人与被投诉人相互谅解，达成协议。

第十七条，旅游投诉处理机构处理旅游投诉，应当立案办理，填写《旅游投诉立案表》，并附有关投诉材料，在受理投诉之日起 5 个工作日内，将《旅游投诉受理通知书》和投诉书副本送达被投诉人。

对于事实清楚、应当即时制止或者纠正被投诉人损害行为的，可以不填写《旅游投诉立案表》和向被投诉人送达《旅游投诉受理通知书》，但应当对处理情况进行记录存档。

第十八条，被投诉人应当在接到通知之日起10日内作出书面答复，提出答辩的事实、理由和证据。

第十九条，投诉人和被投诉人应当对自己的投诉或者答辩提供证据。

第二十条，旅游投诉处理机构应当对双方当事人提出的事实、理由及证据进行审查。

旅游投诉处理机构认为有必要收集新的证据，可以根据有关法律、法规的规定，自行收集或者召集有关当事人进行调查。

第二十一条，需要委托其他旅游投诉处理机构协助调查、取证的，应当出具《旅游投诉调查取证委托书》，受委托的旅游投诉处理机构应当予以协助。

第二十二条，对专门性事项需要鉴定或者检测的，可以由当事人双方约定的鉴定或者检测部门鉴定。没有约定的，当事人一方可以自行向法定鉴定或者检测机构申请鉴定或者检测。

鉴定、检测费用按双方约定承担。没有约定的，由鉴定、检测申请方先行承担；达成调解协议后，按调解协议承担。

鉴定、检测的时间不计入投诉处理时间。

第二十三条，在投诉处理过程中，投诉人与被投诉人自行和解的，应当将和解结果告知旅游投诉处理机构；旅游投诉处理机构在核实后应当予以记录并由双方当事人、投诉处理人员签名或者盖章。

第二十四条，旅游投诉处理机构受理投诉后，应当积极安排当事双方进行调解，提出调解方案，促成双方达成调解协议。

第二十五条，旅游投诉处理机构应当在受理旅游投诉之日起60日内，作出以下处理：

(一)双方达成调解协议的，应当制作《旅游投诉调解书》，载明投诉请求、查明的事实、处理过程和调解结果，由当事人双方签字并加盖旅游投诉处理机构印章；

(二)调解不成的，终止调解，旅游投诉处理机构应当向双方当事人出具《旅游投诉终止调解书》。

调解不成的，或者调解书生效后没有执行的，投诉人可以按照国家法律、法规的规定，向仲裁机构申请仲裁或者向人民法院提起诉讼。

第二十六条，在下列情形下，经旅游投诉处理机构调解，投诉人与旅行社不能达成调解协议的，旅游投诉处理机构应当做出划拨旅行社质量保证金赔偿的决定，或向旅游行政管理部门提出划拨旅行社质量保证金的建议：

(一)旅行社因解散、破产或者其他原因造成旅游者预交旅游费用损失的；

(二)因旅行社中止履行旅游合同义务、造成旅游者滞留，而实际发生了交通、食宿或返程等必要及合理费用的。

第二十七条，旅游投诉处理机构应当每季度公布旅游者的投诉信息。

第二十八条，旅游投诉处理机构应当使用统一规范的旅游投诉处理信息系统。

第二十九条，旅游投诉处理机构应当为受理的投诉制作档案并妥善保管相关资料。

第三十条，本办法中有关文书式样，由国家旅游局统一制定。

第五章　附则

第三十一条，本办法由国家旅游局负责解释。

第三十二条，本办法自 2010 年 7 月 1 日起施行。《旅行社质量保证金暂行规定》、《旅行社质量保证金暂行规定实施细则》、《旅行社质量保证金赔偿暂行办法》同时废止。

参考文献

1. Stephen Barth，J. D.．张凌云主译．饭店业国际法律实务．南开大学出版社，2003

2. 杜亚敏，李安祥．酒店法律事务理论与实务．化学工业出版社，2010

3. 王世瑛，贺湘辉．旅游政策与法规．清华大学出版社，2009

4. 人力资源和社会保障部教材办公室．旅游法规．中国劳动社会保障出版社，2008

5. 李建于，荀鑫．旅游法规与实务教程．对外经济贸易大学出版社，2008

6. 胡佳妮．论我国法制建设进程中的旅游保险．财经界．2006

7. 高玲，郑向敏．国外旅游安全研究综述．旅游论坛．2008

8. 王静．旅游事故索赔指南．中国法制出版社，2009

9. 刘劲柳．中外旅游纠纷百案评析．中国旅游出版社，2008

10. 苏号朋，宋崧，赵双艳．旅游法案例评析．对外经济贸易大学出版社，2008

11. 侯明贤，黄恢月．旅游法规．北京大学出版社，2005

12. 田勇等．旅游法规与政策．上海人民出版社，2010

13. 杨铭铎等．旅游政策与法规．重庆大学出版社，2006

14. 袁正新，张国兴．旅游政策与法规．中国林业出版社，2008

15. 韩福文，毛金凤．旅游法规常识．旅游教育出版社，2002

16. 向三久主编．旅游法规概论．高等教育出版社，2001